Le secret des temples de la Nubie

Principaux écrits

L'Art égyptien au musée du Louvre, Éditions Floury, Paris, 1941.
Le Style égyptien, Larousse, 1946. (Plusieurs rééditions; ouvrage couronné en 1947 par l'Académie des inscriptions et belles-lettres.)
La Religion égyptienne (histoire générale des religions), Aristide Quillet, Paris, 1947. (Réédité en 1960; ouvrage couronné par le prix de l'Association France-Égypte.)
Les Sculpteurs célèbres (les Égyptiens du Moyen et du Nouvel Empire), Éditions Mazenod, Paris, 1955.
Les Femmes célèbres, tome I (reines et impératrices; grandes dames et femmes politiques), Éditions Mazenod, Paris, 1960.
L'Extraordinaire Aventure amarnienne, Éditions des Deux-Mondes, Paris, 1960.
Égypte : art égyptien, Grand Larousse, 1961.
Temples de Nubie : des trésors menacés, Art et Style, Paris 1961.
L'art égyptien («Les neuf muses»), PUF, Paris, 1962. (Traduit en plusieurs langues, réédition prévue.)
Peintures des tombeaux et des temples, Unesco, Paris, 1962. (Édité en plusieurs langues.)
Toutankhamon, vie et mort d'un Pharaon, Rainbird, Hachette, 1963. Pygmalion, 1977. (Prix Broquette-Gonin d'histoire de l'Académie française, édité en seize langues.)
Toutankhamon et son temps (catalogue de l'exposition au Petit-Palais), Association d'action artistique des Affaires étrangères, Paris, 1967. (Plusieurs éditions.)
Le Petit Temple d'Abou Simbel (en collaboration avec Ch. Kuentz), CEDAE, Le Caire, 1968, 2 volumes
Le Spéos d'El Lessiya, en Nubie, tomes I et II, CEDAE, Le Caire, 1968.
Le Monde sauvé d'Abou Simbel (étude archéologique des deux temples), Éditions Koska, Vienne, Berlin, 1968. (Édité en trois langues.)
Ramsès le Grand (catalogue de l'exposition au Grand-Palais); ministère des Affaires étrangères et des Affaires culturelles, 1976. (Plusieurs éditions.)
Le Département des antiquités égyptiennes. La crypte de l'Osiris. Miniguides du musée du Louvre. Éditions de la Réunion des Musées nationaux, Paris.
L'univers des formes, NRF, Paris. (Traduit en plusieurs langues.)
– *Le Temps des pyramides* (Les arts de transformation), volume I, 1978.
– *L'Empire des conquérants* (Les arts de transformation), volume II, 1979.
– *L'Égypte du crépuscule* (Les arts de transformation), volume III, 1980.
Un siècle de fouilles françaises en Égypte (exposition au palais de *Tokyo),* lfao et Réunion des musées nationaux, Imprimerie nationale, 1981.
La Grammaire des formes et des styles (Antiquités : Égypte). Bibliothèque des Arts, Paris Office du Livre, Fribourg, 1981.
La Momie de Ramsès II (contributions égyptologiques; histoire du roi - bilan des découvertes), Éditions Recherches sur les civilisations, Paris, 1985.
La Femme au temps des pharaons, Éditions Stock, 1986, Paris (Prix Diane-Potier Boes, de l'Académie française).
La Grande Nubiade, Éditions Stock, 1992, Paris.
(Prix Saint-Simon, Prix de l'Académie française, Médaille de Vermeil).
L'Égypte vue du ciel, Éditions La Martinière.
Ramsès II, la véritable histoire, Éditions Pygmalion, 1996.
Amours et fureurs de La Lointaine, Éditions Stock/Pernoud, 1995, 1997.
Cd Rom sur Toutankhamon, Syrinx, 1997.
Cd Rom sur Ramsès, Syrinx, 1998.

Ouvrages en préparation

Ramesseum : la Salle astronomique.
Vallée des Reines
– La Tombe de Touy, mère de Ramsès.
– La Tombe de Bent-Anta, fille-épouse de Ramsès.
– La Tombe d'une fille-épouse de Ramsès, princesse inconnue.

Cette bibliographie concerne uniquement les ouvrages se rapportant à des sujets d'ensemble et s'inscrit indépendamment des nombreux articles et recherches scientifiques et rapports de fouilles parus dans les diverses revues et collections spécialisées en égyptologie.

Christiane Desroches Noblecourt

Conservateur général honoraire des Musées de France

Le secret des temples de la Nubie

Stock/Pernoud

Les dessins des temples d'Abou Simbel, d'el-Lessiya et d'Amada sont dus aux artistes égyptiens du CEDAE.

Les dessins de l'encensoir de Qoustoul, de la chapelle de Thot d'Abou Simbel, des temples de Derr, Ouadi es-Séboua sont d'Isabelle Sauvé.

La restitution en courbes de niveau du profil d'un colosse d'Abou Simbel et des statues de culte de Gerf Hussein a été exécutée par les ingénieurs de l'Institut géographique national de Paris.

Les index ont été préparés par Élisabeth David.

Conception et réalisation de la mise en pages :
In Folio

Légende de la couverture :
Le Miracle du Jour de l'An, en Abou Simbel.
Nofrétari-Sothis fait apparaître Ramsès-Ouser-Maât-Rê.

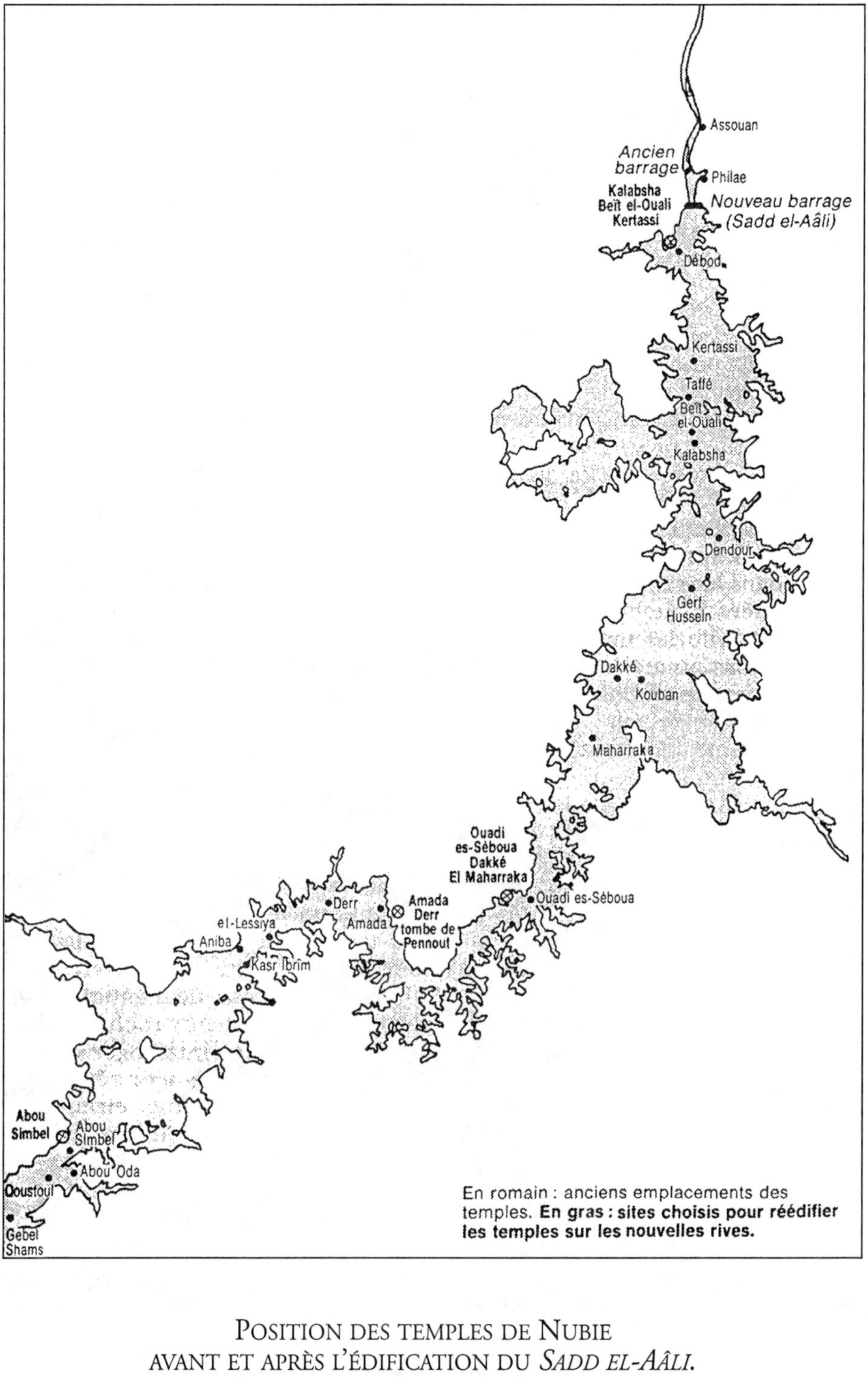

POSITION DES TEMPLES DE NUBIE
AVANT ET APRÈS L'ÉDIFICATION DU *SADD EL-AÂLI*.

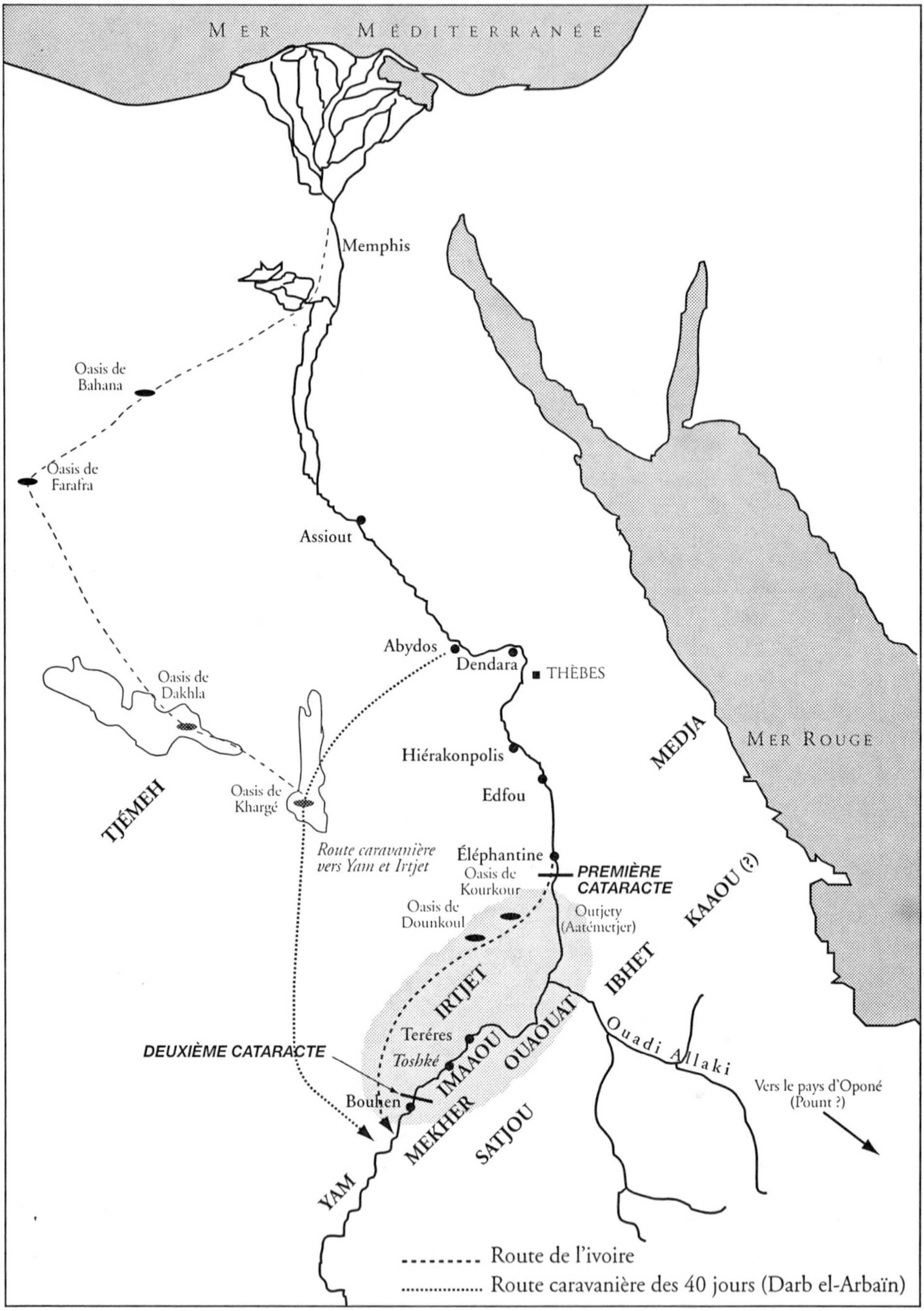

La Nubie à l'Ancien Empire égyptien.

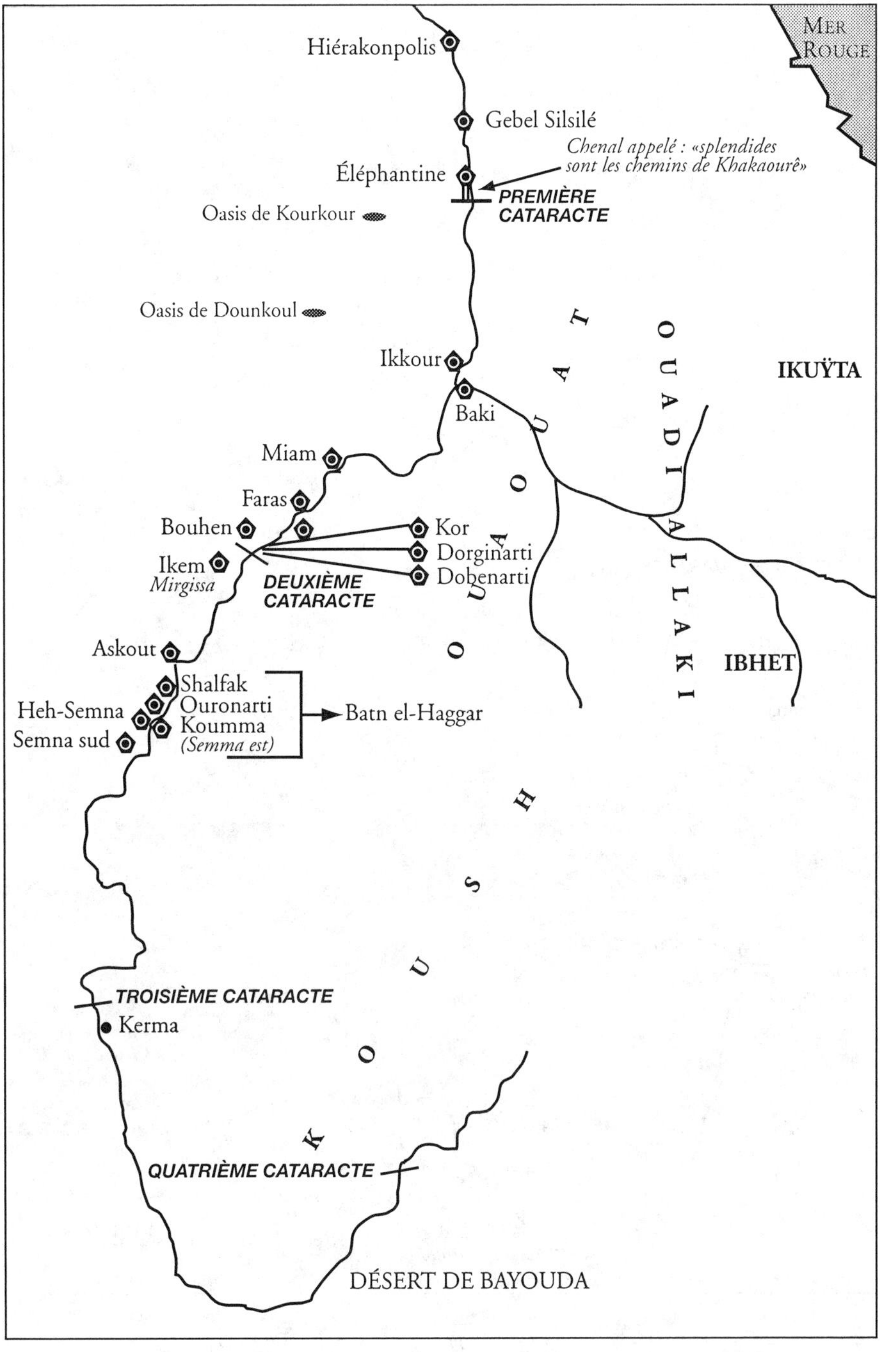

LES CITADELLES DE LA NUBIE AU MOYEN EMPIRE.

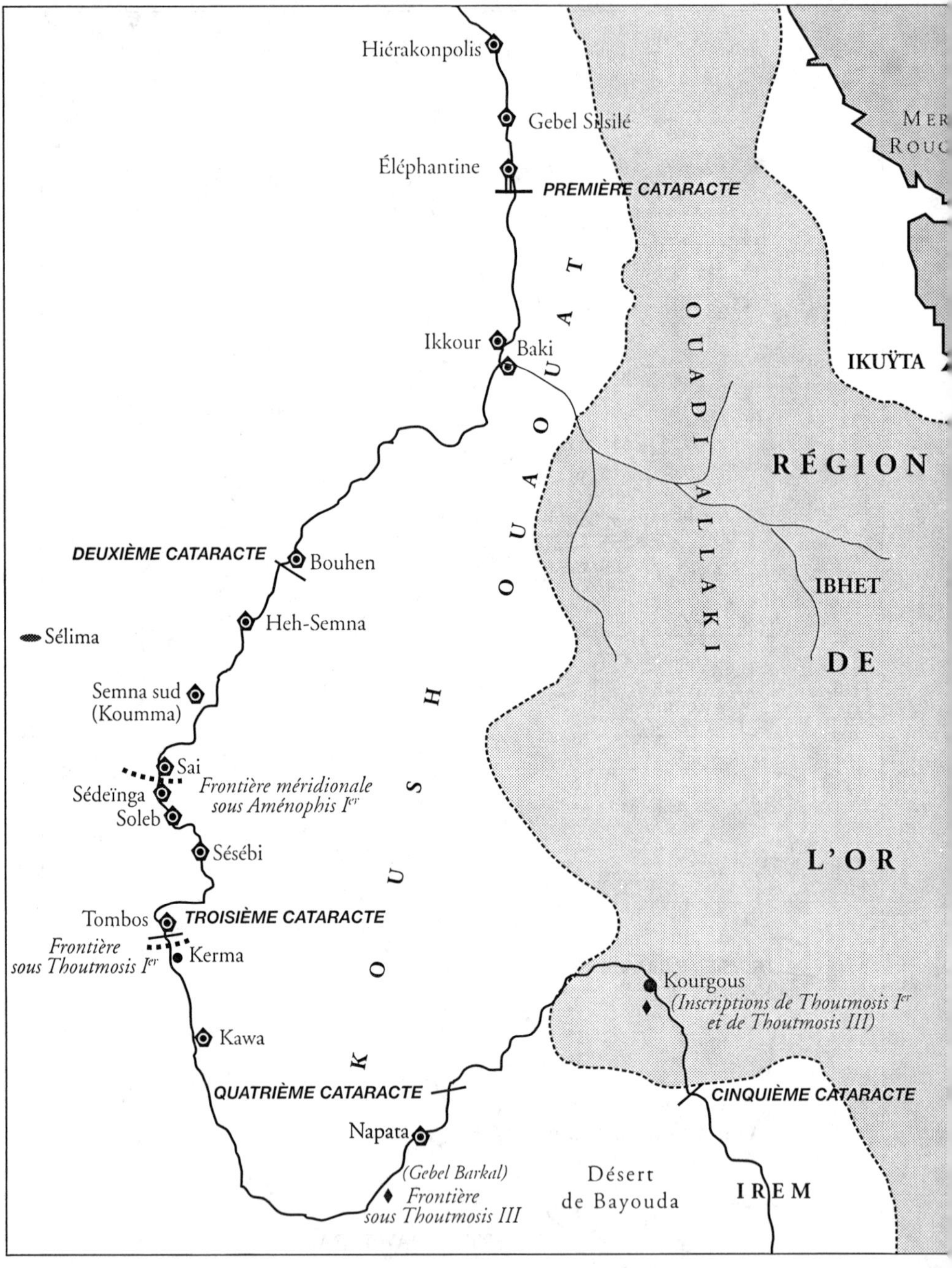

Ouaouat et *Koush* au Nouvel Empire (d'après Bill Manley).

ÉPOQUE PROTOHISTORIQUE
Période nagadienne vers 4000-3100
Narmer

ÉPOQUE THINITE
Ire dynastie (Roi-Serpent) vers 3100-2900
IIe dynastie vers 2900-2700

ANCIEN EMPIRE
• IIIe dynastie (Djéser) vers 2700-2620
• IVe dynastie (Snéfrou, Khéops, Képhrèn, Mycérinus) vers 2620-2500
• V^e dynastie (Sahourê, Né-ouser-Rê) vers 2500-2350
• VIe dynastie (Pépi) vers 2350-2200

PREMIÈRE PÉRIODE INTERMÉDIAIRE
VIIe-début de la XIe dynastie vers 2200-2060

MOYEN EMPIRE
XIe dynastie vers 2060-2010
XIIe dynastie (Sésostris, Amenemhat) vers 2010-1786

DEUXIÈME PÉRIODE INTERMÉDIAIRE
XIIIe-XVIIe dynasties vers 1786-1555

NOUVEL EMPIRE
XVIIIe dynastie (Aménophis, Thoutmosis, Hatchepsout, Akhénaton, Toutânkhamon, Aÿ, Horemheb) vers 1555-1305
XIXe dynastie (Ramsès, Séthi) vers 1305-1196
XXe dynastie (Ramsès III à XI) vers 1196-1080

TROISIÈME PÉRIODE INTERMÉDIAIRE
XXIe dynastie (Héry-Hor) vers 1080-946
XXIIe dynastie (Osorkon) vers 946-720
XXIIIe dynastie-XXIVe dynastie vers 792-712
XXVe dynastie (Taharqua, Chabaka) vers 745-655

BASSE ÉPOQUE
XXVIe dynastie (Psammétique II) vers 664-525
XXVIIe dynastie-XXXe dynastie vers 525-342
Deuxième domination perse vers 342-332

ÉPOQUE PTOLÉMAÏQUE
332-30 av. J.-C.

ÉPOQUE ROMAINE
30 av. J.-C.-337 ap. J.-C.

ÉPOQUE COPTE
337-641

ÉPOQUE ARABE
641

Aux frontières de La Lointaine

Lorsque au IIe siècle de notre ère, Juvénal fut exilé par Trajan en Égypte, taxé d'infamie pour s'être gaussé de la beauté de Pâris et des malheurs de la Belle Hélène, il reçut la charge de gouverneur de Syène et celle de commandant de la garnison romaine au sud du Pays. Il se considérait alors comme le plus malheureux résident d'une région vers laquelle, pourtant, de nos jours, les voyageurs rêvent de revenir dès qu'ils en ont goûté le charme prenant.

Sans doute ne trouvait-il pas, dans l'environnement, de quoi user de sa causticité habituelle et devait-il se borner à guetter l'arrivée des «bigotes» qui allaient quérir, jusqu'à la torride Méroë du pays de *Koush* (Soudan), l'eau sacrée de l'Inondation aux légendaires vertus, pour asperger le temple d'Isis (Satire VI, 526).

Pourtant, au nord de la Première Cataracte, sur la rive orientale du Nil, la ville de Sounou (que les gens appelèrent Syène), la moderne Assouan, ne devait pas manquer d'attrait, là où le divin fleuve surgit d'un chapelet d'îlots rocheux. Le granit rose – plus rarement gris – y prend, avec l'érosion millénaire, la teinte du cœur des iris noirs et rappelle, par ses contours, les silhouettes d'étranges pachydermes. L'île romantique d'Éléphantine toute proche, à l'ouest, évoque, par son nom antique : Abou (ivoire), la présence des éléphants dans le proche désert méridional où, du temps de la colonisation romaine, les soldats les chassaient encore!

Certes, Juvénal n'était ni chasseur de gros gibier ni curieux d'ethnographie. S'il en avait été autrement, combien fructueuses ses investigations se seraient-elles révélées au cœur de ce brassage exceptionnel de populations – la plupart nilotiques – ainsi rencontrées, à la dernière frontière, en descendant le Nil avant l'Égypte métropolitaine.

Toutes les cargaisons contenues dans les bateaux arrivant du Sud étaient composées des apports africains les plus lointains. Hommes, bêtes et produits étaient débarqués la plupart du temps avant la Première Cataracte. C'étaient, alors, d'incessantes caravanes le long des rives rocheuses animées par les dromadaires nouvellement introduits dans le pays – mais aussi et surtout composées des éternels, fidèles et vigoureux ânes d'Égypte, présents depuis les premiers âges.

Au cours des siècles, cette « Porte de l'Afrique », cette frontière naturelle, constituait le dernier lieu de contrôle et d'enregistrement pour recevoir les produits – ou le butin – destinés au Trésor des Pharaons, mais abritait aussi le plus vaste et riche marché de l'Afrique.

Le noyau urbain avait dû se fixer, dès les premières dynasties, dans l'île d'Éléphantine où les entrepôts étaient placés sous la garde d'une citadelle et protégés par Khnoum, Seigneur de la Cataracte. Au moyen de son tour de potier, cette émanation divine à tête de bélier avait façonné l'humanité avec les alluvions du fleuve. Il régnait sur la région près de sa parèdre, Satet, l'archère aux cornes d'antilope, qui décoche ses flèches, tel l'irrésistible flux de l'Inondation. Ce « duo » divin fut ensuite rejoint par une autre entité divine, aussi svelte que Satet. Il s'agit d'Anouket à la coiffure de sauvageonne faite de palmes, rappelant par cet ornement qu'elle pourrait être fille du pays de *Ouaouat*, la Nubie égyptienne toute proche.

C'est de cette Nubie – et du message de ses monuments – qu'il va être question dans ce livre, tout comme elle a déjà inspiré, pour la légende qui l'habite, les *Amours et fureurs de*

La Lointaine[1], introduction à la compréhension nécessaire de certains symboles pour pénétrer dans le monde des temples érigés par les pharaons au pays de l'Or (Noub) d'où, sans doute, proviendrait le nom de Nubie.

Cette Nubie égyptienne, constituant, dès l'époque classique de l'Antiquité pharaonique, le pays de *Ouaouat*, est très précisément localisée entre la Première et la Deuxième Cataracte du Nil, ainsi limitée au nord par Assouan et par Ouadi Halfa au sud. Au-delà, plus profondément en Afrique, commence le pays de *Koush* (le Soudan actuel). Région silencieuse et chaude, aux sables dorés, d'une couleur rappelant le métal dont était faite la chair des dieux, la Nubie est aussi le domaine d'Hathor, celle dont l'amour permet de vaincre la mort.

Le drame de la Nubie

Ce pays était encore, à l'aube du XXe siècle, habité par une population assez clairsemée, se contentant souvent des maigres cultures réparties de part et d'autre du fleuve sur un terrain arable exigu. Pacifique et valeureuse, elle était, cependant, parfois perturbée par les bédouins du désert. Véritables Seigneurs du Fleuve, les Nubiens avaient établi tout au long des rives leurs blanches demeures, aux façades si originalement décorées, différentes suivant les régions, et aussi diverses entre elles. Lorsque l'Égypte fut contrainte d'amplifier l'irrigation de son territoire cultivable, il fallut sacrifier en partie la Nubie, sans importance économique apparente et au sol cultivable si étroit, en la noyant aux trois quarts pour obtenir un lac de retenue. Les eaux de l'inondation annuelle du Nil, qui s'écoulaient trop rapidement vers la Méditerranée, furent ainsi en grande partie maintenues par un barrage édifié immédiatement au sud de la Première Cataracte, surélevé à deux reprises, depuis 1901, en un réservoir dont la hauteur atteignait cent vingt mètres au-dessus du niveau de la mer à la fermeture des vannes.

Dès que l'inondation des deux sources du Nil[2] atteignait la Première Cataracte, les vannes du barrage étaient ouvertes et le flot nourri des alluvions éthiopiennes de l'Atbara, d'une grande richesse, se répandait sur tout le sol d'Égypte, cela pendant toute la saison de la crue : de fin juillet à la fin novembre… Les Nubiens avaient été obligés d'abandonner leurs demeures, alors reconstruites vingt-cinq mètres plus haut et, naturellement, plus loin des anciennes rives. Certaines familles émigrèrent vers l'Égypte métropolitaine, mais ce furent principalement les hommes, travailleurs et honnêtes, qui vinrent s'engager dans les administrations ou encore dans les demeures comme portiers (*boabs*) et valets (*sofraghis*). Les femmes continuaient à veiller au Pays sur les vieillards et les enfants, et ne manquaient pas de prendre le plus grand soin de leur maison. Chaque semaine, un courrier fluvial leur apportait, envoyé d'Égypte, le colis du chef de famille contenant le sel, le riz, les pâtes, la farine, le sucre, le thé, le café, etc.

Seuls, construits en pierre ou creusés dans la falaise rocheuse, les temples pharaoniques et gréco-romains, étonnamment nombreux sur les trois cent quatre-vingt-dix kilomètres de rives de la Nubie égyptienne, avaient été abandonnés pour la plupart, et par force, aux neuf mois de submersion aquatique, non sans avoir été auparavant consolidés[3]. Lavés et délavés sous les eaux, ils ressortaient néanmoins de l'onde lorsque les vannes du barrage étaient de nouveau ouvertes, mais ils avaient été définitivement privés de leurs décors peints : c'était principalement le cas des sanctuaires construits au bord du Nil, à l'époque gréco-romaine, sur les premiers cent vingt kilomètres de la Nubie égyptienne, et dont les plus beaux fleurons étaient constitués par les temples de l'île de Philae.

Plus au sud, les Fondations pieuses, conçues la plupart du temps en spéos ou en hémi-spéos, et creusées en hauteur dans la falaise, avaient été épargnées. Dès 1952 cependant, l'accroissement rapide de la population imposa aux autorités égyptiennes d'intensifier l'irrigation du pays.

Parmi les projets proposés, celui d'un barrage en terre et enrochement fut considéré comme le plus conforme aux besoins. Naturellement, l'emplacement choisi pour son édification devait être là où les deux rives du Nil étaient le plus rapprochées, c'est-à-dire à quelques kilomètres au sud du premier barrage. Depuis 1970, cet emplacement est effectivement enjambé par le Sadd el-Aâli, ou Grand Barrage, devenu, au fil des années, un véritable élément naturel, une sorte d'isthme reliant les deux berges.

Dressé contre l'inondation, le Sadd el-Aâli ne la laissa plus gagner massivement la terre d'Égypte au moment de la crue. En revanche, les douze bretelles dont il est percé distribuent régulièrement l'eau nécessaire en toutes saisons. Le Sadd el-Aâli, sur ses trois mille six cents mètres de long, a permis la formation d'un lac plus long que le lac Victoria (mais beaucoup moins large). Il emmagasine ainsi cinq cent cinquante-sept milliards de mètres cubes d'eau sur toute la Nubie égyptienne, et se prolonge sur cent cinquante kilomètres au nord du Soudan, jusqu'à la Troisième Cataracte, celle de Dal.

Donner le pain nécessaire à la vie, c'était en l'occurrence condamner les pierres. C'en était fait des temples et chapelles, des stèles rupestres, des graffiti sur les rochers et de toutes les traces de l'antique civilisation qui s'était développée sur le territoire : tout allait définitivement être noyé. Cependant on ne pouvait oublier que « *l'homme ne vit pas seulement de pain* » et, pour suivre la sentence de Matthieu (IV, 4), « *une fois la faim matérielle rassasiée, surgit la faim inextinguible d'autre chose* ». Voilà pourquoi il fallait sauver de la submersion définitive les temples de Nubie, déjà en grand danger depuis un demi-siècle : des monuments très peu connus, car très peu accessibles, chargés d'histoire et dont on était loin d'avoir pu saisir le message.

Mon devoir d'égyptologue était d'alerter les élites du monde entier et de les entraîner dans une œuvre commune de préservation de ces biens culturels que, pour la première fois, on définissait comme participant du patrimoine culturel de l'humanité[4].

La sauvegarde

Le 8 mars 1960, le Directeur général de l'Unesco lançait un appel solennel pour la sauvegarde des monuments condamnés par la construction du Sadd el-Aâli, appel auquel André Malraux répondit avec une talentueuse et convaincante ferveur. On peut affirmer qu'en 1980, la vaste opération projetée était terminée. La majorité des sanctuaires était sauvée, cependant que le pays avait, en partie, disparu. Comme on le sait, le Gouvernement égyptien avait tenu à proposer en « témoignage de reconnaissance », en remerciement de l'aide apportée par les diverses nations, des antiquités provenant des fouilles et certaines petites chapelles sauvées des eaux. Témoins de cette région engloutie et d'un legs respecté, on peut admirer au musée de Turin la grotte-chapelle d'el-Lessiya, au Metropolitan Museum de New York la chapelle de Dendour, la chapelle de Débod fut affectée à l'Espagne, la chapelle de Taffé au Musée de Leyde, le buste monumental d'Aménophis IV au musée du Louvre, la Porte ptolémaïque de Kalabsha au Musée de Berlin, etc.

Quant aux grands temples, irremplaçables témoins de l'Histoire, ils devaient impérativement demeurer en Nubie. Il fallait les déplacer et les replacer sur les lointaines rives préservées au-delà du niveau du lac, à cent soixante-dix mètres au-dessus du niveau de la mer. En respectant, avant toute autre préoccupation, leur orientation originelle par rapport au lever du soleil et aussi au cours du fleuve. Cependant, afin de faciliter la surveillance de ces trésors confiés au désert, les sanctuaires furent regroupés en quatre régions, où ils sont désormais visités – régions dont on espère qu'elles deviendront quatre oasis constituant les cadres souhaités pour l'environnement des sanctuaires.

Ainsi, au nord de la Nubie, près du Sadd el-Aâli, la république fédérale d'Allemagne transporta – et réédifia – le temple de Kalabsha, près duquel le Service des antiquités de l'Égypte remonta le kiosque de Kertassi. Plus à l'ouest, sur la hauteur, les ingénieurs qui avaient conduit les travaux d'Abou Simbel participèrent à la remise en place de l'hémi-spéos de Beït el-Ouali : voici pour le premier regroupement des sanctuaires.

Il fallait ensuite affronter le courant, au-delà du tropique du Cancer, pour implanter, toujours sur la rive gauche du lac – et toujours plus à l'ouest –, sur une aire plus large, trois autres temples : une seconde future oasis comprenant, sur le monticule le plus élevé, le temple de Dakké, pylône tourné vers le nord, comme à l'origine. En contrebas, non loin de la rive, fut réédifié le petit sanctuaire de Maharraka. Enfin, plus au sud, ce deuxième regroupement compte le grand temple de Ouadi es-Séboua, en hémi-spéos, introduit par son *dromos* de douze sphinx et dont le sanctuaire devait être replacé, dans la falaise rocheuse, par les architectes du Service des antiquités. Les mêmes qui, sous la discrète et agissante autorité d'Ahmed Loutfi, aménagèrent – dans la falaise rocheuse située sur le chemin de sable menant de ce dernier temple jusqu'à l'éminence de Dakké – trois petites grottes qui avaient, jadis, été percées au pied du grand rocher de Kasr Ibrîm.

Le troisième regroupement, là où le lac Nasser déborde largement dans le désert sur l'antique Nubie, est d'abord composé, toujours sur la rive gauche du vénérable fleuve, du petit temple d'Amada, pris en charge par la France – seule fondation pieuse, avec celles d'Abou Simbel, qui n'ait pas quitté son aire d'origine. Détaché du sol rocheux sur lequel il avait été édifié, il fut mis en précontrainte et véhiculé à travers le désert, sur rails, à quatre kilomètres plus à l'ouest et « déposé » entre rochers et sables, à cent soixante-cinq mètres au-dessus du niveau de la mer[5]. À la même hauteur, un peu plus au sud, les Égyptiens, avec des moyens très réduits, réintroduisirent avec succès dans la falaise rocheuse l'hémi-spéos de Derr qu'ils avaient extrait de la rive droite, non loin de Korosko, au point de départ des caravanes vers Abou Hamid, au Soudan[6].

Au sud de cette troisième région, un piton rocheux fut creusé pour y recevoir une des seules chapelles funéraires rupestres de type égyptien retrouvées en Nubie. Il s'agit de celle d'un gouverneur de l'antique capitale de Miam (Aniba), surintendant du temple d'Horus de la ville, sous Ramsès VI.

Un immense rocher en forme de trapèze, sur la rive orientale, domine encore le fleuve de nos jours, bien qu'aux neuf dixièmes submergé : c'est Kasr Ibrîm. Il est proche, sur la rive gauche, de l'antique capitale de Miam, maintenant complètement engloutie, et annonce, plus au sud, les temples d'Abou Simbel. Le rocher demeure, au sommet, couvert de ruines entourant les vestiges de la cathédrale de la Nubie chrétienne, tardivement transformée en mosquée. Des archéologues anglais y poursuivent chaque année des recherches et doivent y effectuer le remontage des éléments architecturaux effondrés.

Enfin la quatrième oasis, maintenant en voie de formation, est constituée par le site majestueux contenant les deux temples d'Abou Simbel, préservés sur place grâce à leur surélévation. À l'arrière, légèrement plus au sud, une véritable ville a surgi, possédant un grand hôtel d'accueil non loin de son aérodrome… Jusqu'en 1964, la seule liaison fluviale hebdomadaire entre Assouan (l'ancienne Sounou) et Ouadi Halfa (Bouhen) était le bateau anglo-soudanais : sur trois cent quatre-vingt-dix kilomètres, il reliait la Première à la Deuxième Cataracte en trois jours et demi, une fois par semaine seulement!

Telles sont les étapes archéologiques de la nouvelle Nubie. Depuis le début du siècle, les fouilles avaient, tout au long des rives et jusqu'à cent vingt mètres au-dessus de la mer, prospecté sol et sous-sol : les plus spectaculaires découvertes furent celles de l'Anglais Walter Emery, au sud d'Abou Simbel, à Ballana et Qoustoul. Les forteresses antiques et les demeures réédifiées au début du siècle ont maintenant disparu dans l'onde. Seuls les temples sauvés assument désormais la charge de conserver la mémoire des millénaires passés. Leur efficacité voulue par les pharaons subsiste à travers leurs messages : à nous de les aborder pour tenter d'en saisir la leçon. Pour ce faire, il convient de les redécouvrir dans leur contexte originel, leur environnement, en un mot, d'évoquer l'antique Nubie en retrouvant les grandes étapes de son Histoire.

LES ÉVÉNEMENTS DE L'HISTOIRE

I

La Nubie à la Haute Époque

La Préhistoire

En longeant les rives du Nil nubien, on découvre, parmi les graffiti et inscriptions d'époques diverses, les gravures faites par les hommes de la préhistoire, toutes attachées à l'évocation de formes animales : girafes, éléphants, autruches, gazelles, bouquetins. Un des plus beaux exemples se trouvait dans les parages de Ouadi es-Séboua, et recouvrait la paroi d'un rocher servant de fronton à un abri sous roche entre 7 000 et 6 000 ans avant notre ère. Plus rarement apparaît le bovidé. C'est pourtant lui qui figure sur une scène très exceptionnelle, ornant le fond d'une grotte à la large ouverture – située non plus sur les rives du Nil, mais à l'intérieur du pays –, et récemment découverte. Il s'agit d'un défilé de bovidés, tous figurés dans la même direction, à l'arrêt, et *peints*; la plupart présentent un pelage moucheté (blanc, ocre et noir). Ce décor, unique en son genre pour la Nubie, se trouvait non loin du point de départ de la caravane partant au sud de Korosko pour éviter la grande boucle du Nil, et qui retrouvait le fleuve au Soudan, à la hauteur d'Abou Hamid.

La Protohistoire

Égypte et Nubie, voisines et buvant au même fleuve, n'ont pourtant pas connu, dès le début des âges, une commune évolution. Les deux régions ne s'ignoraient cependant pas : comment pourrait-il en avoir été autrement, puisque l'Inondation, arrivant chaque année pour recouvrir le sol de l'Égypte, coulait depuis les régions de l'extrême Sud d'où provenaient les produits précieux, traversant le pays de *Ouaouat* avant d'aborder la future terre des pharaons ? Ainsi, dès la très Haute Époque, les contacts furent sans doute plus nombreux et plus fréquents qu'on ne l'imagine. Sans doute les Égyptiens purent-ils côtoyer des phénomènes de civilisation qui leur transmirent un peu du patrimoine de certains de leurs lointains ancêtres.

Telle est la question que l'on doit se poser devant l'extraordinaire découverte faite par le professeur Keith Seele, de l'université de Chicago, dans la nécropole de Qoustoul[1] au sud-est d'Abou Simbel, sur la rive orientale du Nil.

Remontant à la fin du protodynastique égyptien, vers 4000 avant notre ère, cette tombe nubienne, comme celles qui l'entouraient, présentait des dimensions plus importantes même que celles des premiers pharaons enterrés en Abydos[2].

Plusieurs sépultures de cette nécropole révélèrent le niveau d'évolution de leurs propriétaires, rivalisant avec celui des Égyptiens au nord de la Première Cataracte[3]. En effet, une des tombes contenait encore le corps du défunt, portant au cou un collier de 60 perles d'or et un pendentif fait d'une mouche également d'or. Parmi les vestiges au sol, les 5 528 pièces d'ornementation, achevées ou ébauchées, ont même conduit les fouilleurs à donner à la sépulture le nom de « Tombe du Joaillier ». D'autres caveaux, par le décor du mobilier funéraire qu'ils contenaient, soulignent une influence mésopotamienne. Ainsi, ce bol de pierre rose qui montrait, entre autres décors peints, l'image de deux girafes affrontées de part et d'autre d'un palmier[4] – thème que l'on retrouve sur la célèbre palette aux girafes égyptiennes du musée du Louvre. Il faut encore rappeler un grand bol portant une autre scène peinte[5] évoquant un enclos-sanctuaire fait de poteaux, voisin d'un acacia où se frotte une chèvre et vers lequel se dirige un crocodile. Non loin, on peut voir deux énormes serpents attaqués par de puissants oiseaux, scène dont la signification prophylactique n'échappera pas.

La plus grande tombe (20 × 2 mètres) abritait une dépouille que K. Seele considéra comme celle d'un roi[6]. Déposé sur un lit de bois ornementé de cuivre, il portait une massue à tête piriforme en pierre et une lance à pointe de cuivre[7].

Le godet de Qoustoul

Entouré d'abondants bijoux (en dépit des pillages antiques), il avait à son cou un collier de longues perles cylindriques d'or, de cornaline et de faïence. Parmi les «palettes à fards» (de schiste), gisait un magnifique exemplaire en quartzite rose, entouré d'un nombre impressionnant de poteries de la famille «gerzéenne» et un support de jarre de type oriental. Sur le sol, plusieurs morceaux d'une pierre calcaire, après un savant assemblage, ont révélé la forme d'un godet à encens[8] rond orné, en un relief «en creux»[9] (jusqu'alors inconnu à cette époque), d'une scène encore unique et surprenante pour le lieu de la trouvaille et sa date supposée.

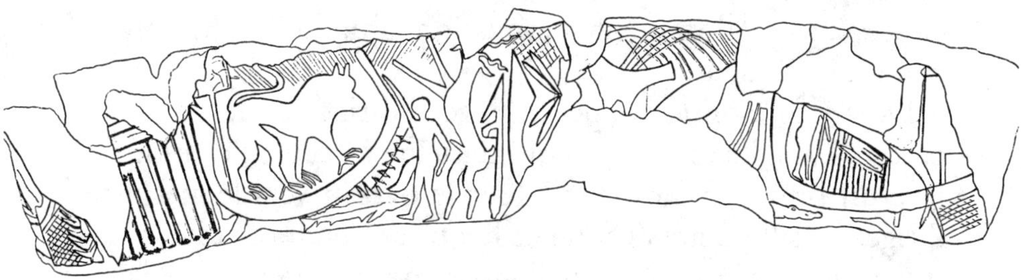

Godet à encens, fragmentaire provenant de la nécropole de Qoustoul : déroulement du décor (protodynastique).

L'heureux fouilleur et ses collaborateurs ont pu en reconstituer le décor éternisant une étrange procession, sans nul doute religieuse, composée de trois bateaux. Ces embarcations, qui devaient déjà être construites en bois (avec mât et voile) et non en papyrus[10], sont dirigées vers ce que l'on pourrait identifier comme la « façade à redans » d'un sanctuaire dont l'aspect constitue la préfiguration du mur d'enceinte de l'antique ville d'Hiérakonpolis (au nord de la Première Cataracte), remontant aux entours de la Ire dynastie. Ce motif architectural, fait de redans et de saillies, connut la fortune que l'on sait au long des dynasties pharaoniques[11].

Les bateaux (de droite à gauche) longent une berge évoquée par une végétation assez abondante, mais l'eau du fleuve n'est pas indiquée. En revanche, sous la proue du premier bateau, des sortes de branchages sont visibles. Les vestiges d'une cabine, d'un mât et d'une voile sont discernables ; un homme debout, dans une attitude parfaitement égyptienne, doit être le pilote de l'embarcation. Sous la poupe, un crocodile remarquablement sculpté indique bien, s'il était nécessaire, qu'il s'agit d'un paysage nilotique. Le deuxième bateau est trop détérioré pour qu'il en soit question ici. On reconnaît cependant le sommet de la couronne blanche royale et l'image horizontale du faucon archaïque. Immédiatement après, on aperçoit ce qui a été interprété par K. Seele comme un poteau d'amarrage. Tout à côté a été sculpté un capridé ithyphallique dressé sur ses pattes arrière comme pour brouter les branchages qui le dominent : évocation d'un thème décoratif asiatique fréquent.

Devant le capridé, un personnage se dirige vers le troisième bateau. Sa taille est nettement inférieure à celle du capridé : il lève un bras comme pour saluer le bateau vers lequel il se dirige. Sa silhouette évoque celle qui deviendra si caractéristique tout au long de la civilisation pharaonique. Une large ceinture retombe à l'avant de son pagne… mais il ne porte pas de couronne.

Le troisième bateau présente la forme bien connue des embarcations de type mésopotamien, à la proue extrêmement relevée et à la poupe dressée à angle droit[12]. Sous la proue, on aperçoit une branche en dessous de laquelle un gros poisson du Nil est gravé[13]. Le pont du bateau est entièrement occupé par un quadrupède à la longue queue dressée, muni d'une grosse crinière, les oreilles un peu pointues et les doigts des pattes très apparents. On peut reconnaître, dans ses lignes générales, un cynocéphale [14]. Si la présence sur un bateau d'un babouin – surtout de cette taille et dans cette attitude – paraît évidemment insolite et n'a pas encore de parallèles ayant été trouvés dans les sites archaïques d'Abydos ou d'Hiérakonpolis, ou encore dans le sanctuaire primitif de l'île d'Éléphantine, il faut noter qu'un nombre important de figurines de cercopithèques et de babouins a été trouvé dans ce dernier site : tous semblent remonter à ces moments de la Protohistoire. Ajoutons à ces témoins la statue de cynocéphale portant le nom du roi Narmer de la Ire dynastie, conservée au Musée de Berlin. Il semble bien prouvé que le cynocéphale qui, durant toute l'époque pharaonique, prêtera son aspect animal à Thot, incarnant par excellence l'intelligence, la science et le calendrier, était en rapport avec le Nil et l'arrivée de l'Inondation [15]. On sait aussi que le culte de Thot cynocéphale date du début de l'histoire égyptienne : Maître d'Hermopolis, une de ses premières appellations était Hedj-Our, c'est-à-dire le Grand (singe) Blanc [16].

Ce long commentaire était nécessaire pour souligner l'importance exceptionnelle de ce petit encensoir au décor d'une extrême originalité où se retrouvent, dans un cadre assurément nilotique (végétation, crocodile, poisson… et silhouettes humaines), des bateaux, une façade de bâtiment et un bouquetin dressé (visiblement mésopotamien). L'élément architectural mis à part, trois détails ont été retrouvés sur d'autres témoins artistiques contemporains, en Égypte : le couteau de Djebel el-Arak, la palette aux girafes (Louvre) et la palette de Narmer (Caire).

Le bâtiment à redans pourrait constituer le mur de clôture d'un temple. Serait-il la seule représentation connue, en Nubie archaïque, d'une importante architecturale locale?

Le sujet – ou l'acteur – auquel tout l'ensemble se rattache est représenté par l'énorme babouin auquel le rite était certainement consacré. On retrouve donc, sur ce décor, une nouvelle preuve des contacts entre les rives du Nil et la Mésopotamie[17] aux Hautes Époques. Ce cheminement s'était-il opéré à un certain moment par la mer Rouge, à travers le merveilleux pays de Pount dont avait hérité le légendaire babouin, Maître et image de l'Inondation alimentée par l'Atbara? L'objet dispense un prodigieux enseignement et nous apprend que le chef de la région, dans la tombe duquel il a été retrouvé, était sans doute l'égal des «chefs de clans» égyptiens précédant les premiers pharaons, à une époque appelée par les égyptologues *«gerzéen tardif»*. Son décor se réfère-t-il aux racines mêmes de ce monarque? Régnait-il sur une ethnie semblable à la sienne, d'origine étrangère, rappelée par le décor de l'objet du culte? Et cette ethnie a-t-elle transhumé ensuite jusque vers le sud de l'Égypte où elle se serait implantée avec ses traditions[18], ses décors ?

Sur le sol nubien, plus aucun vestige n'a révélé la présence d'un groupe humain qui pouvait se rattacher au mode d'expression évoqué sur le pourtour de l'encensoir. Pourquoi n'aurait-il pas poursuivi sa migration au-delà de la Première Cataracte en Égypte[19] – laissant derrière lui d'autres ethnies moins avancées qui reçurent, à leur tour, les expéditions des premiers pharaons, et cela dès le début de la Ire dynastie au cours de laquelle des noms royaux, gravés sur des rochers nubiens, témoignent de leur passage?

II

Les temps historiques

L'époque thinite – L'Ancien Empire

L'époque thinite

L'idée générale que l'on se fait de la Nubie, dès le début de la période historique égyptienne, c'est-à-dire la Ire dynastie, vers 3100 avant notre ère, est celle d'un pays voisin de la Terre des Pharaons, entretenant vraisemblablement des relations commerciales avec l'Égypte. En tout cas, il n'existe pas de preuves démontrant que la population vivant au nord de la Deuxième Cataracte sur cette terre appelée Ta-Khenes (la Terre courbée) ou Ta-Sety (le Pays de l'Arc), ait envahi son voisin du Nord.

En revanche, une inscription rupestre au nom du roi Aha (3125-3095), successeur et petit-fils du roi Narmer, deuxième souverain de la Ire dynastie, laisse supposer qu'une première expédition égyptienne fut organisée chez les semi-nomades de Nubie (que les égyptologues définissent comme constituant le groupe A) et aurait pu provoquer un rattachement de la région à celle d'Éléphantine, jusqu'au Gebel Silsilé. Une nouvelle expédition, indiquée par le nom du roi Djer (3095-3540), successeur d'Aha, gravé sur un rocher de Cheikh Soleiman[1] (au nord de la Deuxième Cataracte), révèle le passage d'une troupe égyptienne suffisamment puissante pour pénétrer ainsi profondément dans des Terres lointaines, ce qui aurait provoqué la lente disparition de leurs habitants, toujours désignés comme formant le groupe A.

Cette pénétration, dont le but commercial était évident, permit sans doute ensuite au Roi «Serpent» (Ouadji 3040-3030) d'organiser un début d'exploitation des mines d'or du Ouadi Allaki.

L'Ancien Empire : IIIe-V^e^ dynastie

Aussi est-il assez probable que Djéser, illustre roi du début de la IIIe dynastie, ait continué les prospections entreprises par ses prédécesseurs. S'il paraît, maintenant, impossible de lui prêter la paternité de la fameuse Stèle de la Famine, gravée en fait sous le règne de Ptolémée V[2] sur un immense rocher de l'île de Séhel (Première Cataracte), il se pourrait que cet écrit fasse néanmoins allusion à un événement remontant réellement à un lointain passé datant de millénaires.

Dès la IVe dynastie, il semble que la population nubienne, encore définie comme groupe A, ait atteint le terme d'un déclin[3] coïncidant avec la présence de soldats et de marchands à la Deuxième Cataracte, où une ville égyptienne commençait déjà à s'établir. Circonstances qui ne constituaient pas, répétons-le, un essai de colonisation, ni même une tentative d'incorporer la Nubie dans le système général de l'administration égyptienne[4]. Cependant, en amont de la Deuxième Cataracte, des turbulences s'annonçaient, dues à l'intervention d'un groupe ethnique que certains archéologues considèrent comme héritier du groupe A immigré[5] (ce qui n'est pas absolument assuré). Cette population s'installa dans toute la région de la Troisième Cataracte, la région de Kerma dont les terrains sont propices aux cultures, alors que la population subsistante entre les Première et Deuxième Cataractes continuait à traverser une période d'assoupissement[6].

Si l'on admet cette hypothèse, il semble évident que les indications correspondant au règne de Snéfrou, fournies par le texte lapidaire appelé «Pierre de Palerme[7]», doivent faire allusion à une nouvelle expédition égyptienne qui traversa naturellement la Nubie mais, poursuivant au-delà de la Deuxième Cataracte, atteignit le royaume de Kerma. Le texte rapporte d'abord la construction de nombreux bateaux, certains mesurant vingt mètres de long et plus, indispensables pour les grands travaux et pour les expéditions militaires en Nubie. Mais le butin confisqué à l'issue de la campagne, à savoir sept mille prisonniers et deux cent mille têtes de bétail (dont une partie ramenée par le fleuve), ne peut avoir été prélevé que sur une région d'élevage analogue à celle de Napata et de la grande boucle du Nil, c'est-à-dire dans la région de Kerma.

Il avait fallu certainement nombre de prospections dans le pays pour que les carriers des pharaons, à la IVe dynastie, aient pu exploiter les carrières de Toshké, au nord de la future capitale d'Aniba, afin d'en extraire les blocs de diorite nécessaires à la fabrication des monuments de Khéops et des magnifiques statues de Khéphren, en vue d'en faire les ornements des temples funéraires de Guizé. Le transport de la pierre pouvait avoir emprunté[8] la route caravanière jalonnée par les oasis de Dounkoul et de Kourkour. Peut-être, déjà à cette époque, les chalands égyptiens étaient-ils capables de charger des tonnages importants afin de ramener les blocs de diorite par le Nil. Le cas est attesté pour des obélisques de granit à la VIe dynastie.

Le passage des bateaux pouvait être déjà protégé par de petites forteresses, en certains endroits vulnérables, tel celui qui menait aux mines d'or de Ouadi Allaki. Les vestiges d'un fort de l'Ancien Empire aux bastions arrondis subsistaient encore à Ikkour, avant la construction du premier barrage d'Assouan.

Sur le chemin du retour vers Assouan, les matelots avaient tout loisir d'admirer les graffiti que les hommes de la préhistoire avaient gravés sur les falaises rocheuses, souvent au bord de l'eau : l'un des plus beaux « tableaux », rappelons-le, se trouvait à Ouadi es-Séboua, surplombant un abri-sous-roche. Il rivalise cependant avec certaines autres gravures rupestres, dans la région de Sayala, non loin de Ouadi es-Séboua.

Mais, dans ces inscriptions rupestres, figuraient aussi des noms royaux et civils de la Ve dynastie, principalement dans la région de Ouadi es-Séboua et de Tomas, à l'arrivée d'une des grandes routes caravanières venant du désert occidental : on retrouve aussi bien la mention du roi Sahourê que celle de l'officier de marine Khnoumhotep.

C'est alors que commence la période, en Nubie, du recrutement des fameux archers que le roi Pépi Ier commanda lui-même pour lutter contre les bédouins au nord-est de ses frontières. On apprend, à cette occasion, que diverses tribus furent sollicitées, entre autres celles d'Irtjet. C'est, au reste, la période où se produisit en Nubie un réveil occasionné par l'apparition d'une population renouvelée (groupe C) héritière du primitif groupe A – ce qui semble avoir incité la communauté égyptienne de la Deuxième Cataracte à se retirer de Bouhen, par crainte des heurts avec les chefs locaux et souci de préserver les meilleures relations commerciales possibles. En effet, on perçoit l'existence d'une élite sociale dans ce groupe C, capable de concurrencer l'hégémonie commerciale des Égyptiens en Nubie.

Aussi, dès cette époque, les souverains changent de tactique : les anciens gouverneurs du poste frontière d'Éléphantine devinrent, en quelque sorte, des ambassadeurs, soucieux de maintenir les alliances de bon voisinage avec les chefs locaux nubiens. Cependant, pour s'assurer de la sécurité des échanges commerciaux, il leur fallait dominer les routes caravanières du désert et des oasis de l'Ouest grâce à des accords ou, le cas échéant, par la force armée. Ce qui conduisit, durant la VIe dynastie, à la création du poste de gouverneur de l'oasis de Dakhla[9], chargé d'imposer l'autorité de l'Égypte sur les principales routes du désert.

VIe dynastie

Sous Pépi Ier, le récit de Ouni

Les relations entre les deux pays semblent avoir poursuivi leur bon fonctionnement, si l'on en croit le récit que le haut fonctionnaire Ouni [10] fit graver sur un mur de sa chapelle funéraire, à Abydos. Pépi Ier l'envoya repousser les nomades d'Asie avec une armée de mercenaires dont la majorité avait été recrutée en Nubie et formée « *des Nubiens d'Irtjet, des Nubiens de Medja, des Nubiens de Yam, des Nubiens de Ouaouat, des Nubiens de Kaaou*[11] ».

Sous Mérenrê

Ouni continua sa carrière sous Mérenrê : une inscription gravée sur un rocher d'Assouan nous apprend qu'en l'an 10 ou 11, le roi reçut la soumission (le texte dit exactement : « *embrasser le sol et donner une très grande adoration* ») des chefs de Medja, d'Irtjet et de *Ouaouat*, c'est-à-dire d'une grande partie de la Nubie[12].

« *Le même souverain envoya Ouni à Ibhat, pour rapporter un sarcophage "Seigneur de la Vie", avec son couvercle et avec le pyramidion précieux et auguste pour la pyramide : "Mérenrê apparaît en perfection". Peu après, Mérenrê l'envoya chercher trois radeaux et quatre chalands en acacia de Ouaouat, tandis que les gouverneurs des pays étrangers d'Irtjet et de Ouaouat, Yam, Medja "fournissaient le bois pour cela",* ajouta-t-il. *"Je fis le tout en une seule année."* »

Et cela fait comprendre l'aide apportée par les chefs nubiens à la bonne réalisation de sa mission. Le même Ouni put, dans ces conditions, conduire une expédition aux mines d'or du Ouadi Allaki.

Dans ces textes apparaissent les noms des principaux groupements qui formaient, à cette époque, la Nubie en constitution. D'autres récits permettront désormais de localiser ces régions sur la carte, où l'on pourra constater la présence de *Ouaouat* qui donnera par la suite son nom à la Nubie tout entière.

Herkhouf, un des premiers explorateurs de l'Antiquité

Les meilleures sources d'information sur la VIe dynastie et la fin de l'Ancien Empire en Nubie demeurent les inscriptions contenues dans la nécropole princière de Qoubbet el-Haoua, face à Assouan. Elles ont été dictées par les très hauts fonctionnaires du roi. Un des plus importants, Herkhouf, entre autres « Chef des Troupes étrangères », avait fait plusieurs voyages vers les contrées du Sud sur ordre du roi Mérenrê. Au cours de trois missions, peut-être même d'une quatrième, on le suit dans des régions que l'on peut tenter de localiser en Nubie, de part et d'autre du Nil, et assez profondément, puis plus au sud dans le pays de Yam où s'était implantée la civilisation de Kerma et le royaume de *Koush*. On constate aussi qu'une des routes choisies par Herkhouf doit être le fameux Darb el-Arbaïn (la route des 40 jours) qui menait d'Égypte au Darfour. Le récit d'Herkhouf, relation d'un voyageur explorateur, valeureux et expérimenté, compte certainement parmi les plus anciens du monde. Il nous donne un aperçu direct sur les relations entretenues par le roi Mérenrê et les princes nubiens[13].

Au sujet de son premier voyage, Herkhouf déclare :

« La Majesté de Mérenrê, mon Seigneur, m'envoya avec mon père, l'Ami Unique, le prêtre-lecteur Iri, au pays de Yam, pour apprendre la route de cette région. Je la parcourus en sept mois et j'en rapportai tous les produits beaux et rares. J'en ai été récompensé, généreusement[14]. »

Herkhouf repartit en tant que seul chef d'expédition pour son second voyage. Il suivit alors la route parallèle à la vallée.

« Sa Majesté m'envoya une deuxième fois seul. Je montai par la route d'Éléphantine et je descendis dans les pays d'Irtjet [qui s'appellent] *: Mekher, Teréres, Irtjety, dans un délai de huit mois.*

Je descendis et je rapportai des produits tirés de cette région en grande quantité et dont on n'avait jamais rapporté le pareil en ce pays auparavant. Mais je descendis jusqu'à rejoindre la maison du gouverneur de Satjou[15] *et d'Irtjet après que j'eus atteint ces mêmes pays étrangers. Je n'ai jamais constaté qu'un ami les ait parcourus étant Directeur des Étrangers monté à Yam avant moi*[16]*.* »

Pour la première fois, un texte d'un émissaire donne des indications géographiques sur l'itinéraire emprunté par sa caravane. Il emprunte la « *route d'Éléphantine* » – c'est la « *route de l'ivoire* » assurément –, qui passe par les oasis de Kourkour et Dounkoul, pénètre plus avant dans la vaste région appelée Irtjet, localisée sur la rive occidentale du Nil, comptant au sud-est de Dounkoul le site d'Irtjety, et qui se termine à la hauteur de Ouadi Halfa (Bouhen) par la zone de Mekher, celle-ci comprenant à mi-chemin, au nord du site de Toshké, la zone appelée Teréres. On apprend aussi que le pays de Satjou, au sud-est de Mekher, est allié avec le pays d'Irtjet. Enfin, à l'aboutissement du voyage, à la sortie sud d'Irtjet, Herkhouf a atteint le pays de Yam. À cette époque, il semble donc que les prospections se fassent sur la rive gauche du Nil et que le domaine d'Irtjet ne déborde pas sur la rive droite.

Le souverain renvoya une troisième fois notre héros vers le Grand Sud. Sa relation vaut d'être citée intégralement[17] :

« *Sa Majesté m'envoya encore pour la troisième fois à Yam. C'est par la route de l'Oasis que je sortis du nome thinite et je rencontrai le gouverneur de Yam en train de marcher vers le pays des Tjémeh, pour écraser le Tjémeh vers le coin occidental du ciel* [l'Ouest]. *Je montai derrière lui vers le pays de Tjémeh, et je le vainquis de façon qu'il pria tous les dieux pour le Souverain* [Mérenrê]. [J'envoyai un message] *avec un Yamite du Serviteur d'Horus pour renseigner la Majesté de Mérenrê, mon Seigneur,* [de ce que j'étais monté vers le pays de Tjémeh] *derrière le gouverneur de Yam, parce que j'avais vaincu ce gouverneur-là de Yam* [Je descendis] *en Imaaou qui est au midi d'Irtjet et au fond de Satjou et je trouvai les gouverneurs d'Irtjet, Satjou et* Ouaouat *tous ensemble en une coalition. Mais je descendis avec trois cents ânes chargés d'encens, ébène, huile hékénou, des grains-sat, peau de panthère*[18], *défenses d'éléphant, bois de jet, toutes choses belles de valeur, car le gouverneur d'Irtjet, Satjou et* Ouaouat *voyait la force multiple des troupes de Yam qui descendaient avec moi à la Résidence, avec l'expédition envoyée avec moi.*

«*Alors ce même* [gouverneur] *m'escorta, me donna des taureaux et des ibex, me conduisit sur les routes des montagnes d'Irtjet tellement j'avais veillé plus que tout Ami, Directeur des Étrangers, envoyé à Yam auparavant. Or, quand ce serviteur arriva à la Résidence, on fit venir* [le prince] *Ami Unique, directeur de la salle fraîche Khouni, à ma rencontre, sur des bateaux chargés de vin de dattes, de pain-mesoug et de pain-bière.*

«[Signé] *le Prince, Trésorier du roi, Ami Unique, Prêtre-Lecteur, Trésorier du dieu, Préposé aux secrets du Jugement, l'Imakhou Herkhouf.*»

On apprend ainsi qu'Herkhouf choisit une nouvelle route, celle de la grande oasis dont le point de départ est dans le nome thinite, près d'Abydos, et qui se dirige en pénétrant plus profondément à l'ouest vers l'oasis de Khargé, oasis qu'elle traverse pour redescendre vers la Deuxième Cataracte, à la jonction de Mekher et de Yam. On est aussi informé qu'ayant appris la marche du gouverneur de Yam vers les Libyens de Tjémeh, il s'opposa à lui et lui fit rendre hommage au roi d'Égypte, car ce dernier devait bénéficier autant de l'alliance avec les Yamites que de la complicité des gens de Tjémeh qui lui fournissaient des soldats.

Lorsque Herkhouf revint du pays de Yam avec toute la cargaison de produits rares qu'il avait pu se procurer par troc, et qui, par caravanes, étaient arrivés du pays de Pount, il parvint en Imaaou. Les précisions données par Herkhouf permettent de situer cette région entre Aniba et Derr, sur les deux rives du fleuve. La région de *Ouaouat*, enfin mentionnée, et alliée d'Irtjet et de Satjou, n'occupe pas encore toute la Nubie, mais semble être limitée à la zone bordant la rive orientale du Nil, entre la Première et la Deuxième Cataracte.

Une nouvelle étape des relations entre l'Égypte et la Nubie transparaît dans le récit d'Herkhouf. On avait d'abord constaté la pénétration du pays, peut-être parfois un peu brutale. Mais les échanges commerciaux s'organisent, l'utilisation des ressources locales et le cheminement des produits du Sud-Est s'effectuent dans une atmosphère quasi pacifique, de même que la levée des mercenaires. Puis survient une période d'engourdissement à laquelle succède la reprise en main de toute la contrée par des chefs de région dynamiques et indépendants, qui forment entre eux des coalitions en vue de s'opposer avec convoitises aux passages des caravanes égyptiennes. Alors la politique des alliances joue, et le gouverneur yamite utilise sa force pour imposer aux alliés de l'intérieur le libre passage du long convoi d'Herkhouf qui, en retour, fut payé en gratifications appelées « récompenses ».

Les récits des autres explorateurs montreront que la situation ira en s'aggravant.

Herkhouf exécuta-t-il une quatrième mission ? Le doute subsiste. En effet, sa longue inscription, comme toutes celles des vaillants Princes-Explorateurs enterrés à Qoubbet el-Haoua, est gravée de part et d'autre de la porte d'entrée de sa chapelle, sur la façade. On peut voir à gauche de la porte le texte du récit qui précède, concernant les trois missions. À droite de cette porte, figure un seul texte, sans introduction, si bien qu'on est en droit de se demander s'il constitue la suite de l'histoire précédente ou si l'on aborde une quatrième et dernière mission. Je pencherais pour cette dernière hypothèse parce que, dans la liste des trésors rapportés précédemment, il n'est question que de produits précieux et des animaux, et aussi parce que la date mentionnée (an II) pourrait correspondre à cette dernière mission au début du règne de l'enfant-roi Pépi II, après le décès de Mérenrê, qui a dû survenir pendant le troisième voyage au pays de Yam. Voici ce texte extraordinaire :

La lettre de l'enfant-roi

« Cachet du roi même. An II, troisième mois de la saison de l'Inondation, le 15.

« "On[19]*" a appris l'affaire de cette tienne lettre, que tu as communiquée au roi, au Cabinet, pour renseigner que tu es descendu en paix dans Yam avec l'expédition qui est avec toi. Tu as dit dans cette tienne lettre que tu as ramené tout produit excellent et beau qu'a accordé Hathor, dame d'Imaaou au Ka du roi de Haute et Basse-Égypte Néferkarê, qu'il vive éternellement et à jamais! Tu as dit dans cette tienne lettre que tu as ramené un Pygmée*[20] *du Pays des habitants de l'Horizon* [à l'Est] *pour les danseurs du dieu, lequel est comme le nain du pays d'Opone au temps d'Izézi. Tu as dit à ma Majesté que jamais n'a été ramené son semblable par personne d'autre qui a parcouru Yam auparavant. Tu sais vraiment faire ce que ton Seigneur aime et préfère. Tu passes tout le jour et toute la nuit à chercher et à faire ce que ton Seigneur aime, préfère et ordonne. Ma Majesté va exaucer pour toi des désirs en grand nombre et de qualité, de sorte que cela sera utile au fils de ton fils à jamais, de sorte que tous les hommes diront, lorsqu'ils entendront ce que ma Majesté a fait pour toi : Y a-t-il jamais eu chose pareille à ce qui a été accordé à l'Ami Unique Herkhouf, lorsqu'il descendit en Yam, à cause de la vigilance qu'il déploya à exécuter ce que son Seigneur aime, préfère et ordonne? Viens donc en bateau à la Résidence tout de suite. Quitte* [les autres ?] *et amène ce nain, que tu ramènes du pays des habitants de l'Horizon, vivant, sain et sauf, pour les danses de Haute et Basse-Égypte Néferkarê*[21]*, qu'il vive éternellement! S'il monte avec toi dans le bateau, place des hommes capables, qui se tiennent autour de lui, des deux côtés du bateau, pour éviter qu'il ne tombe dans l'eau. S'il dort la nuit, place des hommes capables pour dormir autour de lui dans sa cabine. Effectue un contrôle dix fois par nuit*[22]*.*

« Ma Majesté souhaite voir ce nain plus que les produits des carrières d'Oponé. Si tu arrives à la Résidence, tandis que ce nain est avec toi, vivant, sain et sauf, ma Majesté va te donner une

récompense plus grande que celle donnée au trésorier du dieu Ouredjededba au temps d'Izézi, équivalant au désir de ma Majesté de voir ce nain.

« On a apporté des décrets au gouverneur de la ville nouvelle, Ami, Directeur des Prophètes, pour ordonner de prendre soin de lui en toute demeure de la maison de ravitaillement et en tout sanctuaire, sans y faire exceptions. »

Le retour de cet éventuel voyage a dû se faire en grande partie sur le Nil, jusqu'à la résidence du Delta.

Les récits de Pépinakht et de Sabni

Deux autres grands voyageurs, Seigneurs de la VIe dynastie, se firent aussi enterrer dans le voisinage immédiat du tombeau rupestre d'Herkhouf. Tous deux eurent à mener des luttes contre les habitants de tribus sans cesse en éveil, et qui n'hésitaient plus maintenant à s'opposer à la pénétration égyptienne. L'un et l'autre eurent aussi la mission de ramener les corps de fonctionnaires tués au cours de leurs missions. Il s'agit de Pépinakht et de Sabni.

Pour fonder notre propos visant à évoquer l'évolution de la Nubie à la fin de l'Ancien Empire et les relations parfois très belliqueuses entre Égyptiens et Nubiens, il suffirait de mentionner le rapport donné par Pépinakht[23].

Première mission[24]

« La Majesté de mon Seigneur m'envoya écraser le pays de Ouaouat *et d'Irtjet, je m'exécutai de telle façon que mon Seigneur me récompensa. J'y tuai beaucoup* [d'hommes] [dont] *les enfants du Gouverneur et le Directeur des Troupes entraînées*[25]*. J'en ramenai un grand nombre de là à la Résidence comme soldats prisonniers, alors que j'étais à la tête de soldats nombreux et puissants autant que hardis. Mon Seigneur plaçait sa confiance en moi au sujet de toute mission pour laquelle il m'avait envoyé. »*

Deuxième mission

« La Majesté de mon Seigneur m'envoya encore soumettre ces mêmes pays étrangers. Je procédai de façon telle que mon Seigneur me récompensa d'une manière tout à fait excellente. Je ramenai les deux Gouverneurs de ces pays étrangers à la Résidence en paix, et des bœufs et des veaux vivants. Ils avaient été sélectionnés pour la Résidence avec les enfants du Gouverneur et le Directeur des Troupes qui étaient avec eux.

« Je m'occupai de ce que doivent faire les chefs du Sud, en raison de l'efficacité par laquelle je veillais à faire ce que mon Seigneur désirait. »

On voit que la seconde expédition de Pépinakht en pays de *Ouaouat* et d'Irtjet, à cette époque réunis en deux blocs solidaires, fut moins sanglante que la première, sans doute parce que la répression infligée avait impressionné les nouveaux chefs de ces régions. Leurs enfants furent sans doute confiés à l'institution du Kep, dépendant du Palais, où ils furent initiés à la culture égyptienne[26].

Le dernier voyageur d'importance est le prince Sabni, à la fin de la VIe dynastie. Le texte gravé dans sa tombe est malheureusement lacunaire et ne permet pas une compréhension très précise des détails. On saisit, cependant, que le père de Sabni a été tué en Nubie, au moment où il rapportait à la Résidence le bénéfice de son troc avec les pays du Sud. Voici l'essentiel du texte pour ce qui intéresse la Nubie :

« Or, j'écrivis des lettres pour informer que j'étais parti pour ramener ce mien père, Mekhou, du pays d'Outjek, dans le Ouaouat. *Je vainquis ces pays étrangers… dans le pays étranger dont le nom est Aatémetjer…* [?].

« Cet Ami Unique[27] fut trouvé sur un âne. Je fis qu'il soit porté par des troupes de mon domaine personnel, après lui avoir fait un cercueil… Je pris ce… [?] *avec moi pour le ramener de ces pays*

étrangers. On ne laissa jamais aller aucune chose précieuse à [aucun étranger] [ni à aucun Nubien], *étant tiré de la liste des biens de la Résidence* [?] *Je descendis à Outjek dans* Ouaouat, *et j'envoyai le dignitaire du roi, Iry, avec deux employés de mon domaine personnel en tant que messagers rapportant de l'encens* [...] *une défense d'ivoire de trois coudées en longueur, et pour informer qu'*[il y avait] *une peau de lion de cinq coudées en longueur, que ce mien père avait apportée avec tout produit que* [j'avais apporté] *de ces pays étrangers*[28]*...* »

Il semble, d'après ce texte, que les événements aient pu se passer dans *Ouaouat*, nom qui, à l'Ancien Empire, n'était pas, rappelons-le, donné à la Nubie tout entière, mais affecté à la partie du pays qui longeait la rive droite du fleuve, entre Première et Deuxième Cataracte. Le seigneur Mekhou semble avoir été tué dans l'aire d'Irtjety. Après avoir mis le cadavre de son père dans un sarcophage provisoire (il semble que le cadavre avait été enveloppé par les Nubiens dans une peau d'âne), Sabni le ramène en Égypte par le site d'Irtjet, qui paraît être situé dans le nord de *Ouaouat*, non sans avoir protégé de toute rapine locale les produits que son père avait rapportés de son expédition commerciale, et auxquels il avait ajouté le résultat de son propre négoce.

Dégradation des relations entre les deux pays

À la fin de la VIe dynastie, la sécurité n'était plus garantie pour les voyageurs-commerçants égyptiens qui traversaient la partie méridionale de la Nubie. Cependant, les sujets du roi n'en continuaient pas moins à exploiter les magnifiques ressources que ce pays offrait. Ainsi, un autre Sabni témoigne, dans les inscriptions de sa tombe, également creusée à Qoubbet el-Haoua, du maintien des activités des fonctionnaires aux frontières méridionales :

« Le Prince, l'Ami Unique, celui qui répète la voix d'Horus[29], *"bois de jet" dans les pays étrangers,* [dit] *: La Majesté de mon Seigneur m'a envoyé fabriquer deux navires au pays de* Ouaouat, *pour transporter au nord deux obélisques à Héliopolis. »*

L'existence d'arsenaux et la construction de bateaux de toutes sortes pour le souverain est attestée en Nubie, semble-t-il, dès la Haute Époque. Les acacias, les sycomores y étaient nombreux, et la main-d'œuvre efficace. Le travail était d'importance puisque ces chalands devaient rapporter, jusque dans le Delta, des aiguilles de granit pesant chacune plus de deux cents tonnes[30] !

Ainsi donc, à la fin de l'Ancien Empire, les relations entre les populations de Ta-Sety et l'Égypte avaient commencé à se détériorer. Le déclin de la puissance égyptienne, à la fin de la VIe dynastie, allait de pair avec la montée au pouvoir des chefs nubiens et avec leur agressivité envers les missions commerciales dépendant des administrateurs de la Haute-Égypte.

Cependant, l'expédition punitive conduite par le général Pépinakht et la capture des chefs de *Ouaouat* et d'Irtjet porta provisoirement ses fruits : les voyages de deux hauts fonctionnaires, Khouy d'abord vers le pays de Pount, et Thethy au pays de *Koush*[31], se déroulèrent sans difficulté.

III

Le pays de *Ouaouat* au Moyen Empire

L'appauvrissement de l'Égypte à la fin de l'Ancien Empire et l'impossibilité, pour les Seigneurs locaux, d'intervenir en Nubie au cours de la Première Période Intermédiaire, ont certainement constitué les deux facteurs du détachement provisoire de ces deux régions.

Loin de l'influence égyptienne, se développa alors en Nubie un groupe ethnique de guerriers, les Medjaÿ, qui arrivent en Égypte par les pistes du désert afin de s'engager comme mercenaires. En Nubie de même qu'au sud de l'Égypte, on a retrouvé leurs modestes sépultures circulaires, contenant, entre autres, des poteries très caractéristiques, souvent de couleur foncée, et cernées d'incisions géométriques rappelant les décors égyptiens protodynastiques, ou même parfois ornées d'incrustations colorées. Subsistent également à cette époque les Nubiens du groupe C[1] dont la culture est proche de celle des propriétaires des «pan-graves[2]» c'est-à-dire les Medjaÿ. Dans leurs sépultures, la présence de certains objets égyptiens révèle des liens plus ou moins tendus avec leurs propriétaires.

Cependant, l'ethnie la plus originale se développa en pays de *Koush*, autour de la localité de Kerma – lieu où, au cours du Moyen Empire, les Égyptiens établirent en quelque sorte un comptoir, à la tête duquel siégeait un administrateur égyptien, chargé des intérêts commerciaux du pharaon mais dans un pays où il ne régnait pas.

Sous la XIe dynastie

Il en était autrement dans ce qui deviendra la Nubie égyptienne. Dès le début du Moyen Empire, le souverain Monthouhetep II, de la XIe dynastie, fit ériger à Éléphantine un fort, puis il pénétra au-delà de la Première Cataracte, dans les terres du Sud, avec le but évident de consolider ses frontières et de protéger l'arrivée des caravanes marchandes. Pour ce faire, il utilisa des mercenaires enrôlés dans le pays et s'empara de l'oasis de Kourkour, précisément située sur la route caravanière de l'Ouest. Mais il se garda bien d'annexer le pays, se contentant de prélever des taxes en nature, parmi lesquelles des bateaux fabriqués au nord du pays. Un graffiti à son nom[3] rappelle son passage au sud de Kasr Ibrîm. De nouveau, Bouhen redevint un centre commercial égyptien, comprenant même une Résidence pour le roi le temps de son œuvre de réunification.

Durant la XIIe dynastie

Dès le début de la XIIe dynastie, Amenemhat Ier, qui avait entrepris de jalonner sa frontière de l'Est par les « Murs du Prince[4] », se tourna vers le sud et fit construire entre Shellal et Assouan un mur continu en vue de protéger la rive droite du Nil. À la fin de son règne, le souverain avait bien amorcé la « pacification » de la proche région du Sud, si l'on en croit le Vizir Antefiker, lequel a accompagné Aménophis Ier sur le bateau *La Grande Rame* dans son expédition. Ce Vizir fit construire à Girgaoui un fortin, alors que tous les Néhésyou[5] du reste de *Ouaouat* avaient été massacrés. « *Ayant remonté le fleuve victorieusement en tuant le Néhésy, j'ai descendu* [le fleuve] *en récoltant leurs céréales et en abattant leurs arbres, en incendiant leurs maisons, comme il convient vis-à-vis de celui qui se rebellait contre le roi*[6]. »

C'est entre l'an 7 et l'an 9 de son règne que Sésostris Ier amorça la réelle conquête du pays entre la Première et la Deuxième Cataracte – et même au-delà, en pays de *Koush*[7]. En l'an 5, il avait déjà fait graver un texte commémoratif sur un mur de Bouhen. L'entreprise fut achevée en l'an 18 de son règne. L'action du roi et de son armée porta surtout vers le sud du pays – devenu maintenant dans sa totalité *Ouaouat* –, afin de le protéger de voisins aussi agressifs qu'envahissants. Un nomarque d'Assouan, Sarenpout Ier, était notamment, dès le règne de Sésostris Ier, chargé de contrôler la circulation fluviale sur la Première Cataracte[8]. Mais cela ne suffisait plus; il fallait à la fois contrôler le trafic du désert et celui du fleuve par l'établissement de forteresses où pouvaient séjourner des garnisons, et aussi de bureaux administratifs. Au nord de la Nubie, les forteresses d'Ikkour[9] et surtout de Kouban, aux murs de briques crues très élevés et particulièrement épais, défendaient l'arrivée vers le fleuve de l'immense Ouadi Allaki, riche en mines d'or. La sécurité étant ainsi relativement assurée, Sésostris Ier put envoyer aux carrières deux expéditions de mille trois cents hommes comprenant deux cents carriers et cinquante tailleurs de pierre. Pour transporter les blocs des carrières jusqu'au Nil, mille ânes furent utilisés, ce qui donne une idée de l'entreprise[10].

La perpétuelle agressivité des gens de *Koush* envers ceux de *Ouaouat* – et à l'égard des Égyptiens qui les occupaient – contraignit le roi à poursuivre plus au sud l'édification de véritables forteresses, et même de petites villes fortifiées. Ce furent Aniba et surtout, au niveau de la Deuxième Cataracte, la forteresse de Bouhen, ce qui n'empêchait nullement les potentiels antagonistes de poursuivre leurs relations commerciales au nord de *Koush,* dans la région de Kerma. Des centres d'affaires furent établis à Mirgissa et dans l'île de Saï.

Les inspections des forteresses au pays de *Ouaouat* étaient doublées par l'organisation de patrouilles surveillant et faisant rapport sur le mouvement des caravanes et les agissements des nomades belliqueux. Les traces de ces inspecteurs sont révélées par le rapport d'un certain Hapou, en l'an 35 du règne d'Amenemhat II : il signala son passage à Assouan en allant enquêter sur les forteresses de *Ouaouat* – vérifications qu'il reprit en l'an 3 de Sésostris II[11]. Dans ces conditions, les troubles locaux ne pouvaient plus être fréquents et se terminaient généralement par la reddition pure et simple, ainsi que le relate un certain SaHathor, envoyé d'Amenemhat II : « *J'ai atteint Ta-Sety des Néhésyou venus en se prosternant à cause de la peur qu'inspire le Maître des Deux Pays. Étant à Ha, j'ai parcouru la région et j'en ai rapporté* [des végétaux][12]. »

L'ŒUVRE DE SÉSOSTRIS III

Sous le règne de Sésostris III, les forteresses de Koshtâmné, de Kouban et d'Aniba veillaient sur la sécurité en Nubie. Mais les efforts devaient, avant tout, être dirigés vers les gens de *Koush* – auxquels il fallait interdire l'accès en Égypte. D'abord, pour faciliter le mouvement de ses troupes, le roi fit améliorer la route fortifiée conduisant à la Première Cataracte et ordonna le percement d'un chenal afin de passer entre ses rochers. « *Splendides sont les chemins de Khakaourê* [Sésostris III], *éternellement* » était le nom de ce chenal, long de cent cinquante coudées, large de cinquante et profond de quinze[13].

Les Koushites avaient même, semble-t-il, menacé les forteresses d'Éléphantine, raison pour laquelle Sésostris III ordonna de les renforcer, tout en préparant les différentes expéditions vers ces incorrigibles envahisseurs. Il en résulta, entre l'an 8 et l'an 19 de son règne, l'installation de la frontière sud de l'Égypte, en amont de la Deuxième Cataracte, par la constitution d'un chapelet de solides forteresses, et Sa Majesté précisa sa position par écrit :

« *Frontière méridionale, faite en l'an 8, sous la majesté du roi de Haute et Basse-Égypte* [Sésostris] – *qu'il vive éternellement et à jamais –, en vue de ne pas accepter qu'un quelconque Néhésy ne la franchisse par eau ou par terre, avec un bateau ou n'importe quelle troupe de Néhésy, sauf pour venir faire du commerce à Ikem* [forteresse de Mirgissa] *ou pour* [apporter] *un message, ou encore pour une raison très valable, sans permettre toutefois qu'un bateau d'un Néhésy passe à Semna se dirigeant vers le Nord.* »

Sésostris fit agrandir la forteresse de Bouhen à la Deuxième Cataracte, créa celle de Faras au nord de Bouhen, et celle d'Ikem, au sud. Il ordonna la construction de celles d'Askout, de Shalfak, de Ouronarti, celles d'Heh-Semna, de Koumma (Semna-sud). En l'an 16, il fit ériger deux stèles, l'une à Semna[14], l'autre à Ouronarti[15], dont les textes identiques et édifiants s'adressent d'une façon péremptoire à ses troupes et à ses successeurs… en commentaire de son action :

« *Puisque se taire, après une attaque, c'est enhardir le cœur de l'ennemi,* [alors] *c'est du courage que d'être agressif, et de la lâcheté que de faire retraite. C'est un vrai couard celui qui est repoussé de sa frontière… Si on est agressif envers* [cet adversaire] *il tourne le dos, mais si on se retire, il en vient à être agressif. Ce ne sont pas des gens que l'on respecte, ce sont des misérables au cœur brisé.*

« *Ainsi, tout fils de moi qui maintiendra cette frontière établie par ma Majesté, c'est mon fils et il a été engendré par ma Majesté; il est à l'image du "Fils-protecteur de son père", celui qui maintiendra la frontière de celui qui l'a engendré*[16]. »

Ce chapelet de citadelles[17] – véritable muraille de plus de dix kilomètres, gardant le cours du Nil au sud de la Deuxième Cataracte –, était de surcroît verrouillé, à la hauteur de la citadelle de Semna, par un rétrécissement aménagé dans le fleuve pour que le passage soit réduit à la largeur d'un seul bateau. Et il était surveillé par les forts de Semna et de Koumma, se faisant vis-à-vis… Non loin des stèles célébrant sa victoire, Sésostris avait fait ériger sa statue – qui protégeait le passage et devait galvaniser le courage de ses soldats.

La Nubie était de fait bien protégée par un souverain divinisé dans le pays, depuis cette époque jusqu'à la fin du Nouvel

Empire et principalement dans la région méridionale de *Ouaouat.*

Chaque année de grandes fêtes étaient organisées en l'honneur du roi, à Bouhen, Semna et Koumma avant tout, mais également à Ouronarti et au Gebel Agg, près de Toshké.

Les forteresses

Il convient de revenir quelques instants sur le type de forteresses que les Égyptiens construisirent sur leurs frontières et au-delà – en pays d'Amor particulièrement – et qui furent conservées par les Syriens. Ces dernières influencèrent, plus tard, l'architecture militaire des croisés. Les premières ébauches de ces édifices remontent à la fin de l'Ancien Empire – soit environ 2400 ans avant notre ère…

Les forteresses étaient toutes munies d'épais murs de briques crues. En Nubie, elles étaient situées la plupart du temps sur les bords du Nil; les murs d'enceinte pouvaient suivre un tracé rectangulaire, mais devaient, avant tout, épouser les irrégularités du terrain. Des tours crénelées, carrées ou circulaires, des chemins de ronde, un profond fossé, des portes fortifiées au nord, au sud et la plus importante au milieu de la façade donnant sur le désert, constituaient les défenses contre agresseurs, pillards ou nomades, et contre les fameux Medjaÿ redoutés et qui finirent par fournir d'efficaces éléments de police et de gardes-frontières. En Nubie, la muraille donnant sur le bord du Nil n'était munie d'aucune porte mais un passage couvert était prévu afin de pouvoir puiser l'eau en toute sécurité. À l'intérieur étaient répartis les casernes, une armurerie, les magasins et dépôts, les ateliers, les maisons des officiers, la maison du gouverneur, occasionnellement la Résidence royale – et même un petit temple.

Ces forts étaient complétés par des postes, répartis dans le désert, chargés d'avertir de l'arrivée des caravanes ou d'infiltrations d'ennemis. Les citadelles devaient communiquer entre elles, par signaux lumineux de feu de bois. La majorité d'entre elles ne devait pas pouvoir abriter plus de deux cents soldats accompagnés de leur famille. La plupart de ceux-ci devaient être égyptiens.

Leur approvisionnement en bétail était fourni sur place, ainsi que quelques légumes et dattes, mais l'essentiel de la nourriture et le blé, le vin, la bière étaient envoyés par la métropole.

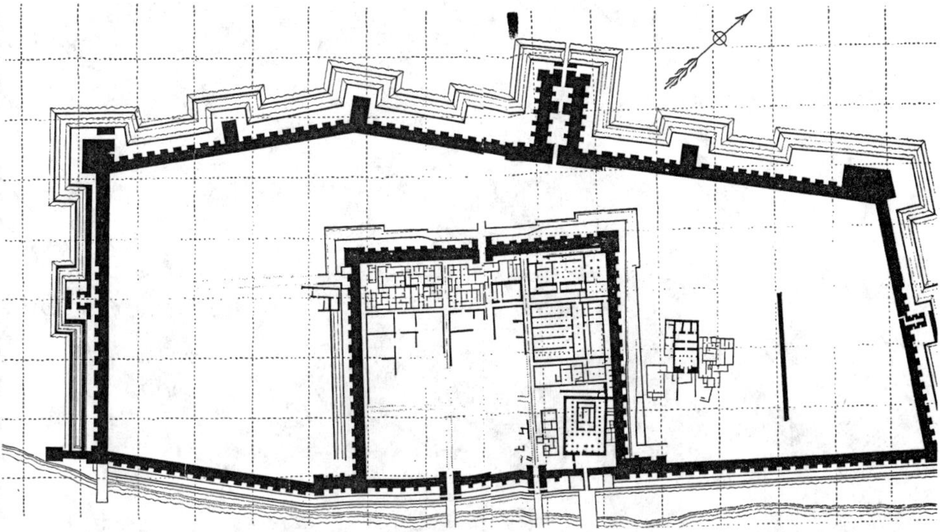

Forteresse de Bouhen, Moyen Empire, remaniée au Nouvel Empire.

De tous les châteaux forts du Moyen Empire, en Nubie, le modèle du genre était sans conteste celui de Bouhen (Ouadi Halfa), à la Deuxième Cataracte. Magistralement fouillé – et analysé dans ses publications par W. Emery, à l'issue des travaux de sauvegarde[18] –, Bouhen contrôlait la première partie navigable du Nil au nord de la Deuxième Cataracte et constituait le centre administratif de cette région fortifiée. Les cargaisons arrivant du Sud devaient être débarquées en amont de la zone des citadelles, en un lieu appelé par les habitants modernes *« Batn el-Haggar*[19] *»* et, de là, véhiculées à dos d'âne, pour être ensuite expédiées en Égypte par bateau. Ce n'était donc pas seulement une citadelle militaire, mais un poste d'échange et de vente d'une grande importance économique.

Citadelle de Bouhen : reconstitution de la porte occidentale (W. Emery).

Le plan de la forteresse était sensiblement rectangulaire et sa surface de 106 800 mètres carrés[20]. Ses murs extérieurs étaient épais de 4,85 mètres, et devaient atteindre 11 mètres de hauteur minimum. Des tours crénelées, carrées et saillantes, dominaient la muraille. À la base, un rempart pavé de briques et protégé par un parapet dominait un fossé de 8,4 mètres de large sur 6,5 mètres de profondeur. La contrescarpe était surmontée par un chemin étroit couvert de briques. Des tourelles circulaires étaient percées de meurtrières orientées pour décocher les flèches dans trois directions. L'extraordinaire et majestueuse porte fortifiée de l'ouest était construite en « barbacane » ; deux sections intérieures assuraient une sécurité quasi absolue, renforcée par un pont-levis.

L'exploitation des richesses de *Ouaouat* se poursuivait pendant ce temps assez pacifiquement. Sous Amenemhat II, dans la région de Toskhé, l'expédition aux carrières conduite par un certain Horemhat avait été organisée avec une escorte de gardes, de fonctionnaires, de carriers, d'ingénieurs des mines, d'ouvriers lapidaires et aussi d'une troupe de mille ânes[21] (l'approvisionnement des hommes et des bêtes était heureusement, pour les Égyptiens habitués à ces expéditions, un problème qu'ils savaient assez bien résoudre dans des conditions cependant peu aisées). Sous Amenemhat III, l'activité se prolongea régulièrement : expéditions aux carrières (dont les plus importantes sont celles du Ouadi Allaki) et surveillance exercée par les forts de la frontière sud – au sujet de laquelle les « dépêches » de Semna fournissaient de bien précieux renseignements[22].

Tout au long de la XIIe dynastie, les rois se sont évertués à imposer l'unification de cette contrée entre Première et Deuxième Cataracte, habitée par les peuplades rencontrées à l'Ancien Empire nommées Irtjet, Irtjety, Mekher, Ouaouat et peut-être Satjou, apparemment réunis désormais sous l'appellation commune de Ouaouat. Cette population menait une existence pastorale assez pacifique, construisant son habitat à l'abri de forteresses, lorsqu'elle en avait la possibilité, car elle redoutait les attaques régulières des bédouins. Elle dépendait de ses chefs locaux, en rapport eux-mêmes avec l'administration des forteresses.

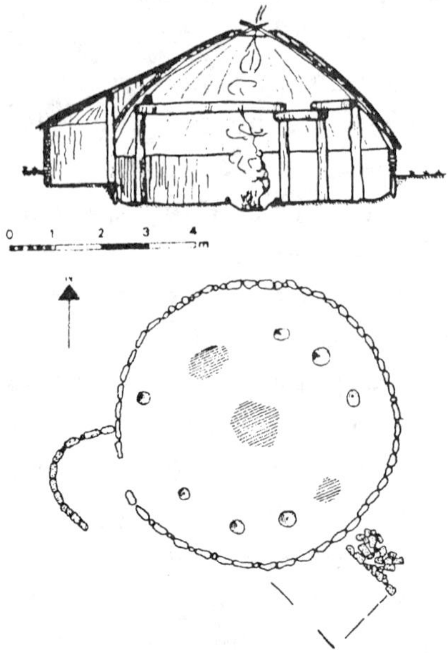

Plan et reconstitution d'une maison nubienne, au Moyen Empire égyptien, Aniba.

L'habitat des Nubiens

Près de la capitale d'Aniba, deux types d'habitations de Nubiens ont été révélés au cours des fouilles exécutées au moment de la seconde surélévation du premier barrage d'Assouan[23]. Un premier type de modeste demeure présentait la forme d'une hutte circulaire. Le toit n'était pas supporté par un piquet central, mais, au contraire, par une série de piquets latéraux. L'entrée était protégée par une sorte de petite antichambre qui garantissait l'intimité de la pièce d'habitat, pouvant atteindre jusqu'à six mètres de diamètre. Le second type consistait en une série de pièces – certaines demeures en possédaient jusqu'à huit – sur une longueur de dix-sept mètres. À l'intérieur étaient groupés aussi bien les logements pour les humains que les espaces pour recevoir les silos et le pacage des animaux. Aucune trace d'habitat présentant une quelconque marque d'opulence : les logements étaient tous semblables.

Loin des agglomérations urbaines et des forteresses égyptiennes, il semble que les Nubiens aient tenu à s'assurer d'une protection contre les éternels et cruels pillards. Ils avaient tenté, avec des moyens presque inexistants, de s'inspirer des lointaines réalisations de leurs « protecteurs occupants ». Un village fortifié, comme il devait en exister bon nombre dans le pays de *Ouaouat*, a été exhumé au moment des fouilles de sauvegarde. Sur la rive orientale de Ouadi es-Séboua, le village avait été bâti au bord d'une falaise verticale et entouré par un mur de pierres sèches[24]. Cette découverte inattendue – et unique – nous ouvre brusquement les yeux sur les conditions de vie subies par les Nubiens du groupe C au Moyen Empire, perpétuellement dans la crainte des agressions et réfugiés derrière des murailles, entassés les uns contre les autres avec leur bétail. Rien ne peut remplacer la description si vivante, prise sur le vif, que fit Serge Sauneron, l'heureux fouilleur, puisque le site demeuré unique est maintenant englouti :

« *À l'intérieur* [...] *toute une installation se laissait deviner; on pouvait reconnaître une centaine d'enclos, cases carrées, étroites, au bord de la falaise, maisons rectangulaires accolées les unes aux autres, parfois en "blocs" géométriques, plus hauts sur la falaise; tout en haut, grands enclos répartis autour des rochers qui affleurent;*

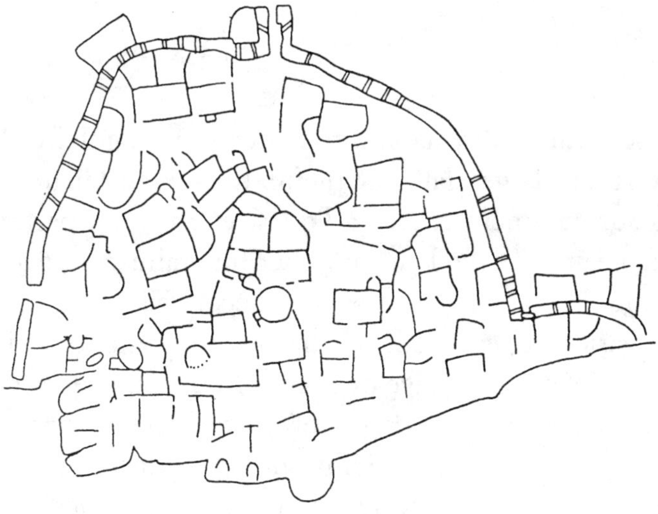

Village fortifié nubien à Ouadi es-Séboua, Moyen Empire.

au milieu du village, un bâtiment rond aux grandes dalles dressées verticalement, qui tranche par sa forme sur les huttes géométriques environnantes. Tout cela est desservi par quelques venelles tortueuses, dévalant les ressauts des plateaux, et enclos sur les trois côtés. Le village était défendu par des murailles de pierre sèche, épaisses d'un mètre à la base, et hautes, parfois, de plus de deux mètres et demi; dans l'axe ouest-est du village, vers le plateau, s'ouvre une porte fortifiée, protégée par des massifs de plusieurs mètres et gardée par une casemate appuyée extérieurement au massif nord bordant le passage; deux autres parties s'ouvrent, l'une au nord, près du Nil, la seconde au sud; encore pourvue de son linteau, cette porte ne donne pas directement accès dans le village, mais dans un passage perpendiculaire au mur.

« Sur toute la longueur de l'enceinte, des meurtrières percent, à intervalles irréguliers, l'épaisseur du mur, permettant la vue et la défense. Du côté du Nil, le village s'ouvre largement, mais la falaise tombe en un à-pic vertigineux; aucune surprise n'était à redouter de ce côté au bord du plateau, autant à l'intérieur du village que de chacun de ses côtés, on voit d'ailleurs des sortes de gués semi-circulaires, fermés du côté de la terre, d'où des guetteurs ont pu surveiller la plaine. »

Les sépultures

Les sépultures des habitants étaient rectangulaires, parfois recouvertes de larges dalles de pierre. Elles contenaient des corps repliés sur eux-mêmes, face à l'ouest et au nord, parfois posés sur une peau animale. Leur mobilier funéraire, à part une poterie locale de couleur sombre, aux décors géométriques d'une infinie variété, comprenait des haches en pierre, des bijoux en or, en pierre, en coquillage de la mer Rouge, quelques perles de faïence colorée égyptiennes, des objets de métal – miroirs, armes – et des figurines de terre féminines et animales. On peut en conclure qu'à cette époque, les rapports avec les Égyptiens n'étaient pas encore très étroits.

Cette seconde période de la région située entre la Première et la Deuxième Cataracte, devenue le pays de *Ouaouat*, se caractérise par l'unification, l'organisation et la défense contre la puissante ethnie voisine constituée par le royaume de *Koush*.

Le temps des Hyksôs et l'éloignement de l'Égypte

L'affaiblissement de la XIIe dynastie eut comme conséquence, pour l'Égypte, la perte du contrôle sur le pays de *Ouaouat* où plusieurs roitelets se partagèrent le pouvoir durant la Seconde Période Intermédiaire (vers 1560 avant notre ère).

Attaquée par bédouins et Koushites, la citadelle de Bouhen, vraisemblablement abandonnée, fut incendiée. Cependant, il est fort probable que, dès le XVIIe siècle avant notre ère, en raison des anciens échanges commerciaux et de la présence égyptienne dans les citadelles fortifiées, un mélange entre Égyptiens et Nubiens avait dû se produire, loin de la métropole. Pourtant l'autorité pharaonique n'était plus qu'un souvenir. À la fin de la Seconde Période Intermédiaire, le seul pouvoir politique et économique reconnu sur le cours du Nil[25] était celui du roi de *Koush* résidant dans sa *défoufa* de Kerma – sorte de haute citadelle de briques. Aussi, lorsque les envahisseurs Hyksôs furent solidement établis au nord de l'Égypte, ils se tournèrent tout naturellement vers le souverain de *Koush* afin de tenter l'encerclement du foyer égyptien de résistance qui se constitua, en Haute-Égypte, à la XVIIe dynastie.

IV

Le Nouvel Empire : *Ouaouat*[1] à la XVIIIe dynastie

La présence des rois d'Égypte – Un prince nubien

La fin de la Seconde Période Intermédiaire de l'histoire d'Égypte est marquée par la valeureuse action des princes du Saïd (Sud), préparés et résolus à chasser l'envahisseur Hyksôs qui occupait le territoire du Delta jusqu'au nord d'Hermopolis. Après Sékènenrê – mort au combat contre leur chef Apophis –, Kamosé, qui lui était apparenté, hérita d'une situation peu enviable, ainsi qu'il le déclara lui-même devant un Grand Conseil Royal peu enclin à combattre. Le prince ne pouvait plus admettre de devoir *« partager l'Égypte avec un Nomade*[2] [Aam] *et un Néhésy »*. C'est d'abord de ce dernier, le Noir (de *Koush*), qu'il décida de débarrasser le territoire avant de s'attaquer à l'occupant du Nord. Kamosé apprit fortuitement comment Apophis demandait l'aide du prince de *Koush* pour s'opposer à lui. Aussi s'empressa-t-il de reprendre, des mains du Koushite, la citadelle de Bouhen, sitôt l'an 3 de son règne.

Dès lors, il est bien évident que les perturbations viendront très rarement du pays de *Ouaouat*. L'opposant permanent est bien celui du Sud, le Koushite. La Nubie et ses forteresses constituaient le couloir de communication, le réservoir en hommes, mais aussi l'État-tampon laissant toute liberté d'action au souverain pour bouter l'envahisseur du nord-est hors des frontières. C'était également s'assurer à nouveau des ressources en or fournies par les mines du Ouadi Allaki, dont il avait grand besoin pour continuer son œuvre et reconstituer son pouvoir économique.

L'administration égyptienne va alors de nouveau régner sur la belle Nubie. Le nom de Kamosé apparaît dans les graffiti gravés sur les rochers de Toshké et d'Ermené, côtoyant celui d'un « Fils royal Teti[3] » qui évoque très probablement la présence du premier Vice-Roi de *Koush*, ou gouverneur des possessions du Sud.

Ahmosis le Libérateur

Ahmosis, successeur de Kamosé, après avoir définitivement pris la ville d'Avaris dont les Hyksôs avaient fait leur capitale, se tourna à son tour vers les pays du Sud. C'était pour assurer à son royaume une plus grande sécurité, au-delà des châteaux forts édifiés au Moyen Empire, en amont de la Deuxième Cataracte, vers Khenthennefer. Il eut à châtier les Iountyou Séthyou – les « spécialistes de l'arc ». Cependant, au pays de *Ouaouat*, il eut aussi à réprimer la rébellion d'un chef local, suivie d'une autre révolte dirigée par un prince nommé Tétian, qu'Ahmosis tua personnellement. Ce dernier tint, naturellement, à marquer son passage à Bouhen, reprise par son prédécesseur : à cette occasion, le commandant de la place forte, Touri, fit graver sur une porte l'image de son roi suivi de sa mère, la reine Ahhotep II.

Il est certain que les armées de Pharaon devaient comprendre nombre de mercenaires de *Ouaouat*, auxquels avaient été adjoints des Medjaÿ, guerriers parfaitement indépendants des Nubiens et vivant entre *Ouaouat* et la mer Rouge (et que l'on retrouve encore de nos jours sous le nom de Bedja). Pendant l'occupation Hyksôs et le retrait de l'autorité égyptienne en Nubie, il semble bien que certains fonctionnaires et militaires s'étaient mélangés à la population indigène (principalement autour des forteresses) et avaient continué à vivre dans le pays. Dans leur majorité, les gens de *Ouaouat* devaient toujours craindre les incursions de Koushites et éprouver un sentiment de sécurité à l'arrivée des forces. Au reste, la presque totalité des opérations militaires menées vers le sud par Ahmosis le Libérateur, de même que celles dirigées par Aménophis Ier et Thoutmosis Ier, ne concernaient plus la Nubie (*Ouaouat*), mais le pays de *Koush* (à cette époque encore le royaume de Kerma).

Aménophis Ier

Ainsi, Aménophis Ier descendit-il, de Bouhen, vers les régions des mines d'or de l'ouest de *Koush*, et décida de fonder la ville fortifiée de Shat. Son successeur, Thoutmosis Ier, entraîna son armée jusqu'à la Troisième Cataracte (celle de Dal) au sud de Tombos, plus loin que Kerma, à l'époque capitale de *Koush*. Le déclin de l'empire de Kerma commençait avec la pénétration égyptienne et, naturellement, la sécurité de la Nubie en était renforcée : le roi y veillait. Ainsi a-t-on repéré la marque de son passage à Bouhen, à Aniba, à Kasr Ibrîm, où précédemment Ahmosis, en l'an 8 de son règne, avait fait graver une stèle où il figure accompagné de deux princesses en adoration devant l'Horus de Miam (Aniba), à cette époque encore capitale de la Nubie. Grâce à cette stèle, on est assuré qu'Aménophis Ier avait rapporté de son expédition des produits rares et de l'or fournis par les Koushites, Iountyou et Mentyou.

Durant cette période, *Ouaouat* la Nubienne semble être composées de trois grandes régions : au nord, jusqu'à Kouban, c'était la province que dominait l'Horus de Baki. Au centre, jusqu'à la capitale Aniba, on pénétrait dans le domaine de l'Horus de Miam, qui demeura le fief du Vice-Roi de Nubie jusqu'à l'époque de Ramsès II[4]; au sud, que gouvernait la vaste citadelle de Bouhen, l'Horus de Bouhen était le grand protecteur. Sous Horemheb, on verra apparaître l'Horus de Meha, vénéré autour de l'imposant mamelon dans lequel fut creusé le spéos du roi en Abou Simbel. Voici constitué le groupement des quatre Horus de Nubie aux sanctuaires consacrés en *Ouaouat* – et parfaitement égyptiens. En considérant de plus près les projets de Ramsès, on s'apercevra vite que cet Horus de Meha se confond avec l'image de Ramsès divinisé, appelé sur les murs d'une des salles du Trésor du Temple : *« Pa néter »* – c'est-à-dire le Divin !

En revanche, aucune divinité nubienne n'est citée dans les textes des temples nubiens. Seul apparaît le lointain Dédoun, qui préside aux aromates, dieu certainement africain, précisément du pays de Pount, et dont les premières mentions figurent en Égypte dans les textes des pyramides.

Thoutmosis Ier

Les événements d'importance survenant dans la métropole ne devaient pas laisser indifférents les hauts fonctionnaires égyptiens en poste au pays de *Ouaouat*. À charge pour les vizirs d'en informer les autorités locales, et de collaborer avec elles pour les affaires devant les concerner. Ainsi, lorsque Thoutmosis Ier succéda au roi Aménophis Ier, le gouverneur de la Nubie du moment, le Vice-Roi Touri, en fut averti par trois documents[5] envoyés à Bouhen, à Kouban et à Assouan. Le pays de *Ouaouat*, à cette époque, constituait le corridor de sécurité par où passaient de plus en plus toutes les expéditions organisées par les Égyptiens vers les régions d'Afrique. Ils entretenaient la population dans ses bonnes dispositions par leur présence administrative et militaire, mais aussi par des exemples édifiants tirés de leurs passages au pays de *Koush*, où des rébellions étaient encore à réprimer. Ainsi, au retour de la campagne organisée par le même Aménophis Ier – vers Khenthennefer (en amont de la Deuxième Cataracte), jusqu'au sud de la Quatrième Cataracte –, le roi ramena le chef insurgé qu'il avait lui-même tué d'une flèche : il le fit suspendre, la tête en bas, à la proue de son propre bateau, exposé à la vue de tous les riverains, durant la traversée du pays de *Ouaouat*, et pendant sa descente du Nil jusqu'à Karnak. À son passage, en amont d'Assouan, il n'omit pas de poursuivre l'œuvre de Sésostris III en restaurant le canal aménagé à travers la Première Cataracte.

Sitôt le trépas de Thoutmosis Ier, une sédition se manifesta au nord du pays de *Koush*, fomentée par les deux fils du prince de

Koush tué par le roi. Le Palais expédia immédiatement une force armée, sans doute sous la direction du Vice-Roi de *Koush*, Séni, qui ne participa pas à l'action. Ce fut un véritable massacre; seul fut épargné un des deux fils que les riverains de *Ouaouat* virent passer sur son trajet fluvial avant qu'il soit livré au souverain.

Hatchepsout

Il semble que la souveraine Hatchepsout – fille de Thoutmosis Ier –, ait tenu à veiller sur le maintien de la paix dans les pays du Sud, tout comme ses prédécesseurs. Aussi n'est-on pas étonné de lire sur l'inscription du trésorier Taÿ, gravée sur un rocher de l'île de Séhel, qu'*« il a vu de ses yeux »*, la reine *« abattre les Iountyou et emmener prisonnier leur chef »*, de même qu'elle *« détruisit le pays de Néhésy »*. Le chemin était ainsi certainement libre lorsqu'en l'an 8 de son règne, elle fit traverser le pays de *Ouaouat* par une flottille de cinq bateaux afin d'aller quérir des trésors naturels enviables au pays de Pount. Pourtant, en l'an 12 d'un règne partagé avec son jeune neveu, le futur Thoutmosis III, elle fut elle aussi amenée à un affrontement avec ces révoltés permanents du « *vil pays de* Koush », au sud de la Deuxième Cataracte. La souveraine, grand bâtisseur, a laissé en *Ouaouat* des traces de son activité. Des vestiges subsistent à Kasr Ibrîm, mais principalement à Bouhen[6], où elle fit ériger pour l'Horus local, dans l'angle nord de la citadelle, un petit temple périptère entouré de colonnes « protodoriques », sur l'élégance duquel semble planer l'ombre talentueuse de son grand architecte, Senenmout. Elle entreprit, après son père, la reconstruction des temples de Semna-ouest et est (Koumma), mais les traces de ses noms sur leurs murs furent postérieurement victimes de la persécution politique. À l'extrême nord de la Nubie, au Gebel Silsilé, là où le Nil, traversant un étroit goulet, pénètre réellement en Égypte, elle fit aménager une série de chapelles rupestres, sortes de cénotaphes pour ses fidèles collaborateurs, à commencer par l'architecte Senenmout. Ces monuments furent détériorés également pour des raisons politiques.

Thoutmosis III

À la mort d'Hatchepsout, sous le règne indépendant du troisième Thoutmosis, le pays de *Ouaouat* traversa une période paisible qui ne paraît pas avoir été troublée par les expéditions armées du roi, obligé d'aller réprimer une quelconque rébellion de *Koush*. Une seule allusion à de tels incidents – si fréquents auparavant –, est signalée en l'an 50 du règne, au moment d'un nouveau dégagement du chenal de la Première Cataracte. Simultanément, l'activité des Vice-Rois (principalement Néhy) devint intense. À compter surtout de l'an 31, chaque année, le Nil nubien véhiculait les redevances de *Koush* et de *Ouaouat*, qui néanmoins paraissaient modestes si on les compare aux tributs provenant des répressions militaires ou des produits acquis au cours d'expéditions commerciales dans le Grand Sud. Voici un exemple des impôts payés par le seul pays de *Ouaouat*, qui bénéficiait du régime de protection de l'Égypte[7] :

Pour l'année 31 du règne : 31 bœufs et veaux, 61 taureaux et le produit d'une récolte.
Pour l'année 33 : 20 paysans, 44 bœufs et veaux, 60 taureaux et une moisson (il y avait au moins deux récoltes par an).
Pour l'année 34 : 354 *deben*[8] d'or (1 *deben* = environ 100 grammes) 10 paysans.
Pour l'année 35 : 34 paysans, 94 bœufs, des veaux, des taureaux et 1 moisson.
Pour l'année 38 : 2844 *deben* d'or, 16 paysans, 77 bœufs et veaux.
Pour l'année 39 : 89 têtes de bétail, de l'ébène, de l'ivoire et d'autres marchandises.
Pour l'année 41 : 3 144 *deben* d'or, 79 têtes de bétail, de l'ivoire, etc.
Pour l'année 42 : 2 374 *deben* d'or et une récolte.

L'or provenait en grande partie du pays de *Ouaouat*, de Ouadi Allaki, dont la forteresse de Kouban – à l'entrée du Ouadi –, constituait la meilleure défense. Elle abritait des administrateurs égyptiens et surtout une concentration militaire chargée de protéger les expéditions et exploitations minières. Il est connu que les fonctionnaires, affectés à l'administration nubienne, pouvaient recevoir certaines rétributions – ou récompenses –, en or, ce qui permettait à ces bénéficiaires de payer, à leur tour, les taxes avec le métal précieux. Ainsi, le Vizir de Thoutmosis III, Rekhmara, nous apprend que le commandant de la forteresse de Biggé (face à Philae), payait 20 *deben* d'or, 5 [?]... de..., des singes, 10 arcs, 20 larges bûches de cèdre [?] [9]. Quant au commandant de la forteresse d'Éléphantine, il était taxé de 40 *deben* d'or et d'un coffre d'étoffe de lin. On sait également que les fonctionnaires des autres villes d'Égypte n'étaient sollicités que d'un ou 2 *deben* chacun.

L'or de *Ouaouat* semble même avoir été plus abondant que l'or du pays de *Koush*. Aussi, à cette époque, sous la tutelle du Vice-Roi Néhy, la Nubie connut certainement une période de grands travaux architecturaux (sans parler, ici, des interventions architecturales nombreuses du roi en pays de *Koush*, au-delà même du Gebel Barkal). On sait que Thoutmosis III fit ériger un temple dédié à l'Horus de Kouban (Baki), sur la rive gauche du Nil, face à l'imposante forteresse de la rive droite – laquelle était également dotée d'un petit sanctuaire, comme la plupart des autres forteresses.

Au moment où le temple de Dakké, édifié tardivement en ces lieux, fut démonté pour être remonté hors des eaux du lac Nasser, on découvrit que le monument ptolémaïque reposait sur de magnifiques blocs sculptés aux images de formes divines, en perpétuel dialogue avec les portraits de Thoutmosis III. Ces reliques d'une extrême beauté, d'un style analogue à celui du temple du même souverain bâti sur l'île d'Éléphantine, conservaient encore une grande partie de leurs antiques couleurs qui avaient résisté aux inondations millénaires.

Au pied du grand rocher d'Ibrîm, Thoutmosis fit creuser par son Vice-Roi Néhy une niche ornée, sur le mur du fond, de sa statue assise, prise dans la masse du grès, entourée des deux images d'Horus de Miam et de Satet. Sur cette même rive droite du fleuve, à el-Lessiya, le roi consacra une charmante chapelle aménagée dans la falaise. Mais la fondation qui fut l'objet de tous ses soins fut, sur la rive gauche (occidentale) du fleuve, l'édifice érigé sur l'emplacement moderne d'Amada, au nord de la capitale Miam (Aniba). Pour des raisons que nous nous efforcerons plus loin de comprendre, ses successeurs immédiats tinrent à compléter son œuvre en ces lieux où trois souverains de la XVIIIe dynastie voulurent ainsi faire figurer leur présence.

Les fouilles provoquées par la menace de submersion du pays ont permis certaines découvertes jetant une lumière très nouvelle sur la vie des résidents égyptiens en pays *Ouaouat*, et sur leurs relations avec les autochtones, car cette Nubie devenait progressivement, au début du Nouvel Empire, une province culturelle de l'Égypte, qui acceptait l'expérience de son grand voisin, *«stérilisant peu à peu les schémas indigènes»* selon la formule de S. Donadoni.

Un prince nubien

En fait, même pendant la période où le pays de *Ouaouat* souffrait d'une rupture provisoire avec la métropole, comme durant la domination Hyksôs, des familles égyptiennes implantées, par exemple, en aval ou en amont de la Deuxième Cataracte, n'avaient pas quitté le territoire et vivaient en harmonie avec des familles princières locales qui avaient adopté les coutumes de leurs «protecteurs». Un des meilleurs exemples concernant cette fusion est donné par la découverte de la nécropole de Tèh-Khèt, fouillée en 1960 par la mission scandinave, au sud de la Deuxième Cataracte, en amont de la forteresse de Serra, la moderne Debeira[10]. Parmi les sept cents tombes exhumées, celle creusée dans le rocher de Djéhouty-hétep, prince

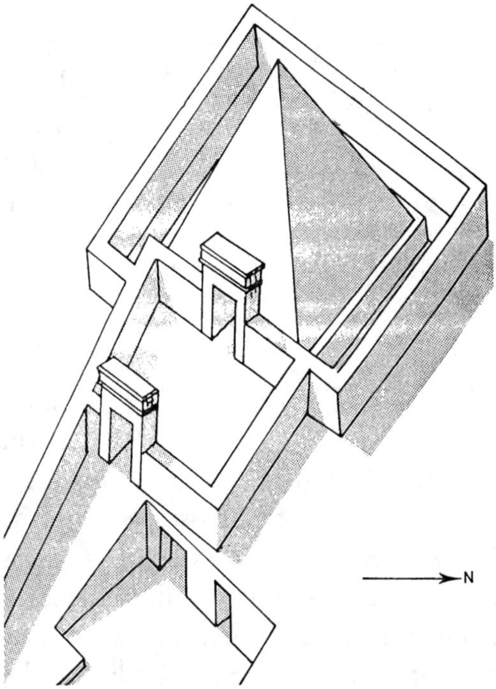

Reconstitution de la tombe « à l'égyptienne », de Djéhouty-hétep.

nubien de Tèh-Khèt, est la plus concluante. La sépulture était marquée de nombreux textes hiéroglyphiques et décorée de peintures évoquant les illustrations de tombes de la métropole, mais visiblement exécutées par un artiste local. Ce Djéhouty-hétep portait également un nom nubien : Pa-isty, et il avait vécu sous le règne conjoint d'Hatchepsout et de Thoutmosis III. Son titre de scribe rappelait qu'il avait reçu une éducation égyptienne, tout comme probablement son père, également scribe, un autre noble Rouiou, prince de Tèh-Khèt, son épouse étant la *« maîtresse de maison »* Rouma. Les peintures de la tombe de Djéhouty-hétep, fût-ce par des traits un peu gauches, nous apprennent ce que l'on ignorait encore sur le genre de vie adoptée par ces grands de Nubie au contact des autorités « protectrices » : ils avaient, semble-t-il, complètement emprunté les coutumes égyptiennes.

Tombe de Djéhouty-hétep : concert offert par le prince, exécuté dans le style égyptien.

On peut admirer le prince sur un char égyptien, chassant les animaux du désert ou assistant à un banquet qu'il préside en compagnie de ses invités. La plupart des festivités sont égayées par un groupe de musiciens et de danseuses – tout ce beau monde habillé à l'égyptienne –, et représenté dans des attitudes également parfaitement égyptiennes. Puis le prince est figuré en train d'inspecter ses plantations et jardins où les arbres sont arrosés à l'aide de baquets pleins d'eau[11]. On voit ensuite la présentation, par ses sujets, du produit des cultures, avant tout des dattes. Ces dernières figurations évoquent un cadre nubien, une atmosphère très africaine et locale, où l'on trouve, bien entendu, le thème devenu classique de l'homme grimpant à un palmier-doum pour en décrocher les noix si particulières. Plusieurs types ethniques sont figurés parmi les personnages, pour bien rappeler le brassage humain. Les Nubiens de *Ouaouat* ont la peau cuivrée et certains paysans, parmi les serviteurs, sont parfaitement noirs : ce sont des Néhésy, des hommes de *Koush*.

Dans le fond de la tombe, une stèle donne le nom du frère et successeur de Djéhouty-hétep : le prince Amenemhat et son épouse, la maîtresse de maison Hatchepsout. Les vestiges autour du caveau permettent de reconstituer la petite pyramide de briques qui coiffait la sépulture. Cette famille célèbre dans la région, dont on retrouve un des noms (Amenemhat) dans la forteresse de Bouhen ou à Assouan (Djéhouty-hétep), avait un oncle, Sènmosé, enterré à Qoubbet el-Haoua (tombe rupestre d'Assouan). Les récentes fouilles de Kasr Ibrîm ont permis d'exhumer une statue de cet Amenemhat.

Les princes, éduqués à l'égyptienne dans l'institution palatale du Kep, collaboraient étroitement avec le Vice-Roi de Nubie et ses deux députés (l'un pour *Ouaouat*, l'autre pour *Koush*). Ils étaient responsables de leurs sujets devant les autorités égyptiennes, principalement à propos de l'apport annuel des redevances et de leur transport.

Ce mélange de types ethniques constaté sur les peintures funéraires du Nubien Pa-itsy, dit Djéhouty-hétep, trouve une complète résonance dans la nécropole du Nouvel Empire de Qoustoul[12], également exhumée au cours des travaux de sauvetage les plus récents. Les sujets retrouvés sont de type mixte, souvent pur caucasien, plus souvent encore du type caucaso-négroïde, mais rarement pur négroïde. Les éléments du mobilier funéraire sont égyptiens : scarabées, bijoux, miroirs, etc. On comprend aussi que certains Nubiens n'hésitaient pas à s'égyptianiser par des prénoms qu'ils empruntaient aux plus hautes classes, tel celui de cette vieille dame nubienne, maîtresse de maison nommée à l'origine Tibou (ou Tabi) et qui se faisait appeler Senseneb, comme la mère de Thoutmosis Ier (et concubine d'Aménophis Ier). Un autre Nubien avait reçu le nom d'Ahmosé.

Aménophis II

Dans cette Nubie égyptianisée, le pharaon suivant, Aménophis II, ne paraît pas avoir eu besoin de faire souvent passer ses troupes pour calmer les ardeurs belliqueuses du pays de *Koush*. Il tint évidemment à marquer sa place en complétant les décors du petit temple consacré par son père sur le site d'Amada. Mais, surtout, il utilisa le fond du sanctuaire en y faisant placer une magnifique stèle de toute la hauteur de la pièce, et dont le texte relate comment il emporta le corps du prince de Takhsy, tué au combat, et le fit pendre aux murailles de la ville de Napata, en pays de *Koush* : c'était un procédé déjà employé pour rappeler qu'il ne convenait pas d'agresser le souverain dont le rôle était de consolider les frontières de l'Égypte à la Quatrième Cataracte.

Toujours soucieux de protéger son pays des incursions du Sud, il contribua à l'agrandissement ou à l'achèvement des temples érigés à la frontière méridionale par ses devanciers.

C'est ainsi qu'il répara et termina le temple consacré à Isis par Ahmosis, au nord de Bouhen et, en se référant à ces constantes préoccupations, il écrivit un jour à son Vice-Roi de Nubie, Ousersatet, en lui ordonnant de n'avoir « *aucune indulgence pour le pays des Néhésy* [les Noirs], *ni pour ses habitants, ni pour ses magiciens* ».

En revanche, les gens de *Ouaouat* vivaient calmement sous la gestion et la vigilance du même Ousersatet, auquel on doit une petite grotte-chapelle creusée au pied du grand rocher de Kasr Ibrîm, et dédiée par lui à son royal maître. Sur le mur sud, on le voyait introduisant auprès de son roi quelques-uns des 2 549 porteurs, chargés de produits africains, bruts ou manufacturés, 50 hommes portant des chars – ce qui semble bien indiquer leur fabrication sur place suivant des instructeurs et des modèles égyptiens… 100 hommes ployaient sous les défenses d'éléphant et les blocs d'ébène –, que l'on trouve encore au Soudan de nos jours. Le cortège se terminait, comme d'habitude, par le défilé des animaux exotiques destinés au jardin zoologique du souverain.

On suppose qu'Aménophis II avait aussi consacré une fondation au nord de *Ouaouat*, sur les lieux où, bien plus tard, le temple de Kalabsha fut érigé. Il ne manqua pas davantage de doter la capitale de Miam d'un sanctuaire dont il ne reste plus qu'un lointain souvenir.

Thoutmosis IV

C'est par une inscription de Konosso (proche de Philae), datée de l'an 8 de son règne, que Thoutmosis IV nous informe d'une des rares interventions contre… des gens de *Ouaouat*. C'était, semble-t-il, une simple opération de police pour dégager le chemin des mines d'or du Ouadi Allaki. L'année précédente, il avait réprimé la révolte de quelques Iountyou et laisse croire qu'il avait dû sa victoire au dieu Dédoun «*qui est à la tête de Ta-Sety*». Bien fier de ses rares exploits, il s'était fait représenter sur le caisson de son char, sous l'aspect d'un sphinx debout, piétinant les rebelles. Les seuls vestiges de son activité architecturale laissée en Nubie consistent en la salle à piliers carrés ajoutés à l'avant de l'édifice construit par Thoutmosis III et Aménophis II en Amada.

Sous ce règne de Thoutmosis IV, le Vice-Roi devint «*Fils royal de* Koush». Faut-il voir dans le changement de titre l'indication que *Ouaouat* fut plus solidement encore attaché à l'Égypte?

Aménophis III

À partir de cette époque et sous le règne d'Aménophis III, la préoccupation essentielle des pharaons en pays de *Ouaouat* fut, encore une fois, l'exploitation intensive des mines d'or d'Ikuÿta et d'Ibhet (Ouadi Allaki nord et sud) dont le Vice-Roi Méry-mes était responsable. Il en allait tout autrement pour le pays de *Koush,* où une rébellion éclata de nouveau, obligeant le troisième Aménophis, en l'an 5 de son règne, à partir à la tête des troupes dirigées par le «*Fils royal de* Koush» afin de punir le chef des révoltés, Ikhény, qualifié sur la stèle qui raconte l'exploit de «*hâbleur au milieu de son armée*»! On apprend alors que les Égyptiens firent trente mille prisonniers. Cependant le roi «*en laissa repartir, selon son bon plaisir, pour ne pas anéantir la descendance de* Koush, *la vaincue*[13]». L'or de Karoy, rapporté par Pharaon, servit à orner le 3e pylône de Karnak.

Une autre expédition eut peut-être lieu contre Ibhet, véritable champ de mines d'or et pour laquelle l'armée, spécialement levée, dut venir de la forteresse de Baki. Sur une population réduite, sept cent quarante hommes furent faits prisonniers.

Une fois de plus, les habitants de *Ouaouat* virent passer la flottille royale envoyée au pays de Pount revenir chargée des trésors de la «Terre du Dieu»... Opération de prestige sur le Soudan : Aménophis III réserva tout le faste de l'architecture égyptienne de l'époque au pays de *Koush* et fit édifier, en aval de la Troisième Cataracte, son fastueux temple jubilaire de Soleb et, plus au nord, celui de Sédeïnga, en l'honneur de sa reine Tiyi. Fait surprenant, il ne réserva à la Nubie qu'un petit hémi-spéos, dans le site de Ouadi es-Séboua.

Akhénaton

La pénétration égyptienne avait profondément marqué le pays de *Koush* et, par extension, au-delà de la Quatrième Cataracte, en Irem. Les escarmouches et les répressions étaient cependant toujours possibles, même en *Ouaouat*, en raison des bédouins des régions orientales qui faisaient des incursions dans la vallée pour se procurer du grain. Aussi, en l'an 12 d'Akhénaton, le fait se produisit une fois de plus dans le pays d'Ikuÿta (au nord-est du Ouadi) ; la réaction dirigée par le Vice-Roi d'Akhénaton, le Fils royal de *Koush*, Djéhouty, semble ne pas avoir été en accord avec la mansuétude prêchée par l'« illuminé de Dieu ». Il y eut des prisonniers, mais certains agresseurs furent empalés...

Ouaouat n'a connu, semble-t-il, aucune preuve de l'activité architecturale d'Akhénaton, laquelle fut entièrement dirigée vers Sésébi et Soleb, au pays de *Koush*. Le roi « réformateur » fit surtout remplacer les images d'Amon par celles d'Horus dans le petit spéos fondé par son père, au nord d'Amada, mais, de surcroît, il décala le motif essentiel du décor du fond du spéos pour qu'il puisse recevoir le premier rayon solaire issu d'un nouveau point de l'horizon oriental.

Un Vice-Roi de Nubie sous Toutânkhamon

La paix exista bien en Nubie durant les dix années du règne de Toutânkhamon, époque à laquelle un très puissant personnage, ancien ambassadeur de Pharaon en Asie et naturellement Chef de la Charrerie, Amon-hotep, appelé couramment Houy, fut nommé *« Fils royal »* par Pharaon.

Accueil du Vice-Roi.

Remise des insignes au Vice-Roi, et particulièrement sa bague-sceau.

La tombe[14] de ce grand seigneur, dans la nécropole des nobles à Thèbes-ouest, conserve encore, en dépit de déprédations très regrettables, des peintures murales capitales pour la reconstitution des instants officiels vécus par ce royal délégué de Pharaon, dans un pays essentiel à la richesse de l'Égypte. Héritier du style libéré par la réforme amarnienne, le peintre décorateur a saisi, avec un sens très aigu du mouvement et de l'anecdote, des scènes nous permettant de pénétrer quelques instants dans la vie officielle d'un gouverneur.

On assiste d'abord à l'intronisation du Vice-Roi, en présence de Pharaon sous son dais doré. Le Chef des Cérémonies, papyrus en main, accueille le récipiendaire porteur du *flabellum*, accompagné de quatre courtisans, et le conduit vers le pharaon qui lui déclare : « *On te confie* [la charge] *depuis Nékhèn* [Hiérakonpolis], *jusqu'à Nésout-Taouy* [Napata : Quatrième Cataracte]. »

Puis on remet l'écharpe au nouveau Vice-Roi, et le vizir lui présente la bague-sceau de sa fonction, en or. L'image de cette scène est accompagnée de ces commentaires : « *acte de donner le sceau de la charge de Fils royal, par le Vizir. Recevoir la charge de Fils royal de Nékhèn jusqu'à Karoy* [el-Kourrou] ».

Alors Houy sort du palais sous les louanges, tenant dans chaque main deux bouquets d'honneur, accueilli par certains de ses agents, des *roudous*, et au moins deux de ses fils. Il se dirige vers le temple d'Amon et va lui rendre grâces pour l'honneur qui lui est fait. Sur la suite des peintures, on voit Houy quittant le temple, revêtu de sa grande robe de cérémonie, portant ses colliers et bracelets d'or, sa haute canne d'une main, de l'autre une plante symbolique. Il est entouré de sa famille dont, semble-t-il, quatre fils. En avant du défilé des dames, on remarque sa mère – une élégante et vénérable douairière à la perruque blanche, Ounhèr, chanteuse d'Amon. La sœur de Houy figure dans le groupe. Puis viennent les voisins, les amis, les serviteurs…

Immédiatement après la cérémonie marquée de grandeur et d'une extrême simplicité, Houy se dirige vers le quai de Thèbes où sa magnifique *dahabiyeh* (vaisseau vice-royal) est prête pour le départ. La grande voile à deux vergues va bientôt être hissée par les matelots venant saluer le maître avant la manœuvre. La cabine centrale est décorée de tentures illustrées de rosettes multicolores; les deux avirons-gourvernails, telles deux longues fleurs de lotus mi-ouvertes, sont protégés par les deux yeux du soleil et de la lune. À la proue et à la poupe, deux cabines secondaires contiennent bagages et denrées, et, bien sûr, le char qui sera très vite débarqué à l'arrivée pour que les deux chevaux, installés dans une cabine de proue à claire-voie, y soient immédiatement attelés. Sur le quai, on voit de nouveau la famille qui assiste au départ, d'abord les quatre fils, mais surtout Madame Mère aux cheveux blancs, la dame Ounhèr, puis ses sœurs, d'autres parents, les amis. Plus loin, toute la maisonnée en fête accompagne les danseuses... L'Égypte n'a pas changé. On se croirait aujourd'hui à Louxor un jour de réjouissances!

Les matelots ont pris les rames pour augmenter la force exercée par le vent que l'on devine au gonflement de la voile hissée entre ses deux vergues. D'autres embarcations vont suivre, emportant pour les écuries et les cuisines du Vice-Roi cinq paires de chevaux, des chèvres, des oies... L'arrivée est attendue à Faras, au sud d'Abou Simbel et sur la rive droite, à vingt-cinq kilomètres en aval de la Deuxième Cataracte, dans la résidence royale protégée par une forteresse appelée Séhètep Nétérou (*« celle qui satisfait les esprits divins »*). Son temple vient d'être agrandi et l'un de ses murs porte encore l'image de Sésostris III, divinisé comme le sera Toutânkhamon lui-même. Non loin a été construite la Résidence du Vice-Roi : des buffets de nourriture et des boissons y ont été préparés pour que Hor Nefer, *« scribe-qui-compte-l'or »* du Vice-Roi, et Kha, le scribe du Fils royal Houy, l'y accueillent en grande liesse. Les deux adjoints du Vice-Roi l'ont escorté. Ce sont l'Idenou (lieutenant) de *Ouaouat*, et l'Idenou de *Koush*, un certain Imenemipet. Le commandant du vaisseau et une délégation de six matelots sont de la fête, qui est également offerte à l'épouse de Houy, la dame Taemouadjsy, supérieure du harem de Toutânkhamon, comme à sa sœur et à ses fils.

Les titres du Vice-Roi définissaient clairement son activité : « *surintendant du bétail d'Amon dans le pays de* Koush », et « *Surintendant du pays de l'Or du Maître des Deux Pays* », sans oublier : « *Brave de Sa Majesté dans la cavalerie* ». Ainsi donc, il est bien le responsable des rentrées d'or et de la fourniture de l'important cheptel destiné à l'entretien de cet immense groupement humain qu'est le domaine d'Amon à Karnak. Responsable

A l'arrivée du Vice-Roi, les tributs affluent.

Hommes, femmes et enfants viennent saluer le Vice-Roi.

L'or apporté est pesé sous la surveillance de Hor Nefer. Les scribes enregistrent tous les apports.

également de la force de protection du territoire, il veille au bon fonctionnement des citadelles.

C'est maintenant une délégation des habitants de Faras qui apporte les redevances annuelles dans les entrepôts en présence

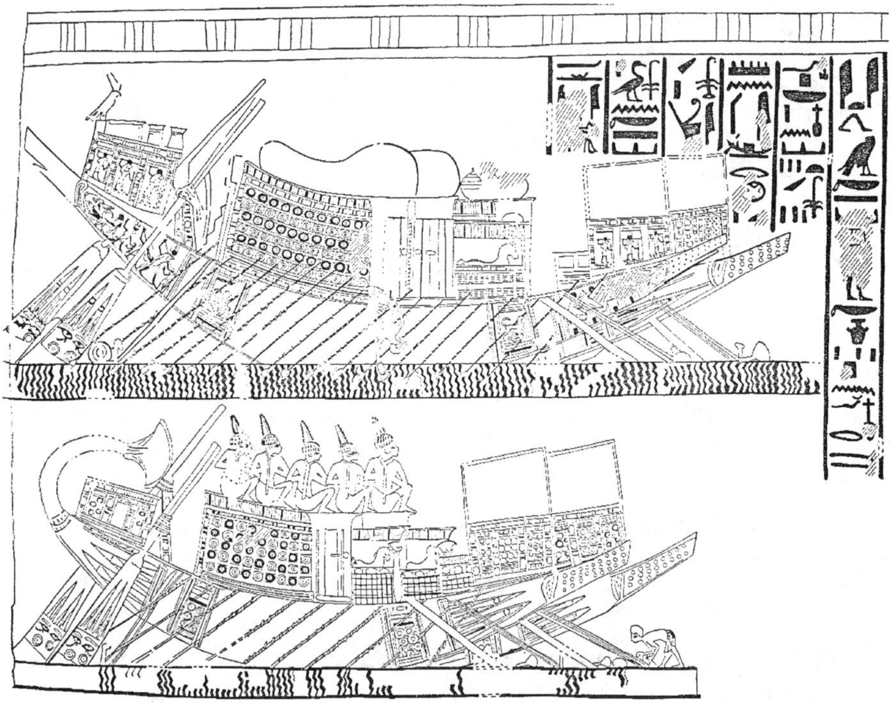

Ces tributs arrivent du pays de Koush *; chevaux et prisonniers sont dirigés vers l'Égypte.*

du Fils royal, un important sceptre *sekhem* en main : des Nubiens et Nubiennes, accompagnés de petits enfants, sont tous habillés à l'égyptienne – mais leurs types ethniques sont différents et leur peau est jaune, rouge ou noire. Certains hommes portent la calotte de cheveux; certains ont même une barbe naissante. L'or est apporté à profusion, en sachets, en anneaux. Il est immédiatement compté et pesé par les fonctionnaires égyptiens qui l'emmagasinent. On remarque aussi des fioles de terre cuite – au contenu indéterminé –, et de précieux coffres fabriqués sur place grâce à l'enseignement des ébénistes de la métropole, des peaux mouchetées de bovidés, des peaux de guépard, et des carquois également revêtus de dépouilles animales. Et puis, à quai, prêtes pour le départ, de grosses barques chargées de longues fibres de lin[15], de bois durs, d'arcs et de flèches qui vont remplir les arsenaux des différentes citadelles de

Chefs de Koush *et Princes de* Ouaouat *rendent hommage.*

Ouaouat, d'innombrables filets contenant les noix-doum et les savoureuses dattes de Nubie, fameuses jusqu'à nos jours. Toutes ces barques côtoient les péniches dont les grandes cabines à claire-voie contiennent le bétail à cornes et à peau mouchetée destiné aux fermes d'Amon d'Ipet-sout (Karnak). Ces animaux, au préalable, ont tous été marqués au fer, portant ainsi le prénom de Toutânkhamon : *Neb-khépérou-rê.*

Les taxes[16] rentrées à l'abri de la forteresse de Faras devaient être dirigées, sous bonne garde militaire, et accompagnées de scribes, en une descente du Nil, scandée par les étapes dans les forteresses d'Aniba et de Kouban, jusqu'à celle de Biggé et d'Éléphantine. En tête, le vaisseau-amiral était commandé par le Vice-Roi lui-même, désireux de mener à bon port tout le précieux chargement jusqu'au palais, afin de le présenter à son souverain. Cette cérémonie était certainement, chaque année, très attendue, et ce que Houy a fait représenter sur les murs de son tombeau avait dû se passer d'une manière analogue sous les règnes de tous les pharaons du Nouvel Empire. Aux taxes de *Ouaouat*, l'Intendant du Sud avait ajouté les tributs du pays de

Koush. Les produits des deux régions étaient généralement escortés par les chefs locaux qui venaient rendre grâces à Sa Majesté, à cette époque dans son palais thébain.

Pharaon, comme à l'accoutumée, trône sous son dais. Le Vice-Roi s'incline devant lui, tenant dans une main le crochet *heka*, insigne de sa charge, et de l'autre le *flabellum*, garni de plumes d'autruche, rappelant son titre : «*porte*-flabellum *à la droite du Roi*[17] ». Pharaon, satisfait des rentrées présentées par Houy, lui a décerné les récompenses de circonstance, à commencer par le lourd collier fait de trois rangs d'anneaux d'or. À son tour, le Vice-Roi va exprimer la satisfaction de Pharaon aux délégués de *Ouaouat* et de *Koush*, entourés d'une partie des trésors exposés.

À côté des innombrables lingots d'or sous forme d'épais anneaux, des coupes débordent de minéraux : cornalines, jaspes, améthystes, feldspath… Les défenses d'éléphant, empilées, voisinent avec des coffres, des tabourets de divers types, des chaises, des lits, tous meubles rappelant fidèlement le mobilier trouvé dans le trésor de Toutânkhamon ; un char plaqué d'or, au timon soutenu par une statuette de Soudanais, est figuré à côté d'un petit *naos* plaqué d'or. Dominant cette exposition des productions de *Ouaouat*, de hauts boucliers recouverts de peaux animales figurent en bonne place.

L'élément le plus exceptionnel, d'un cachet très original – du meilleur artisanat local – est constitué par une série de pièces montées d'orfèvrerie destinées, sans aucun doute, à l'ornementation de la résidence royale. Par leur truchement, c'est toute la Nubie et le pays de *Koush* qui s'offrent à Pharaon. On remarque d'abord deux coupelles posées sur de hauts socles, dont la base porte l'image de deux « *vaincus de* Koush » réunis par leurs coudes attachés, et qui assurent la solidité du support. Ces coupes sont elles-mêmes la base de huttes pyramidales, dressées au milieu d'un jaillissement de palmiers-doum. Sur un autre socle, une coupe analogue repose au centre d'un long plateau d'où pendent des peaux de guépard et des étoffes tissées de rosettes colorées. Une coupe, également gainée de peau tachetée

Les «pièces montées» d'orfèvrerie évoquent des paysages africains, chefs-d'œuvre des ateliers du pays de l'Or.

de bovidé, supporte une autre hutte pyramidale dont la base est ornée de sept têtes de Koushites. Sous la coupe, deux Koushites à plat ventre rappellent les mêmes silhouettes saillantes aux extrémités du plateau. Et sur ce dernier, quatre groupes de palmiers-doum apparaissent derrière deux hautes girafes et six Koushites debout, ou agenouillés. La poésie du décor africain est indéniable et son étrangeté témoigne autant de la grande habileté des orfèvres locaux que de leur imagination. Ces pièces de choix, dont on a trouvé le rappel sur les peintures de chapelles thébaines de la même époque, devaient être fort appréciées. Toutes proportions gardées, on a l'impression de contempler les chefs-d'œuvre de maîtrise des meilleurs Compagnons du Tour… de Nubie!

Avec ses homologues, Heka Nefer, maire de Miam, présente les produits des ateliers locaux.

Le cortège des gens du Sud s'avance dans un environnement d'arcs et de plumes d'autruche, en direction du Souverain. Avant tout, voici le chef très important de la province de *Ouaouat*, puis Heka Nefer, maire de Miam, qui fut jadis élevé à l'école du Palais, puisqu'il porte encore le titre permanent d'« *Enfant du Kep* ». On distingue encore sur sa joue la scarification nubienne typique[18]. Le groupe est suivi par une magnifique et imposante jeune femme, habillée et parée à l'égyptienne, à l'exception des queues de chats sauvages attachées aux coudes. Sans doute est-elle destinée à la Maison des Dames de Pharaon et a-t-elle été choisie avec grand soin par la supérieure du harem[19] qui, il faut s'en souvenir, est la propre sœur de Houy. La belle Nubienne est suivie de quatre princes, également habillés à l'égyptienne. Deux d'entre eux portent une perruque ornée de la grosse mèche latérale de cheveux peinte en bleu, indiquant leur rang. L'inscription voisine nous apprend qu'il s'agit des « *Enfants des Grands de toutes les contrées* » (de *Ouaouat*). Tous possèdent les importantes boucles d'oreilles à pampilles – probablement d'origine nubienne –, adoptées aussi par les Égyptiens, mais abandonnées lorsque arrive l'âge adulte. Deux serviteurs habillés à la mode nubienne sont vêtus d'une longue tunique retenue par des ceintures multicolores. Leur coiffure est

Les prisonniers de Koush, *après une révolte, arrivent en Égypte mais avec femmes et enfants.*

piquée, au sommet, de la traditionnelle plume d'autruche. Ainsi parés, ils avancent ornés d'animaux d'or et de peaux de chats sauvages suspendues à leurs bras.

L'arrivée au palais de la princesse – trop noble dame pour s'être déplacée à pied – est rappelée par un char de type parfaitement égyptien (syro-égyptien)[20], mais attaché à des bœufs, et sur lequel la Nubienne se tient debout, conduite, sous un parasol, par une jeune fille, au torse nu et à la peau claire (une Libyenne de Tjémehou?) d'un type analogue à celui du serviteur qui tient l'avant du timon. Certains ont voulu reconnaître dans les bovidés au poil moucheté des spécimens de bétail nain.

La procession des gens de *Ouaouat* se termine par cinq Noirs du pays de *Koush*, torse nu, pagnes de peau mouchetée, une sorte de licol passé autour du cou, anneaux d'oreilles très africains et plumes d'autruche dominant leurs cheveux courts, mains attachées devant la poitrine. Ils représentent certainement

Les produits de l'Afrique sont apportés par les Koushites et présentés par leurs chefs.

les prisonniers faits au cours d'une rébellion et vont être affectés au domaine d'Amon de Karnak. Néanmoins, suivant la coutume égyptienne, ils quittent leurs foyers avec femmes et enfants. En effet, le défilé se termine par l'image des femmes de ces prisonniers, circulant librement et portant des petits enfants dans des sacs de peau suspendus à leur cou[21]. Les Nubiens viennent-ils faire don à Pharaon de leurs prisonniers koushites ?

Le second rang du défilé représente les grands du pays de *Koush*. Les chefs, agenouillés, font le geste d'adoration ; ils sont suivis de porteurs de présents en or, de peaux animales et d'un amoncellement de pierres semi-précieuses de toutes sortes. L'apport le plus original est celui d'une girafe… tenue en laisse.

Des porteurs d'anneaux avancent à côté d'un groupe de bovidés à la peau mouchetée, leurs cornes hautes et irrégulières (typique de ces animaux du Soudan) terminées par des gants. Entre les cornes ont été fixées des têtes factices de Koushites : suivant le rite, lorsque les animaux baissaient la tête, c'était tout le pays de *Koush* qui s'inclinait devant l'Égypte[22]. Le défilé des Koushites se déploie sur deux registres et se termine par l'apparition d'un couple de deux bœufs mouchetés dont les larges cornes supportent de éléments de verdure. Il est intéressant d'observer que les enfants royaux de *Ouaouat* – probablement élevés à l'égyptienne à l'école du Kep – portent des sandales de peau blanche très caractéristiques de la mode égyptienne, alors que les personnages koushites, à la peau très noire, en fin de défilé, ont les pieds pris dans des sandales à lanières qui tournent autour de leurs chevilles. Kelly Simpson, ayant prospecté la région de Toshké, en *Ouaouat*, pense à juste titre avoir trouvé la preuve d'une fabrique de sandales royales, qu'elles soient d'un type ou d'un autre, au nord d'Aniba (Miam).

Afin de bien marquer pour la postérité la satisfaction de son royal Seigneur, le Vice-Roi se présente devant son entourage orné des trois magnifiques colliers que Sa Majesté lui a attribués comme *«Or des Récompenses»*. En bon ethnologue, il n'a pas manqué de compléter la décoration de sa chapelle funéraire par l'image des embarcations de tous ordres qui ont véhiculé, jusqu'à Thèbes, hommes, bêtes, objets précieux et produits variés, d'autant que la construction d'embarcations est bien attestée dans le pays de *Ouaouat*. Cela va de la *dahabiyeh* du Vice-Roi aux vaisseaux mis à disposition des chefs nubiens escortant la princesse, sur la cabine desquels ont été figurés, en symbole, les «cinq prisonniers de guerre», et les diverses barques

Les bœufs gras élevés pour la «mascarade» des grandes fêtes.

chargées de bétail et de nombreuses denrées. À noter un détail : lorsque les matelots sont représentés, on constate que ce sont des Égyptiens.

Il était nécessaire de s'arrêter longuement sur ce témoignage unique d'un événement touchant de si près à la vie nubienne, peu connue par ailleurs. Peuple sans écriture, les Nubiens de *Ouaouat*, pas davantage que les Koushites du futur Soudan, ne nous ont laissé de textes qui leur auraient permis de se pencher eux-mêmes sur leur histoire durant la période pharaonique. À l'exception de très rares tombes de style égyptien, en *Ouaouat*, les sépultures ne comptaient pas de chapelles aux décors muraux, comme celles de la métropole qui permettent une reconstitution de la vie de tous les jours au temps des pharaons. Nous sommes, grâce au Vice-Roi Houy, devant son meilleur exemple, avec quelques peintures ou reliefs de la XVIIIe dynastie, à Thèbes. Seulement trois murailles en *Ouaouat* (celle du temple hémi-spéos de Beït el-Ouali, le vestibule très dégradé du temple de Derr et la grotte de Kasr Ibrîm dédiée par Ousersatet) restituent l'évocation d'une rencontre entre l'Égypte et ses voisins du Sud.

Du temps d'Aÿ

Pasar, fils de Houy, devint à son tour Vice-Roi de Nubie. Nul doute qu'au Jour de l'An, lorsque le vieux vizir Aÿ succéda sur le trône à Toutânkhamon, le défilé des taxes et tributs du Sud se reproduisit, avec peut-être moins de faste. Une seule mention d'Aÿ – dont le règne fut très court – a été trouvée sur le rocher de Gebel Adda, face à Abou Simbel.

Au temps d'Horemheb

Lorsque le général Horemheb prit le pouvoir, il semble que le calme régnait chez les voisins africains du nouveau pharaon. Néanmoins, il tint à faire sentir sa présence tout au nord de la Nubie, au Gebel Silsilé, et dans cette même région d'Abou Simbel, au sud de *Ouaouat*, au moyen du petit spéos d'Abou Oda. Confirmation de sa force au Gebel Silsilé : on le voit en chaise à porteurs, dans une cérémonie qui pourrait être celle de son couronnement. Sur un des murs d'Abou Oda, c'est la « montée royale » du sacre, sanctionnée par Horus mais aussi par Seth, dernière forme divine qui réapparaît à l'aube de la XIXe dynastie comme pour réintroduire la présence bénéfique du Saint Patron de la dynastie des Ramsès. Horemheb fut aussi, avant Ramsès, celui qui, après l'essai d'el-Lessiya sous Thoutmosis III, introduisit l'usage du spéos en Nubie.

V
La glorieuse XIXe dynastie

Les traces de Ramsès Ier

La XIXe dynastie débuta effectivement avec le premier Ramsès. En l'an 1 de son règne éphémère, deux stèles retrouvées à Bouhen relatent le passage du pharaon et de son fils Séthi à la Deuxième Cataracte, six mois avant le décès du vieux roi.

Le passage de Séthi Ier

En effet, Séthi Ier avait fait recopier la stèle gravée par ordre de son père dans la même ville-forteresse de Bouhen, dont le rôle économique était primordial pour la couronne. Profitant d'un répit dans sa lutte continuelle contre Asiatiques et Libyens, Séthi Ier, en l'an 8 de son règne, remonta le Nil nubien, bien pacifié – et protégé –, ayant chargé sur ses bateaux son infanterie et sa charrerie. Il s'enfonça très au-delà des premières Cataractes pour réprimer des troubles en Irem, vers la province du Dongola. Son Vice-Roi Imenemipet l'accompagnait et fut certainement chargé, au retour, de faire graver sur un rocher de Kasr Ibrîm la stèle rupestre se rapportant à cette expédition.

Le poids de Ramsès II

Sur le premier hémi-spéos consacré par le deuxième Ramsès en *Ouaouat,* à Beït el-Ouali, dominant le goulet qui traverse la passe de Kalabsha, au nord de *Ouaouat*, le jeune corégent rappelle entre autres ses exploits dans les pays du Sud, vraisemblablement en l'an 2 de la corégence. C'est bien en *Ouaouat* qu'il les fait figurer, mais c'est au pays de *Koush* que les événements s'étaient déroulés : les types ethniques représentés et les allusions au cadre géographique, encore visibles, le prouvent amplement. L'affaire dut être anecdotique et ne peut être qualifiée de grand affrontement militaire. Le retour sera néanmoins triomphal et les prisonniers de *Koush* seront amenés devant Amon : le défilé des tributs[1], par la présence d'un lion et de cercopithèques qui ne se trouvaient pas en Nubie, indique combien l'armée avait pénétré en profondeur en pays de *Koush*.

Sous le règne du fils de Séthi – Ramsès le Second –, l'intérêt du Prince pour le pays de *Ouaouat* – et c'est bien de cette Nubie égyptienne qu'il est question ici – se manifeste par sa préoccupation de maintenir et d'amplifier la bonne gestion de ce pays fournisseur d'une importante partie du trésor égyptien. Le souci du roi, veillant à l'essentiel approvisionnement en eau pour étancher la soif des mineurs du Ouadi Allaki, en est la démonstration. En l'an 3 de son règne, et à l'issue d'une nouvelle prospection, Pharaon fit ériger une stèle[2] à Kouban (Baki), au débouché du Ouadi aurifère sur le Nil, dont le texte conte toutes les étapes de la recherche. Ce texte, à l'instar de tous les autres documents émanant de Ramsès, ne peut constituer une affabulation. La preuve en fut donnée par le Pr Piotrovski, de l'Académie de Moscou, auquel on doit la localisation du puits providentiel repéré au cœur même du célèbre Ouadi, à soixante kilomètres du Nil.

La longueur du règne de Ramsès II entraîna un nombre inusité de Vice-Rois sur le sol nubien. Sept, au moins, sont bien connus, qui furent : Imenemipet, Iouny, Hékanakht, Pasar, Sétaou, Pasar II, Houy, puis Néfer-rénpét. Au milieu du règne, Sétaou marque spécialement son « mandat » par sa personnalité à la poigne particulièrement énergique, si présente à Ouadi es-Séboua et, un peu plus tard, à Gerf Hussein. À l'époque où son autorité s'étendait au sud de l'Égypte jusqu'à el-Kab, suivant la politique de son maître il dota ce site d'un spéos en l'honneur du retour de La Lointaine[3]. Il surveilla également, comme les autres Vice-Rois, le creusement d'une niche sainte ornée des statues de Ramsès II entouré d'Horus de Miam et d'Hathor, au pied de la falaise de Kasr Ibrîm. Il fut surtout responsable du grand temple de Ouadi es-Séboua, construit en hémi-spéos, et pour lequel Sa Majesté lui avait sans doute ordonné d'aller faire une « razzia » au pays des Tjémehou[4]. Il fallait, en effet, se procurer en Marmarique la main-d'œuvre suffisante à l'édification de ce temple, sur la rive gauche du Nil, au débouché d'une des pistes des oasis occidentales. C'est aussi l'époque où il devint responsable de tous les temples de *Ouaouat*, à partir du moment, bien regrettable, où Ramsès, en raison de ses défaillances de santé, relâcha la vigilance qu'il avait exercée sur les monuments de son pays. Sétaou, par la suite, en vint à présider, avec la même indifférence esthétique, le creusement du sanctuaire en hémi-spéos de Gerf Hussein.

Vers la quarante-quatrième année du règne de son maître, l'activité de Séthaou se déploya en pays de *Koush,* où il fit une incursion en Irem, bien au sud du Ouadi Allaki, près des mines d'or d'Ikuÿta, dont il captura le chef et toute sa famille.

Il convient de revenir quelques instants sur le cas des monuments de Ramsès au pays de *Ouaouat.* Inspiré par les constructions monumentales érigées par Aménophis III en Égypte et en pays de *Koush,* Ramsès ne se contenta pas de couvrir son pays de temples colossaux, il voulut embellir, suivant un programme très concerté (il en sera question plus loin), le pays de *Ouaouat,* dépassant en cela, et d'une façon ostentatoire, tout ce que ses prédécesseurs avaient pu faire en Nubie. Sans compter divers petits temples dont les vestiges demeuraient au sud-est du fort de Kouban. On lui doit, en effet, sept Fondations religieuses, dont les plus exceptionnelles et prestigieuses sont les deux spéos d'Abou Simbel, maintenant connus du monde entier en raison des travaux de sauvetage dont ils furent l'objet, mais que seuls quelques rares égyptologues et voyageurs avaient visités il y a un demi-siècle !

Pour situer ces sanctuaires dans la position géographique où ils se présentaient du nord au sud, et non dans l'ordre chronologique de leur construction, il faut citer Beït el-Ouali, Gerf Hussein, Ouadi es-Séboua, sur la rive occidentale, Derr sur la rive orientale, le grand spéos de Meha, le plus petit spéos d'Ibshek, de nouveau sur la rive occidentale, et le petit temple d'Aksha (maintenant au Soudan). *L'existence de si nombreux sanctuaires, érigés par un seul pharaon, sur un parcours d'environ trois cent quatre-vingts kilomètres dans un pays où rien n'indique d'éventuels cultes locaux, est un phénomène apparemment inintelligible. D'autant que ces sanctuaires, pas davantage qu'en Égypte, n'étaient ouverts à la population!* Ce secret, ce mystère, constitue le fond de ce livre, que le lecteur comprendra quand il aura parcouru, dans le temps et dans l'espace, l'histoire maintenant engloutie du pays de *Ouaouat*, vivant, du temps de Ramsès, en termes amicaux avec son puissant protecteur voisin du septentrion – jusqu'à continuer à porter des noms égyptiens, tel ce prince de Miam appelé Rahetep, alors qu'à el-Lessiya et à Toshké, ses homologues se faisaient appeler Mes et Thoutmès. Nombre de Nubiens du milieu dirigeant ou de fonctionnaires égyptiens, sur les stèles votives sculptées contre la paroi rocheuse autour du spéos d'Abou Simbel, se réclamaient, indifféremment, de l'un ou de l'autre pays. Voilà pourquoi le *«scribe du Trésor, le Commandant des Troupes dans le Pays, le Délégué»*, Méry, ajoutait après mention de son nom : *«de Ouaouat»*, et la raison pour laquelle le Vice-Roi Iouny faisait suivre son nom par celui de sa ville natale : Hérakléopolis (Ehnasya el-Mediné).

Sous le règne de Mérenptah

Pourtant, sous le règne de Mérenptah, de fâcheux événements survinrent en Nubie, dont le roi fit graver le souvenir à l'extérieur du temple d'Amada, en l'an 5 de son règne. On ne sait dans quelles circonstances Pharaon, châtiant les Libyens Tjémehou, en vint à réagir violemment contre les Medjaÿ. Reste qu'il fit subir à ces populations qui s'étaient rejointes au sud de *Ouaouat* un véritable carnage.

Du temps de Séthi II, de Mérenptah-Siptah et de Taousert

À la fin de la XIXe dynastie, le trône, destiné au fils de Mérenptah, le deuxième Séthi, fut convoité par un certain prince Amenmès, dont le règne éphémère aurait commencé en Nubie. Son « délégué en *Ouaouat*[5] » était Méry, fils d'un gouverneur de Miam. Ce dernier fit représenter, sur une stèle rupestre d'Abou Simbel[6], Amenmès en train de consacrer un prisonnier de *Koush* à l'image d'Amon. Il fut cependant très vite éclipsé par Séthi II, auquel succéda Mérenptah-Siptah, peut-être fils d'Amenmès, monté très jeune sur le trône et protégé par le chancelier Baÿ contre la volonté de l'épouse et veuve de Séthi II, la reine Taousert. Tout cet imbroglio familial apparaît – on voudrait bien comprendre pourquoi – sur une porte du petit temple nubien d'Amada, en pays de *Ouaouat*. Taousert, la reine régnante de l'époque, y est représentée en majesté, jouant du sistre, sur le montant nord de la porte. Quant au chancelier Baÿ, fidèle de Mérenptah-Siptah, on le voit sur le montant de gauche (sud) de la porte[7], rendant hommage aux cartouches renfermant les noms et prénoms de son protégé. Baÿ aurait-il tenu à rappeler la présence de Mérenptah-Siptah, fils d'Amenmès (peut-être d'origine nubienne) alors que Taousert, souveraine en titre, figurait en personne ? Il est curieux de constater que la majorité des inscriptions de Siptah sont en relation avec des fonctionnaires de l'administration nubienne et se trouvent en Nubie ou en Haute-Égypte. Cl. Vandersleyen[8] aurait alors raison de suggérer que « *cette importance des attestations du roi* [Siptah] *en Nubie, pourrait faire penser que le fils d'Amenmès jouissait en Nubie d'un accueil favorable à cause du souvenir récent de son père* ». Le nom de ce même roi figure dans la cour du temple thoutmoside de Bouhen, non loin de ceux de Ramsès II et de Ramsès III.

Sous Ramsès III

Les traces de Ramsès III sont insignifiantes au pays de *Ouaouat*. Encore les doit-on à son Vice-Roi Hori, lequel consacra deux statues de son pharaon à Kasr Ibrîm[9]. Le rôle principal était, plus que jamais, à cette époque, de faire entrer l'or dans les magasins de l'État. D'ailleurs, depuis la XIXe dynastie, les Vice-Rois portaient avantageusement le titre de *« Surintendant du pays de l'Or d'Amon »*, ce qui renforçait d'autant – et assez dangereusement – la puissance du clergé thébain.

Les autres Ramsès

L'activité d'un certain Pennout, Chef du Service des carrières (en *Ouaouat*) et surintendant du temple de l'Horus de Miam, était certainement encore notable sous le règne de Ramsès VI. On l'apprend par une inscription demeurée sur une stèle figurant dans sa tombe rupestre, où il cite une statue du roi dont le culte et l'entretien étaient assurés grâce à une fondation entretenue par ses revenus personnels. Le sixième Ramsès l'en avait remercié par le don de deux vases d'argent, précisant que ce n'était pas seulement pour cet hommage à sa personne, mais aussi en raison de ce que Pennout avait réalisé dans le pays des « Néhésy (ous) » (de *Koush*) et dans la région d'Ikuÿta, au sud du Ouadi Allaki, après avoir traversé le fleuve entre Derr et Kasr Ibrîm. On apprend aussi par cette inscription qu'il existait une propriété agricole appartenant à la Grande Épouse Royale, Nofrétari, dont les revenus servaient à l'entretien de son spéos d'Abou Simbel (Ibshek), propriété très vraisemblablement située entre Miam et Toshké. Et que, toujours dans cette région fertile, Pharaon était propriétaire de champs de ce que les Égyptiens appelaient la plante *« couleur du ciel »* (le lin). Les pharaons Ramsès IV et V ont tenu à faire figurer leurs noms dans le temple d'Horus de Bouhen, par l'intermédiaire de leurs Vice-Rois.

Durant le règne assez long de Ramsès IX (1126-1008), quatre Vice-Rois se succédèrent : Naherka Ountaouat, sans doute d'origine nubienne, son fils Ramsèsnakht, son petit-fils, et sans doute aussi Sethmès. Au cours de cette période, des nomades Shasous venant des environs de *Koush* avaient, encore une fois, attaqué les mines d'or qui furent défendues par les Néhésy (ous). Cette fois-ci, les remerciements chaleureux vinrent du Grand Prêtre d'Amon à Thèbes, un autre Ramsèsnakht.

Le dixième Ramsès voulut marquer son passage en Nubie en faisant figurer son nom sur un pilier du temple de Miam. Sous le règne de Ramsès XI enfin, il semblerait que, les troubles et l'anarchie persistant à Thèbes, Pharaon ait lui-même provoqué l'arrivée du Vice-Roi de *Koush* Pa-Néhésy, avec ses troupes nubiennes pour rétablir l'ordre. Pendant plusieurs années, ce Pa-Néhésy se comporta en Égypte avec violence, cruauté même, et abusa de son pouvoir. En dépit de rivalités féroces et de la guerre menée contre lui, en Nubie même, où il fut poursuivi par le Grand Prêtre Pi Ankh, Pa-Néhésy conserva son poste. Dernier tenant du titre de Vice-Roi, il avait une résidence à Miam où il fut enterré.

Le Grand Prêtre d'Amon obtint de Pharaon la concession des mines d'or dont la production très diminuée ne nécessitait même plus une administration militaire. Il favorisa ainsi le pays de *Koush*, qui ne fut pas long à reprendre l'avantage sur *Ouaouat* : les revenus en or affluèrent désormais vers Napata. Pendant cette époque, *Ouaouat* fut très négligé, et même abandonné progressivement en raison de l'instabilité politique dans la métropole. Les temples furent délaissés alors que les fonctionnaires égyptiens, les princes locaux avec leurs paysans, leurs serviteurs, partaient vers l'Égypte, si ce n'est au pays de *Koush* : les nomades allaient bientôt gagner le terrain qu'ils avaient longuement convoité, alors qu'en pays de *Koush* la prospérité avait rendu arrogants les chefs locaux qui allaient se proclamer pharaons d'Égypte.

VI
La Nubie jusqu'aux temps modernes

La XXVe dynastie

L'un des princes de *Koush*, Piyé (anciennement prononcé Piankhy) qui succéda à son père Kashta en 747 avant notre ère, s'empara de l'Égypte et pendant toute la XXVe dynastie, les Koushites gouvernèrent leurs anciens conquérants. Après Piyé vinrent Shabaka et Shabataka, puis ce fut Taharka. Napata, en pays de *Koush* – dont le grand temple avait été fondé par les pharaons – demeurait cependant leur capitale de prédilection, qu'ils furent particulièrement heureux de regagner lorsque les Assyriens les chassèrent de Thèbes.

Cependant Taharka revint à la charge et reconquit l'Égypte. Un de ses passages en pays de *Ouaouat* fut repéré grâce à une inscription datée de l'an 19 et subsistant sur la route qui mène de Kalabsha à Taffé (à la hauteur du tropique du Cancer). Le sommet de Kasr Ibrîm conserve aussi une inscription à son nom. Un autel de pierre découvert dans l'île de Philae pourrait constituer un élément d'un petit sanctuaire dont il était peut-être le « dédicant », mais aucun autre vestige ne vient étayer cette supposition. Au reste, dans ce cas, Psammétique II, qui s'évertua à repousser définitivement les Koushites loin de ses frontières, aurait sans doute détruit cette fondation, lorsque à son tour il édifia un temple dans cette dernière île nubienne avant la frontière égyptienne.

La XXVIe dynastie

Lorsque au milieu du VIIe siècle avant notre ère, le même Psammétique dépêcha son armée en Nubie pour rencontrer et chasser les Koushites qui venaient de lever des troupes en *Ouaouat,* il avait réuni deux forces : des troupes égyptiennes commandées par le général Ahmosis, et sa légion étrangère[1], composée de mercenaires grecs, cariens et juifs, dirigée par le général Potasimto. Les troupes prirent le chemin des Quatrième et Cinquième Cataractes, dans la grande courbe du Nil qui enserre les steppes de Bayouda, propres au déploiement de la cavalerie, suivant les termes de la Stèle de Victoire[2]. Pour s'y rendre, les deux armées remontèrent d'abord le Nil dans *Ouaouat* assoupi, quasiment désolé, et elles firent étape dans la région des grands temples de Ramsès. En Abou Simbel, le général Potasimto, considérant le colosse de Ramsès en partie effondré comme un lieu flatteur pour signaler son passage, choisit la massive jambe gauche du grand pharaon afin d'y faire graver un texte rédigé en grec : c'est la plus ancienne inscription en lettres grecques monumentales connue au monde.

Sans doute est-ce au cours de son séjour à Assouan, en attendant le retour de son armée, que Psammétique II fit édifier un petit sanctuaire sur l'île de Philae, dont les arasements furent découverts lorsque le grand temple d'Isis fut démonté. On s'aperçut également que plusieurs assises de la salle hypostyle étaient faites des blocs démontés du sanctuaire de Psammétique!

Les Ptolémées

Jusqu'à l'arrivée d'Alexandre, *Ouaouat* demeura dans les mains de ses roitelets, lesquels devaient allégeance aux lointains rois koushites de Napata, puis de Méroë. Le produit des mines d'or du Ouadi Allaki – quoique devenu de moindre importance – avait pris le chemin des vainqueurs du Sud; le point de départ du précieux métal était, comme auparavant, la région de Kouban et de Dakké. C'est alors que, sous le second Ptolémée, un jeune prince koushite, Ergamène (Arkamen), élevé à la cour d'Alexandrie, entreprit de lutter contre le clergé de son pays. Celui-ci, suivant les traditions locales, le condamna immédiatement à mort. En réponse, Ergamène fit trancher la gorge de tous les représentants de la communauté religieuse, puis s'enfuit en *Ouaouat* où il installa un royaume entre Maharraka et la Première Cataracte, c'est-à-dire sur douze *schoenes* (= cent vingt kilomètres) : ce fut le Dodécaschoene. Sur les ruines du sanctuaire construit jadis par Thoutmosis III, il érigea, dans sa capitale de Dakké, aidé par Ptolémée II, un temple en l'honneur de « Thot – (de la Place) – du Sycomore » (*pa-nebes* = Pnoubs), très probablement en souvenir du sanctuaire de « Thot du Sycomore » situé dans son ancien pays de *Koush*.

Ptolémée III et Ptolémée IV entretinrent des rapports apparemment très amicaux avec Ergamène. Ce dernier contribua même à l'embellissement des constructions de Ptolémée IV à Philae. Néanmoins, la mésentente survint, puis Ptolémée V fit effacer sur les murs du même temple de Philae les cartouches d'Ergamène, ce qui incita Arkéramen, son successeur, à construire son propre temple de Débod, dans son seul domaine, au demeurant non loin de Philae.

La nouvelle dynastie des pharaons... macédoniens convoitait, sans aucun doute, les douze *schoenes* pouvant leur assurer la porte vers les mines d'or. Aussi, au cours de l'an 24 de son règne, Ptolémée IV déclara-t-il que le Dodécaschoene devenait la propriété du temple d'Isis de Philae, acte sanctionné par un décret reproduit à la base même de la tour occidentale du 2e pylône du temple.

À la mort d'Arkéramen, la portion nordique du pays de *Ouaouat*, qui constituait son petit royaume, perdit son indépendance et passa sous l'administration égyptienne. Jusqu'au dixième des Ptolémées, chacun de ses souverains prit soin de marquer de son empreinte ces sanctuaires du Dodécashoene, devenus égyptiens : à Débod comme à Dakké, puis à Kalabsha où Ptolémée X fit construire une petite chapelle.

Cependant la région et ses frontières demeuraient à la merci d'une agression venant du Sud : aussi, la présence des pharaons ptolémaïques se révéla-t-elle extrêmement discrète sur le terrain.

L'arrivée des Romains

Le réveil se fit avec l'arrivée des Romains. Comme on le sait, ces derniers portèrent une très grande attention à la défense du célèbre grenier de l'Empire. Leur premier geste visible fut de marquer leur empreinte grâce aux monuments. Débod, Maharraka, Dakké furent complétés sur ordre d'Auguste, lequel décida de la construction du grand temple de Kalabsha dédié, enfin, à une forme nubienne d'Horus (et sans doute aussi de Dédoun *« le premier de Nubie »*) supplanté peut-être par Mandoulis (nom grécisé de *Marou*, *Maoual*?). Il fit même mieux. Afin de témoigner de l'attention qu'il portait au peuple de *Ouaouat*, il tint officiellement à partager le deuil qui avait frappé Kouper, un puissant chef local. Les deux fils de ce dernier, Padihor et Padiésé, venaient de se noyer. Il leur fit ériger un petit temple-chapelle, à quelque soixante-dix kilomètres d'Assouan : c'est le sanctuaire de Dendour. Ainsi voit-on sur ses murs l'image d'Auguste vénérant les formes divines égyptiennes, mais aussi rendant un culte exceptionnel aux deux jeunes princes nubiens divinisés par leur noyade dans le Nil… comme Osiris ! Plus tard, Hadrien agit, dit-on, de même pour Antinoüs.

Des approches politiques furent engagées sous l'autorité du préfet romain Cornelius Gallus pour rencontrer les ambassadeurs koushites afin de régler la situation de l'ancienne Terre de *Ouaouat*. Il n'était, alors, plus question de douze *schoenes*, mais de trente, qui correspondaient à tout le territoire s'étendant entre la Première et la Deuxième Cataracte. Ce pays des trente *schoenes* demeurait, semble-t-il, possession koushite mais passait sous la protection romaine en tant que Terre d'Isis. Cependant, bien vite, cet état de fait ne put convenir aux Koushites, et pas davantage à leur reine, la Candace borgne. Profitant d'une absence du préfet Cornelius Gallus, les Koushites envahirent le malheureux pays de *Ouaouat* avec une armée de trente mille hommes, réduisant les postes de défense et gagnant Assouan pour s'y établir.

Avec dix mille fantassins seulement, mais appuyés par huit cents cavaliers éprouvés, le nouveau préfet Gaïus Petronius les chassa de leurs positions, les poursuivant jusqu'à Dakké où s'engagea une mémorable bataille qui précipita leur défaite en les forçant à fuir par le fleuve, avec des moyens de fortune, pour échouer dans l'île de Dérar[3] (Takhompso). Le reste des survivants se réfugia à Kasr Ibrîm d'où Petronius les délogea. Ils regagnèrent Napata où ils capitulèrent. La terrible Candace tenta, mais en vain, une contre-offensive immédiatement repoussée. Pour assurer à la région une paix durable, Petronius fit construire une citadelle au sommet du rocher d'Ibrîm et y installa une garnison de quatre cents hommes, leur assurant armes et vivres pendant deux années. Ces précautions garantirent au pays de *Ouaouat* une sécurité et une prospérité retrouvées, confortées par les stations militaires romaines implantées sur les deux rives du fleuve.

Un des points les plus importants était situé près de Kalabsha, au nord de la passe fermée par le rétrécissement des deux rives de grès : à l'occident, au bord du Nil, s'étendait un large terrain propice au repos des officiers, au cœur d'un site de prédilection, dans une vaste crique et sur des falaises d'où la vue était imprenable et les vents rafraîchissants. Deux chapelles y furent érigées – l'une d'elles est maintenant conservée au musée de Leyde. Les Romains y firent construire de charmantes maisons de pierre, de même que des pavillons au sommet de la falaise : ils avaient conçu l'emplacement de repos idéal qui dominait encore, il y a une quarantaine d'années, un lieu privilégié appelé par les Nubiens Taffé.

Blemmyes et Nobades

Cet état de grâce ne pouvait durer très longtemps. À l'époque où la force romaine s'affaiblit, des tribus quasiment sauvages venant du désert oriental, les Blemmyes[4], s'infiltrèrent en

Ouaouat jusqu'à l'occuper complètement et gagnèrent aussi la région thébaine, en 276 de notre ère, sous le règne de Probus. Peu après, cependant, Dioclétien rétablit la frontière à Assouan, mais il fut obligé d'abandonner la Nubie. Les Blemmyes étaient alors maîtres du pays et firent de Kalabsha leur capitale religieuse. En réaction, Dioclétien appela une peuplade du désert occidental, les Nobades – peut-être descendants des Medjaÿ –, à venir occuper la région convoitée entre Kalabsha et Thèbes – à condition qu'ils tiennent en échec les Blemmyes. Il leur assura même une rente annuelle. Cette situation dura jusqu'aux temps de Marcien (Marciamus), en 460, date à laquelle les Blemmyes reprirent le dessus et envahirent de nouveau le Saïd[5]. Alors intervint un accord entre le général Maximin (Maximinus) et ces éternels pillards. Il fut conclu une paix de cent ans, la restitution par les Blemmyes des prisonniers romains, la libération des otages et le paiement d'une indemnité. Quant aux Romains, ils acceptaient que les Blemmyes puissent se rendre au temple de Philae à l'occasion de certaines fêtes. Ils prenaient alors possession de la statue de la déesse Isis afin de la véhiculer dans ce qui était devenu leur pays, *Ouaouat*, au cours de panégyries, et la ramenaient sans dommage dans son grand temple. Le calme, comme on pouvait le prévoir, ne dura pas. Lorsqu'il monta sur le trône, l'empereur Justinien ordonna la destruction du temple de Philae qui, cependant, avait été transformé en église. Fort heureusement, l'ordre ne fut pas réellement exécuté : les prêtres de l'ancien culte furent emprisonnés et les statues emportées à Constantinople.

La Nubie christianisée

Blemmyes païens et Nobades chrétiens se disputèrent alors la suprématie au pays de *Ouaouat* en partie christianisé[6], alors que les Blemmyes occupaient principalement la région de Ballana et de Qoustoul ; cependant, ces derniers venaient honorer leur dieu Mandoulis à Kalabsha, peut-être autour de l'antique et vénérable Dédoun. Les Nobades, en revanche, y avaient installé leurs cellules d'anachorètes, dont l'exiguïté présentait un contraste frappant avec l'opulence de certains monastères placés sur les hauts lieux de *Ouaouat.* Parfois les prêtres se contentaient de transformer les temples en recouvrant les reliefs antiques de plâtre sur lequel ils peignaient des décors bibliques ; un des plus remarquables exemples en est fourni par le temple de Ouadi es-Séboua. De Constantinople, les émissaires de l'impératrice Théodora venaient évangéliser les villages à la fin du VIe siècle. Ainsi, Joseph, exarque de Kalabsha, et le chef nubien Eirpanome donnèrent l'ordre de christianiser le temple de Dendour. Quant au prêtre Abraham, il se contenta de fixer, sur la terrasse, une lourde croix qui lui avait été remise par Théodore, évêque de Philae. Le sanctuaire subit les remaniements nécessités par l'exercice du nouveau culte et fut marqué de l'inscription suivante :

« Par la volonté de Dieu, et l'ordre du roi Eirpanome et de Joseph, l'Exarque de Talmis, zélé dans la parole de Dieu, et après avoir reçu la croix de la main de Théodore, l'Évêque de Philae, moi Abraham, très humble prêtre, je place la croix en ce jour de la fondation de cette église qui est le 27e jour de Tybi, Indiction VII, en présence de Shaï l'eunuque, de Papmouté le Stépharis, et Épaphamios le gardien du sceau, et Sirma le courrier. Puisse quiconque venant à lire ces lignes, offrir par charité, une prière pour moi. Amen. »

Quant au spéos thoutmoside d'el-Lessiya, ses murs furent christianisés par deux séries de croix différentes, au nord et au sud.

Un des héros nobades fut le roi Silko, vainqueur des Blemmyes, dont la glorieuse inscription subsiste encore sur un mur, dans la cour du temple de Kalabsha. Le pays avait été profondément gagné à la foi chrétienne, au point de consacrer sept églises dans la petite agglomération de Tamit[7]. Il est vrai qu'elle se situait non loin de la magnifique cathédrale élevée au sommet du rocher d'Ibrîm, qui drainait tous les pèlerinages du pays, en ce site voisin de Faras devenu une des capitales de la

Nubie chrétienne – où l'écriture du langage « vieux nubien » était apparue.

Dans cette Nubie subsistaient de nombreuses agglomérations fortifiées contre tous les dangers menaçant encore les habitants. À l'étude des sites d'Ikhmindi, de Mehêndi et de Sabagoura, par exemple[8], on constata la permanence de ce type datant du Moyen Empire et retrouvé non loin de Ouadi es-Séboua. Il est intéressant de constater, à Sabagoura, l'existence d'une église *intra muros* et d'une autre *extra muros*.

La Nubie musulmane

Après 640 et l'arrivée des Arabes en Égypte, le pays de *Ouaouat* fut, une fois de plus, pénétré par l'étranger et endoctriné. Mais une tragédie se produisit en 1171 lorsque le frère de Saladin, Shams ed-Din, se rendit en *Ouaouat*, chassa les Nubiens de leurs monastères en massacrant un grand nombre, et détruisit une partie de la cathédrale qu'il transforma en mosquée. Il s'empara du nord du pays et leva un impôt. Certains des Nubiens qui désiraient demeurer chrétiens s'enfuirent vers le sud et rejoignirent l'Église d'Abyssinie.

La plupart de ceux qui demeurèrent en Nubie furent convertis à l'islam.

Au XVIe siècle, le sultan Selim, à son tour, décida d'installer à Kasr Ibrîm une garnison de Bosniaques qui furent plus ou moins abandonnés par les autorités et qui subsistèrent sur place, se perpétuant de génération en génération jusqu'au début du XIXe siècle dans cette Nubie quasiment abandonnée !

La Nubie égyptienne

À l'arrivée de Bonaparte en Égypte, les Mamelouks installèrent des places fortes en Nubie et chassèrent les Bosniaques d'Ibrîm, mais ils furent rapidement chassés à leur tour par Ibrahim Pacha. La Nubie vécut alors sous l'autorité d'un prince local résidant à Derr, sur la rive droite du fleuve, non loin de l'ancienne capitale Aniba (Miam).

Une dernière fois, le malheureux pays de *Ouaouat* vit passer des troupes armées : c'étaient les contingents anglo-égyptiens qui allaient combattre le Mahdi au Soudan. Puis, en janvier 1899, cette région pacifiée, puis protégée par les grands dynastes des XVIIIe et XIXe dynasties, fut englobée définitivement dans le pays d'Égypte, jusqu'à la frontière d'Adindan, au sud d'Abou Simbel, et placée sous la juridiction du gouverneur d'Assouan.

Elle est maintenant engloutie sous les eaux du lac Nasser. Mais certains de ses fils comptent parmi les plus brillants Égyptiens, et ses temples sauvés peuvent encore livrer de nos jours un des plus étonnants messages qui soient.

Un pays disparu?

Pendant cinq millénaires et jusqu'à l'aube de notre XXe siècle, les riverains de la Nubie, entre la Première et la Deuxième Cataracte, virent ainsi passer sur le fleuve dispensateur de toute vie les trésors d'Afrique, les premiers explorateurs, les envahisseurs, les conquérants, les armées protectrices, les administrateurs et les exploitants, mais ils ne subirent jamais une vraie colonisation.

La lente évolution des habitants suivit, dans ses lignes générales, les heurs et les malheurs de leur voisine l'Égypte, en aval de la Première Cataracte.

Après une protohistoire très révélatrice, la période contemporaine de l'Ancien Empire égyptien, dans le futur pays de *Ouaouat*, présentait l'image d'une région relativement accueillante, mais assez rebelle à toute convoitise ou occupation de son territoire morcelé en différentes tribus autonomes, parfois opposées, puis progressivement alliées. Cependant elle prit vite conscience que le vrai danger venait du Sud.

Lorsque l'Égypte aborda les temps du Moyen Empire, après une période de faiblesse, de désordre et de luttes intestines, ses remarquables souverains prirent magistralement en charge la sécurité du pays de *Ouaouat*, qu'ils considéraient comme une lointaine frontière méridionale.

Un affaiblissement du grand voisin du Nord survenait-il qu'à nouveau le pays de *Ouaouat* subissait rapidement la férule du pays de *Koush*, prêt à faire alliance par exemple avec les Hyksôs occupant en partie l'Égypte.

Lorsque les princes thébains chassèrent les envahisseurs, ce fut une libération pour la Nubie, plus que jamais liée au destin du pays de ceux qui l'organisèrent, l'administrèrent et la firent « fructifier » sous l'autorité de Vice-Rois. On peut affirmer que, dans ses grandes lignes, la Nubie fut alors égyptianisée et que les relations entre les deux pays devinrent harmonieusement assurées.

Ce processus se poursuivit jusqu'à ce qu'une présence relâchée de l'Égypte en Nubie, à la fin de la période ramesside, entraînât l'affaiblissement de *Ouaouat*, incapable de repousser l'infiltration koushite qui se poursuivit jusqu'à la prise du pouvoir pharaonique par ses princes.

Après la XXVe dynastie, la Nubie s'assoupit progressivement, plaçant toutefois son espoir dans les armées de Psammétique, qui empruntait son fleuve dans sa poursuite de l'éternel agresseur du Sud.

Les Grecs puis les Romains se succédèrent en Égypte, conscients à leur tour des richesses – même réduites – du pays de l'or et de ses ressources humaines, cependant que les César surent organiser, avec succès, la protection de la Nubie.

Lorsque le christianisme gagna les berges de l'antique *Ouaouat*, ses prêtres se penchèrent sur les monuments dont les pharaons avaient ponctué ces rivages si profondément marqués par l'Égypte. Ils ne construisirent aucun sanctuaire de forme étrangère, mais se contentèrent de couvrir les murs des lieux divins d'images bibliques et de croix.

Tout au long de cette histoire, aucun vestige tangible ne nous est parvenu de la piété propre aux Nubiens, alors que les maisons des pharaons gagnaient progressivement les rives du Nil. Pour qui et dans quel but tant de pieuses fondations furent-elles consacrées alors que, pas davantage en Nubie qu'en Égypte, elles n'étaient destinées aux communs des mortels puisque l'exercice du culte était strictement réservé à Pharaon et aux prêtres savants ?

Noyée progressivement par l'inéluctable montée des eaux, une fois de plus, de nos jours, la Nubie a servi l'Égypte jusqu'à risquer de disparaître définitivement. Démunis d'écriture, les Nubiens n'ont laissé que les maigres vestiges de villages et de nécropoles, étudiés maintenant avec une particulière minutie pour que leur soit restitué un peu de leur histoire. Jusqu'à l'extrême limite des eaux, les rives du grand lac Nasser connaissent à nouveau, dans le désert, un timide repeuplement, néanmoins assez affirmé au sud d'Abou Simbel.

Seuls témoins de l'antique présence égyptienne, demeurent quelques sanctuaires sauvés des destructions millénaires et de la noyade définitive à laquelle ils viennent miraculeusement d'échapper : ils doivent en retour nous livrer, maintenant, l'écho de leur secret, nous aider à soulever, respectueusement, le voile de leur mystère.

LES TEMPLES
ET LEUR MESSAGE

VII

Temples de la frontière méridionale [1], temples des fortifications

Nous ne saurons sans doute jamais quel roi d'Égypte fit consacrer le premier temple dans une localité du pays de *Ouaouat.* Il semble logique d'admettre que le fait n'a pas pu se produire avant que les souverains du Moyen Empire aient fondé les citadelles capables de défendre le pays des incursions de *Koush* et de quelques bédouins des déserts avoisinants.

En fait, les vestiges de la citadelle de Bouhen, à la Deuxième Cataracte et dans ses environs immédiats, qui remontent au Moyen Empire, ont permis de retrouver les traces de petites Fondations propres à la célébration d'un culte en relation avec la protection de la citadelle remontant à Sésostris Ier. Les remaniements apportés, dès le début du Nouvel Empire, aux constructions détruites du temps des Hyksôs, sont encore en partie conservés et permettent une étude générale de trois temples réédifiés à la XVIIIe dynastie.

Le temple nord de Bouhen [2]

Au début du Nouvel Empire, en métropole, très peu de temples ont été dédiés à la Grande Isis. En revanche, le premier sanctuaire rencontré en pays de *Ouaouat,* à l'aube de la XVIIIe dynastie – celui dont Ahmosis le Libérateur fut le fondateur –, est consacré à la Mère divine Isis, reconnue patronne de la Nubie. Ce choix pourrait peut-être en partie s'expliquer par l'identité de son « dédicant ». On sait, en effet, que le souverain rendait un véritable culte à son auguste mère, dont le soutien ne lui avait jamais manqué pendant ses rudes combats. Au reste, parmi les rares images conservées sur les ruines du temple, un montant de porte conserve encore l'image d'Ahmosis accompagné de sa mère la reine Ahhotep.

C'est là une attention, un hommage à une reine qu'aucun autre monarque, avant l'époque d'Aménophis III, ne reprit officiellement sur les murs des temples – hommage qui fut étendu aux principales Dames de la famille royale par Ramsès II, spécialement en Nubie.

Le plan de ce sanctuaire en grande partie reconstruit par Aménophis II, avec son avant-cour, sa cour, son vestibule et son saint-des-saints flanqué de deux chapelles latérales, correspond à une mise en ordre logique d'un bâtiment du culte dont on retrouve les éléments essentiels, plus tard, dans la Fondation d'Amada. Il fut très vraisemblablement édifié sur les ruines d'un sanctuaire de Sésostris Ier. Très détérioré, ce temple est orienté vers l'est.

Le temple sud de Bouhen[3]

Ce temple dédié à Horus, également édifié sur les arasements d'un bâtiment du Moyen Empire, présente, sur une éminence artificielle, un plan équilibré, parfaitement harmonieux – celui d'un petit édifice différent du temple nord et présentant un environnement de colonnes « protodoriques » permettant de lui reconnaître déjà le type de périptère : une grande cour rectangulaire bordée de colonnes introduit à un bâtiment fait d'un vestibule, donnant accès à trois chapelles en longueur, dont une centrale communiquant avec la pièce située sur son flanc sud, laquelle donne accès à un local occupant toute la largeur de l'édifice.

Sans doute Senenmout, grand architecte d'Hatchepsout, conçut-il les plans de ce sanctuaire fondé par la reine pour l'Horus de Bouhen, forme locale du grand soleil qui s'incarne,

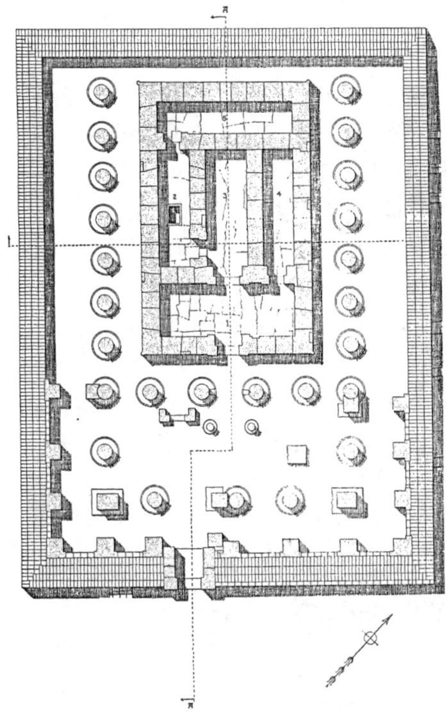

Plan de Bouhen (sud), réédifié du temps de la reine Hatchepsout, dans l'enceinte de la grande citadelle. Les reliefs muraux de Thoutmosis III y demeurent seuls visibles.

naturellement, dans la souveraine. On retrouve dans ce petit édifice la prédilection que les auteurs de Deir el-Bahari montraient pour les harmonieuses et légères colonnades.

Il semble que le décor mural ait été souvent repris et complété par les contemporains et les successeurs immédiats de la souveraine, Thoutmosis II et Thoutmosis III, mais les décors des murs extérieurs sud et nord du bâtiment révèlent un parallélisme entre les offrandes et le culte exercé par Thoutmosis II, son épouse et le successeur immédiat d'Hatchepsout (un peu comme le feront, en Amada, Thoutmosis III et Aménophis II).

Les divinités qui apparaissent sur les murs, aux côtés de l'Horus de Bouhen, et qui constituaient une sorte de cour, sont Amon-Rê, Anouket, Satet, Thot, Isis, Isis-Selkis, même Monthou, la triade Isis-Osiris-Horus, la déesse Miket, Neith, Séshat, le bélier de Mendès.

À côté des offrandes traditionnelles (vin, encens), l'apport vers le dieu d'un taureau, de deux vaches (dont une parée pour la fête), d'un veau, l'offrande de la « clepsydre » à la déesse Miket, celle des étoffes, sur trois registres d'animaux (pièce arrière du sanctuaire) et même l'offrande du temple (par Thoutmosis III suivi de son Ka) sortent du modèle commun.

Hatchepsout apparait d'abord dans les bras d'un dieu, puis introduite dans le temple par dieux et déesses – image qui fut remplacée par celle de Thoutmosis II. La souveraine est couronnée par Amon (vestibule).

Les événements rituels, après l'allusion au couronnement, sur le mur extérieur sud, sont d'abord la course de Thoutmosis II

Horus de Bouhen (Ouadi Halfa) accueille Thoutmosis III.

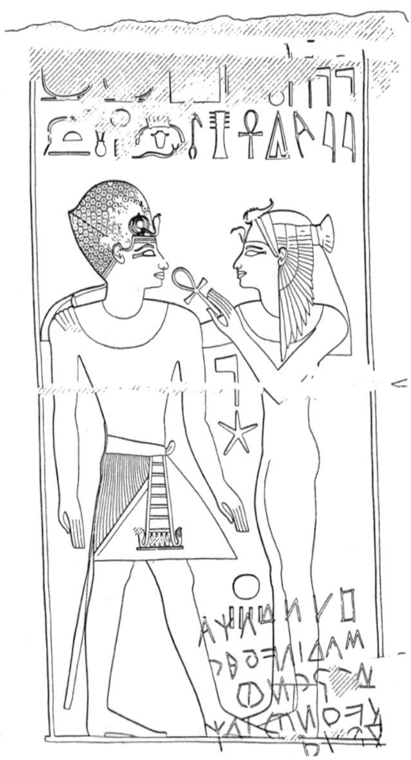

Isis-Scorpion, une des patronnes de la Nubie, introduit Thoutmosis III dans le sanctuaire, et lui présente le signe de la vie. (Sur les jambes d'Isis, une inscription de l'époque tardive.)

avec rame et *hep* devant Neïth, et celle d'Hachepsout (à laquelle l'image de Thoutmosis Ier a été substituée) tenant en main le vase *hes* qu'il présente à Satet.

Le détail essentiel n'a pas été omis – ou occulté – sur les murs de la salle centrale du sanctuaire : on peut voir l'image de Thoutmosis II (souverain alors qu'Hatchepsout était sa reine) devant le socle de la barque sacrée; l'image de cette dernière est malheureusement détériorée.

On pourrait, de ces décors, retenir que le temple porte principalement sur les membres de la famille des Thoutmosis dont les images surchargent le plus souvent celles d'Hatchepsout, qui avait profondément marqué l'architecture de son petit sanctuaire. On voit également que les scènes se rapportent au couronnement et à l'accueil du roi dans le monde divin, et que la barque, déjà objet de l'intérêt central, apparaît dans le sanctuaire.

*Scène fragmentaire montrant le couronnement de Thoutmosis III par Amon et l'évocation des fêtes-*Sed *promises au souverain pour la durée de l'éternité. (Temple de Bouhen-sud.)*

Il faut enfin remarquer l'orientation du temple dirigé grosso modo vers le sud, et constater la présence du défilé des génies de l'Inondation, porteurs de leur table d'offrandes.

Pour interroger les autres Fondations religieuses – de nos jours bien meurtries – remontant encore au début des Thoutmosides, il faut se pencher sur les ruines des sanctuaires de Semna-ouest et Semna-est (ou Koumma), érigés par les souverains en amont de la Deuxième Cataracte, à l'aboutissement du chapelet de fortifications qui, sur une dizaine de kilomètres, les protégeaient des incursions belliqueuses et garantissaient le bon fonctionnement des échanges commerciaux avec les pays du Sud.

On peut penser qu'il paraissait ainsi très naturel aux rois du début de la XVIIIe dynastie, en réédifiant les chapelles attachées aux forts du Moyen Empire, de les consacrer aux grands défenseurs des marches méridionales : Sésostris Ier et Sésostris III, et aux formes divines les plus appropriées, telles que Dédoun et Khnoum.

Temple de Semna-ouest[4]

Ainsi, le temple de Semna-ouest était-il dédié à Sésostris III et à Dédoun[5], la sublime incarnation des parfums de la Lointaine « Terre du Dieu ».

Le personnage royal le plus fréquemment représenté aux côtés des images de Sésostris III divinisé est naturellement le « dédicant » Thoutmosis III. On le voit en dialogue avec Dédoun qui lui tend le signe de vie, le prend dans ses bras, le couronne. Ailleurs, Thoutmosis III est également embrassé par Amon ou Sésostris, tel Osiris, véhiculé dans sa barque de réapparition, ou bien au côté des autres formes divines. Il présente également le lait (de la jouvence) à Dédoun et à Khnoum. Le relief fait une allusion très nette au couronnement vers lequel Thoutmosis est conduit par Monthou et Isis, pour recevoir l'invitation de Dédoun lui-même, suivi de Ouadjet.

À l'étude des reliefs, certains remaniements visibles permettent cependant d'être assuré qu'auparavant Thoutmosis Ier avait œuvré pour la même Fondation, suivi de sa fille Hatchepsout, dont l'effigie, recevant la vie de Satet, n'a pu être entièrement oblitérée par celle de Thoutmosis III, resculptée sur le même tableau.

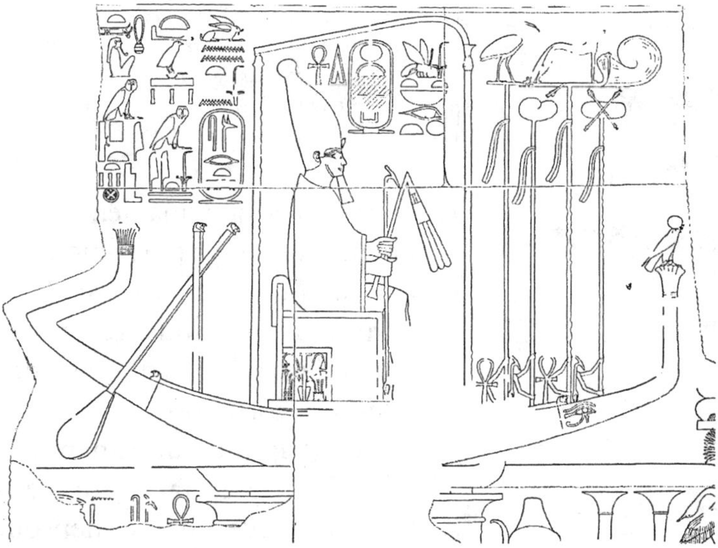

Sésostris III, divinisé en Nubie, tel Osiris, apparaissant sur la barque de renaissance solaire. (Temple de Semna-ouest.)

Ce sanctuaire, si loin de la métropole qu'il ait été, n'a pas échappé aux conséquences de certaines luttes internes qui se sont exprimées par la suppression de l'image et le remplacement du nom d'un roi par celui d'un autre souverain. Le cas est ici constaté pour Hatchepsout. Peut-être n'est-il pas nécessaire d'accuser uniquement Thoutmosis III d'avoir voulu supprimer la mémoire de sa remarquable tante.

Il est aussi à noter l'orientation vers le sud donnée à ce sanctuaire.

Le temple de Semna-est, appelé aussi Koumma[6]

Après l'étude, même sommaire, du temple précédent, on peut être assuré que celui de Koumma, qui complétait sur l'autre rive la défense magique du site, fut certainement édifié en l'honneur de Khnoum, Seigneur des Cataractes, sur la fondation précédente voulue par Thoutmosis Ier et sa fille Hatchepsout – à l'exception sans doute des dernières salles du sanctuaire qui ont

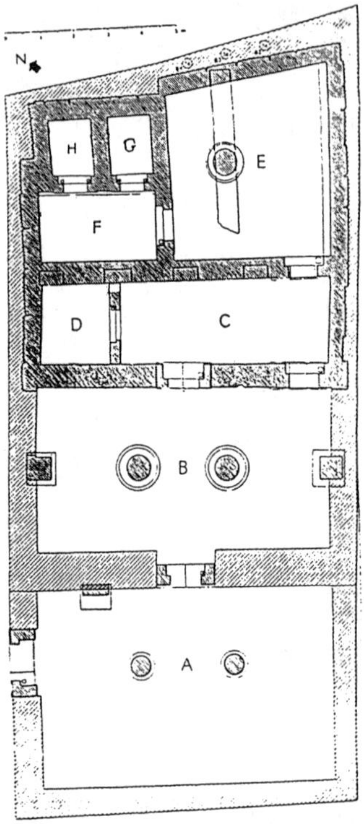

Plan du temple de Koumma (Semma-est) fondé par Thoutmosis Ier et agrandi par Aménophis II.

fait l'objet de remaniements postérieurs, au temps d'Aménophis II.

Alors que Thoutmosis II et III, qui animent tous les murs des premières salles, n'ont été l'objet ni de transformations ni de martelages (pas plus qu'Aménophis II, dernier dédicataire du temple), la présence d'Hatchepsout se laisse seulement deviner sous les silhouettes de Thoutmosis II… et même d'Aménophis II.

Ainsi, dans la salle B, sous l'image de Thoutmosis III transparaît encore celle d'Hatchepsout, entre Khnoum et Thot qui écrit les noms royaux, eux-mêmes surchargés.

Dans l'entrée, vers la chambre C, le nom martelé d'Hatchepsout demeure visible. Dans l'antichambre D, la silhouette de la souveraine offrant du vin à Khnoum apparaît encore, quoique martelée, sous l'image de Thoutmosis II.

Dans la pièce E, Hatchepsout figurait devant Rê-Horakhty, Khnoum et une déesse : son image a été incomplètement recouverte par celle d'Aménophis II.

On a longtemps, répétons-le, accusé Thoutmosis III d'avoir éprouvé une haine tenace à l'égard de sa tante. Ce ne pouvait cependant être le cas, à l'évidence, d'Aménophis II. Faudrait-il alors se souvenir de l'action menée par Ramsès II envers celle qui, bien avant Aménophis IV, avait osé affirmer l'identité d'Osiris et de Rê[7] ? Ramsès n'aurait donc pas seulement voulu donner des gages aux prêtres d'Amon en s'acharnant sur les ruines de la capitale amarnienne, mais il aurait très certainement contribué aux destructions de Deir el-Bahari, temple jubilaire de la reine, et de bien d'autres de ses sanctuaires, en allant jusqu'à supprimer son nom des listes royales.

Il ne serait donc pas impossible de supposer sa complicité dans la suppression de ces images sur les temples de Nubie, objets de ses soins les plus attentifs... Cette parenthèse d'importance mise à part, quel message les Thoutmosis ont-ils confié à leurs sanctuaires nubiens ?

Dans toute la partie antérieure des ruines de Koumma, complétée par Thoutmosis II et III, une seule citation de Thoutmosis Ier a subsisté dans l'entrée conduisant à la chambre C. Thoutmosis II y remplace les effigies d'Hatchepsout, mais c'est Thoutmosis III qui y règne en maître.

Il est l'interlocuteur privilégié de Khnoum, parfois jumelé avec Dédoun, auquel il offre l'encens. On le voit figurant entre Khnoum et Sésostris III déifié. Il offre parallèlement, au même

Sésostris III divinisé et Khnoum confirment la royauté de Thoutmosis III, qu'ils entourent. (Temple de Koumma.)

Course rituelle de Thoutmosis III devant Hathor, qui lui présente son collier magique.

Sésostris III et à Khnoum, le vin de l'ivresse. Devant Hathor, il exécute la course symbolique, oiseau et grande canne en main.

Puis c'est le tour d'Aménophis II. Il est déjà apparu une fois dans la salle B, mais à partir de la pièce E jusqu'à la dernière salle le domaine est à sa gloire et honore abondamment Khnoum devenu Khnoum-Rê, auquel il offre le lait, mais aussi Dédoun et Rê-Horakhty, plusieurs déesses – dont Hathor vers laquelle il a dirigé sa course – et Anouket, sans oublier le grand ancêtre Sésostris III qu'il honore même plus fréquemment que ne le font ses prédécesseurs.

Hapy apparaît et le soleil a été accueilli discrètement en la personne de Rê-Horakhty et de Khnoum-Rê.

Que déduire de la leçon de ces décors? Hatchepsout en a été la victime mais subsiste néanmoins dans son temple. Khnoum impose avec force sa bienfaisante puissance pour arrêter les invasions du Sud. À ce sujet, il a reçu un titre très particulier : *« Celui qui s'oppose aux gens du Sud et qui frappe les bubales »*.

Il figure aux côtés de l'ancêtre protecteur des lieux. Sésostris III et aussi Dédoun affirment leur présence en rappelant le passage des précieuses denrées du Sud ; Isis et Hathor ne sont pas oubliées et gagneront rapidement du terrain, mais la présence des autres formes divines n'est pas très affirmée, preuve qu'en ces lieux elle n'est pas reconnue comme indispensable. Khnoum, Sésostris III et Dédoun sont les maîtres de la place, le réseau prophylactique est établi : aux citadelles d'assurer la protection matérielle. C'est sans doute pourquoi Aménophis II, l'homme pratique et fort, plus soucieux, en ce site, de la sécurité du pays que de toute autre considération, a particulièrement tenu à marquer sa présence dans les sanctuaires de la frontière.

La vallée du Nil nubien

Quittant la zone des forteresses-frontières, il faut maintenant pénétrer dans la vallée du Nil nubien.

Les temples vers lesquels on va se diriger, à commencer par la grotte d'el-Lessiya[8], sont tous de style strictement égyptien (aucun sanctuaire indigène, on l'a dit, n'ayant été jamais repéré). Peut-on se demander cependant si une influence locale avait pu jouer dans leur concept ou dans leur décoration ? Ou allait-on toujours et uniquement retrouver les éternelles figures divines, telles qu'elles devaient certainement figurer couramment dans les sanctuaires métropolitains du Moyen Empire et du début du Nouvel Empire ?

Pourtant, en raison de l'implantation de ces maisons à « machine divine », leur localisation en Nubie n'avait pas dû laisser indifférents les pharaons. Sans doute ne pouvaient-ils pas ignorer Dédoun, orné de la barbe recourbée des gens de Pount[9], connu depuis l'âge des pyramides, sans oublier l'image de Sésostris III divinisé, le Grand Protecteur, Constructeur des Citadelles contre l'envahisseur du pays de *Koush*, véritable rempart de l'Égypte et de la Nubie. On peut y ajouter la présence d'Hathor, déjà reconnue comme implantée à Ibshek (Abou Simbel). Mais encore fallait-il choisir l'entité qui puisse le mieux évoquer en Nubie la force tangible et rayonnante du soleil dont le Souverain, l'ancien Conquérant, était le représentant sur terre. Ce ne sera pas encore Horakhty, le Seigneur de l'Horizon, sous son aspect matinal, auréolé de tout le symbolisme du mythe, mais des projections locales du Grand Horus. On le retrouve patron des temples des citadelles essentielles de Ouaouat à la XVIIIe dynastie, à Baki (Kouban) à Miam (Aniba, la capitale) et à Bouhen. Sous le règne de Thoutmosis III, les trois manifestations d'Horus ont droit de cité. À la transition entre les XVIIIe et XIXe dynasties, Horemheb introduira un quatrième Horus, celui de Meha, visible aussi dans le petit temple d'Abou Simbel, derrière lequel se profile l'ombre de Seth, devenu Protecteur du Soleil, si proche de Ramsès[10].

De Sounou (Assouan) à Kouban (Dakké), les vestiges des fondations religieuses remontant au Moyen Empire ne subsistent plus, si tant est qu'il en ait existé de quelque importance[11]. Le premier temple repéré remonte au règne de Thoutmosis III. Édifié sur la rive gauche du fleuve, il avait été dédié à l'Horus de Kouban, et défendait ainsi l'arrivée de l'or extrait des mines du Ouadi Allaki auquel il faisait face. Après son effondrement au temps où Ergamène se réfugia dans la région, il fut remplacé par un nouveau sanctuaire édifié par ce dernier en collaboration avec Ptolémée II[12] à la gloire de Thot et de son action essentielle sur La Lointaine[13].

Les vestiges du monument thoutmoside retrouvé dans les soubassements de ce dernier temple ont permis de remettre au jour de magnifiques reliefs portant encore – en dépit d'une submersion trois fois millénaire – une grande partie de leur polychromie! Les décors de ce temple étaient comparables à ceux du sanctuaire thoutmoside d'Éléphantine, autant en raison de leur taille que pour leur splendeur[14]. Ils permettent de constater qu'Hatchepsout y apparaissait parallèlement à Thoutmosis III.

VIII
El-Lessiya
Le spéos de Thoutmosis III

Le premier spéos nubien

En remontant le Nil pour s'arrêter un peu en aval du prestigieux rocher de Kasr Ibrîm, sur la rive droite, on rencontrait quelques centaines de mètres de terrain arable, accessibles lorsque les vannes du premier barrage étaient ouvertes pour que l'Inondation, dès juillet, retrouve l'Égypte. On pouvait contempler la falaise d'el-Lessiya où fut creusée, dans le grès et par ordre de Thoutmosis III, la première chapelle rupestre de Nubie : elle mérite une étude minutieuse.

Ce petit spéos était alors situé à 11,5 kilomètres de la capitale de Miam; au nord, 220 kilomètres le séparaient de la Première Cataracte. Loin de présenter l'aspect extérieur et le volume imposant des grottes artificielles et sacrées fondées par Ramsès, le spéos possédait – et possède encore – des proportions réduites. Une simple entrée rectangulaire ménagée[1] dans le

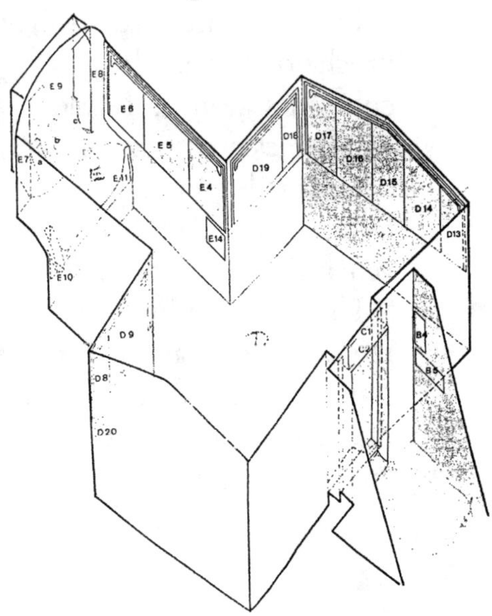

Restitution axonométrique, suivant l'axe est-ouest, du spéos de Thoutmosis III, dans le site d'el-Lessiya.

flanc oblique de la montagne forme ainsi une petite cour, zone d'accueil[2]. La chapelle est essentiellement composée d'une salle large (5,45 x 3,30 mètres) dans le petit axe de laquelle est creusée, face à la porte d'entrée, une niche ornée de trois statues (2,92 x 2,15 mètres). Elle est située à 110 mètres environ au-dessus du niveau de la mer[3].

Noyé régulièrement chaque année depuis l'édification du premier barrage d'Assouan, le petit sanctuaire, au moment où pour le sauver on le sortit de son berceau rocheux, avait perdu toute la polychromie qui recouvrait ses reliefs. Ces derniers étaient également très dégradés par les eaux qui les engloutissaient huit mois par an. Il ne subsistait plus que quelques maigres traces de couleur rouge. De surcroît, ces reliefs présentaient une surface systématiquement usée, très probablement au cours de la transformation du sanctuaire en chapelle chrétienne, après l'occupation romaine : le même sort avait été réservé aux trois statues engagées dans la niche de culte, à l'époque où on les considérait comme témoignages d'un paganisme à faire disparaître.

De chaque côté de l'entrée dominée par un linteau[4], deux stèles[5] avaient été taillées dans le rocher. Au nom de Thoutmosis III, elles célébraient, en l'an 52 de son règne, la gloire du fondateur du spéos. Plus tard, du temps où Ramsès II fit réparer les martelages exécutés sur les images d'Amon, une troisième stèle y fut gravée par ordre du restaurateur.

Le spéos, situé dans l'aire la plus habitée de la Nubie et très proche de la capitale, Miam (Aniba), fut certainement l'objet de cultes dès avant la fin de la XVIIIe dynastie, comme en témoignaient les graffiti accumulés sur les parois de la façade rocheuse, émanant de fonctionnaires civils et sacerdotaux. La grotte était fermée par une porte dont le vantail, qui s'ouvrait vers l'intérieur, venait s'ajuster dans un logement d'environ un mètre de large[6].

La trace la plus officielle des inscriptions, postérieures au règne du fondateur, fut laissée par le très actif Vice-Roi de Nubie, Setaou, envoyé par Ramsès II afin de restaurer les martelages subis par les effigies d'Amon pendant l'aventure amarnienne. Le Vice-Roi, en effet, ne manqua pas de faire graver à l'intérieur de la chapelle deux pancartes le montrant en prière devant Amon et l'Horus de Miam.

La salle rupestre

On pénètre dans l'unique salle de la chapelle mesurant 5,40 mètres de large pour le plus grand axe, sur une profondeur d'environ 3,20 mètres[7].

Une des originalités de la salle est qu'elle évoque un peu la forme d'une grande tente rectangulaire dont le plafond aurait été taillé à deux pans, constituant ainsi une sorte de nef : on distingue ces deux pans au sommet des extrémités latérales (sud et nord) formant les deux côtés d'un angle très obtus. Pour entrer dans cette salle, il fallait descendre deux marches (très désagrégées par les eaux).

La décoration des parois se situe dans un seul registre dominé par le signe du ciel. Les murs latéraux, sud et nord, bénéficient à leur sommet d'un espace approximativement triangulaire, occupé par l'image du disque d'Horus d'Edfou aux ailes harmonieusement courbées.

D'après les décors, on peut supposer que, dans l'esprit des prêtres conseillers de Thoutmosis III, cette salle devait remplacer, pour leurs rôles essentiels, à la fois l'hypostyle et la « salle des Offrandes » d'un temple construit en pierre.

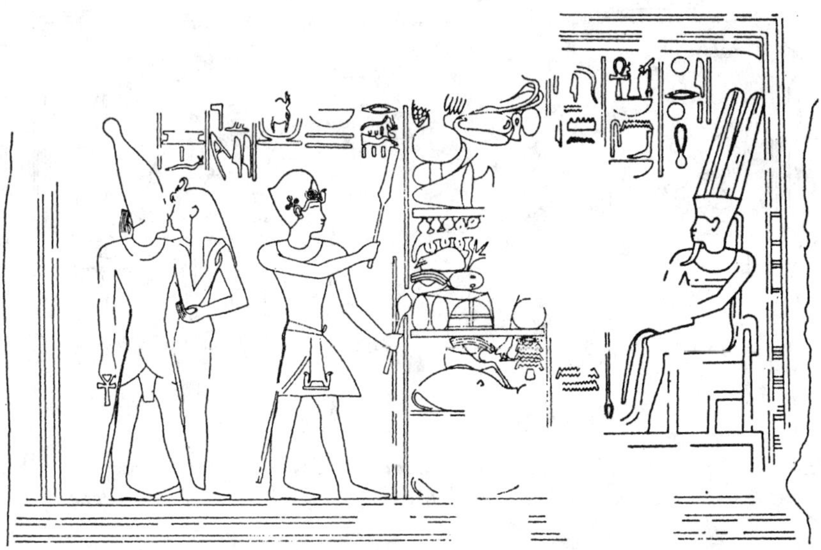

Pour consacrer la Grande Offrande devant Amon, Thoutmosis III porte la coiffure du règne, le khépéresh.

Thoutmosis III, en majesté, portant différentes coiffures rituelles pour l'accomplissement des actes qu'il célèbre envers diverses formes divines[8], apparaît une seule fois avec le *khépéresh*, coiffure de la fonction royale sur terre. Ailleurs, il porte, avec une parfaite logique, la couronne blanche du Sud lorsqu'il consacre devant Amon la Grande Offrande, lorsqu'il se présente devant Dédoun, Seigneur de la Nubie (Ta-Sety) et devant Sésostris III divinisé. On le trouve encore devant Satet, embrassé par Isis-Scorpion ou entouré de deux déesses sur un trône, et lorsqu'il accomplit la « course des vases » devant Amon.

Moins fréquemment, la couronne rouge coiffe le roi lorsque Monthou, Seigneur d'Hermonthis, le prend dans ses bras ou quand, à tour de rôle, Isis ou Horus de Bouhen présentent le signe de la vie.

On peut suivre le roi pénétrant dans la grotte en longeant, à gauche de la porte, le mur nord, où trois tableaux le figurent successivement guidé par Horus de Miam, accueilli par Horus de Baki et entouré de Satet et d'Anouket qui veillent sur les Cataractes. Les quatre tableaux suivants nous le montrent occupé à présenter l'offrande du lait à Khnoum d'Éléphantine, lequel lui souhaite d'innombrables jubilés (fêtes-*Sed*) « sur le trône d'Horus ».

Lorsque Thoutmosis pénètre dans sa grotte nubienne, il est vite entouré par les deux compagnes de Khnoum, Satet et Anouket, de la Première Cataracte (à droite).

Le mur nord du spéos est marqué par les images des formes divines du sud de l'Égypte. Aussi, reconnaît-on Khnoum de la Cataracte, Amon de Karnak, Min de Coptos et Monthou d'Hermonthis.

On le voit accomplissant la course aux vases, prenant ainsi possession de son domaine, puis il apparaît devant Amon qui le « *reçoit en paix* ». Alors, il offre les vases de vin à Min de Coptos pour recevoir « *toute vie renouvelée* », et est embrassé par le Seigneur d'Hermonthis, Monthou.

Suivons maintenant le même trajet du côté sud de la salle. À droite de l'entrée, le roi accomplit la fumigation d'encens pour l'Horus de Nékhen, avant d'être pris dans les bras de Dédoun, Seigneur de la Nubie, et de rendre hommage à l'image divinisée

Dans la partie sud de la grotte, on retrouve les images des formes divines, tels Dédoun qui accueille Thoutmosis, au centre, et Sésostris divinisé, à gauche.

Paroi sud

Voici Thoutmosis, accueilli par Hathor d'Ibshek, qui se dirige pour la confirmation de son couronnement par les deux déesses tutélaires, au centre. Puis il va présenter les vases de vin à l'Horus de Miam (Aniba).

de Sésostris III. Thoutmosis longe ensuite le mur latéral sud pour rencontrer Hathor d'Ibshek, à laquelle il est venu offrir le vin de l'ivresse[9]. La forme divine lui présente le sistre-*naos*[10] auquel est accroché un petit signe *ânkh,* afin de promettre au souverain une apparition dans la «joie» («*dilatation de cœur*»). Puis, amené par les signes solaires *ânkh-ouas* présentés par Horus de Bouhen, le roi va prendre place sur le trône de ses ancêtres où les Mères Tutélaires[11] lui confirment la royauté. Ensuite, Horus de Miam recevra une nouvelle offrande de vin du monarque, à qui la vie sera confirmée par Isis, avant que, sur le mur sud-est, il soit embrassé par Satet et se présente devant Horus, Seigneur de Miam, pour lui consacrer à son tour la Grande Offrande.

L'enchaînement de ce rituel est suivi, dans la petite chapelle E, par les cérémonies finales, figurées sur les deux murs latéraux. Au nord, on voit Pharaon présenter de nouveau le vin à l'Horus de Miam, puis l'encensement est fait pour Amon. Le culte se termine devant Satet, à laquelle l'offrande du lait est réservée.

Sur le mur sud, Thoutmosis vénère à quatre reprises Horus-Taureau-Seigneur de la Nubie – qui réside à Thèbes. Une fois de plus, l'offrande du lait est présentée par le roi à l'Horus de Miam, assis sur un trône. Enfin, le souverain avance vers Thot, également assis sur le trône archaïque – Thot[12], Maître des

Accueilli par Satet, voici Thoutmosis III consacrant la Grande Offrande à l'Horus de Miam, forme solaire locale résidant dans la capitale de la Nubie.

Moitié sud

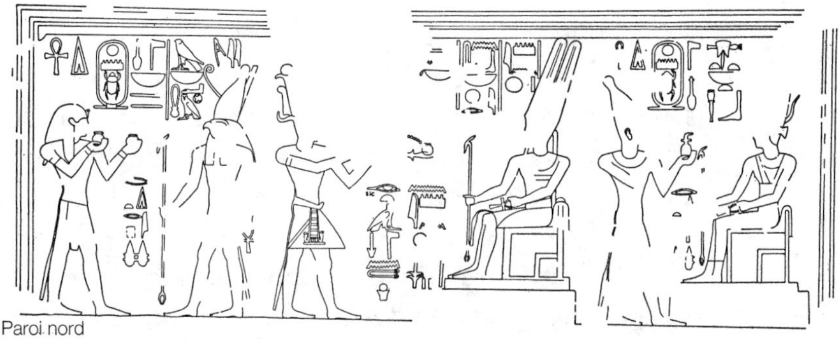

Paroi nord

Dans le sanctuaire (côté nord), le roi renouvelle son offrande du vin pour l'Horus de Miam, et réserve l'apport du lait pour Satet, Maîtresse d'Éléphantine.

Paroles divines – auquel il offre le pain pyramidal en échange de quoi l'aspect divin lui assure le bénéfice des années innombrables d'Horus.

Paroi sud

Dans le sanctuaire (côté sud), Thoutmosis est accueilli par Horus-Taureau-Seigneur-de-la-Nubie. Il présente les deux bouteilles de lait à l'Horus local et a réservé le pain pyramidal pour le Seigneur des Paroles divines, Maître de l'Inondation : Thot.

La niche aux statues

Ce sanctuaire, jouant le rôle de la véritable chapelle, se termine par une niche à statues dont l'encadrement est orné, sur chacun des côtés, par l'image du génie de l'Inondation Hâpy.

Au nord de la niche, l'image du génie de l'Inondation, coiffé des papyrus, faisait pendant au génie de l'Inondation portant sur sa tête la touffe des « lis » du Sud.

Au nord, on voit sur la tête du personnage le papyrus[13] et, au sud, la plante (disparue maintenant) était le lis. On peut très nettement constater que les deux génies *entrent* dans la chapelle, tenant devant eux un plateau supportant deux vases *hes* (contenant de l'eau fraîche) – rappel de la crue[14] qui se manifeste en juillet et qui devait lécher le sol du sanctuaire. Émissaires de la vie, les génies présentent chacun une table d'offrandes à laquelle sont suspendus deux signes de vie, et ils tiennent en main le long sceptre *ouas* (deux signes solaires). Au fond de la niche, trois statues avaient été sculptées dans la paroi rocheuse. À main droite, on distingue encore l'image d'Horus de Miam, incarnation du divin pour la région, et, au nord, la statue d'Amon de Karnak, aux hautes plumes. Ces deux images assises encadrent celle de Thoutmosis, coiffé de la couronne blanche.

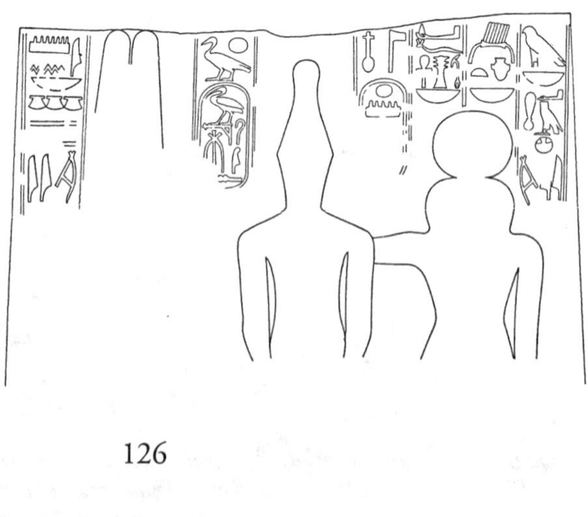

Dans la niche du fond du sanctuaire, la statue du roi, réservée dans la roche, était entourée de celle d'Amon, Seigneur des Trônes des Deux Terres, et de celle d'Horus, Seigneur de Miam.

Quel est le message de cette fondation pieuse et à quoi correspond cette notion de sanctuaire-grotte, la première détectée en Nubie ?

La leçon du spéos

Dans cet espace, ne se trouvent ni support de la barque sacrée qui véhiculait l'image divine, ni reposoir destiné à recevoir la statue de culte *transportable,* éléments connus dans les temples de la métropole. En revanche, la statue royale et les deux images divines qui l'encadrent peuvent être aisément rapprochées des éléments retrouvés au fond des chapelles de tombes. On pourrait, à l'évidence, comparer cette grotte à une sorte de cénotaphe.

Le spéos nubien d'el-Lessiya est décoré, sur ses flancs intérieurs, d'effigies divines organisées suivant un parallélisme et une parfaite disposition géographique (se rapportant au lieu originaire de ces êtres divins). Le monde dans lequel le roi circule est jalonné et balisé par la nature même des formes divines qui l'entourent. Ainsi, toute la partie nord de la grotte est largement occupée par les entités en rapport avec le nord de la Nubie et de la Haute-Égypte : les Horus de Baki, Bastet et Anouket, Khnoum d'Éléphantine, Amon de Karnak, Min de Coptos, Monthou d'Hermonthis, Isis. En revanche, le décor de la partie sud révèle l'environnement méridional souhaité par le souverain : Horus d'Hiérakonpolis, Dédoun, Sésostris III divinisé en Nubie, Hathor d'Ibshek (Abou Simbel), Horus de Bouhen, Nekhabit et Ouadjet – Thoutmosis, entouré des deux déesses, pousse la précision jusqu'à regarder la Mère Tutélaire du Sud, Nekhabit ! –, Horus de Miam (quatre fois), Horus-Taureau-Seigneur-de-la-Nubie et, enfin, Thot.

Les scènes figurées sur les murs sont généralement communes à celles des temples d'Égypte. Le roi rend hommage aux formes divines pour recevoir en retour tous les avantages de ce procédé résumé par la célèbre formule : « *do ut des* ». Dans ce très sobre échange de paroles, on relève la promesse d'une longue existence sur le trône d'Horus, la confirmation de la royauté et de ses prérogatives, la course pour l'eau fraîche. Le monarque est pris dans les bras de la famille divine; certains de ses membres l'embrassent visiblement.

Placé dans le site même de Miam tout proche, Thoutmosis est ainsi flanqué, au nord et au sud, d'un réseau divin approprié.

Venons-en au choix d'une grotte creusée dans la falaise : était-ce parce que le terrain arable, si mesuré, pouvait être ainsi épargné? Ou faut-il en déduire que le symbole de la grotte, matrice universelle, jouait déjà, et assurait au roi la force décuplée puisée dans les profondeurs rocheuses[15]?

Quoi qu'il en soit, Thoutmosis avait certainement pour but de se concilier également les forces locales égyptianisées, dont il lui était nécessaire de s'assurer la collaboration ou, tout au moins, la neutralité. Le sanctuaire était son instrument occulte pour consolider l'implantation de son pouvoir sur le pays.

Le nom des pèlerins gravés sur la façade du spéos indique la limite de pénétration des dévots devant le sanctuaire. La plupart étaient des fonctionnaires égyptiens en poste dans Miam, la capitale nubienne de l'époque, et sans doute aussi des Nubiens de l'élite, dont certains avaient été élevés au Palais, tel Heka Nefer, maire de Miam, «*Enfant du Kep*» du temps d'Aménophis III. Là s'arrêtait le domaine qui leur était autorisé dans l'aire sacrée. Seuls les officiants affectés au rituel pouvaient pénétrer, escortant le Vice-Roi, au moment des cérémonies de fêtes. C'est ainsi que, sous le tableau nord-ouest où Thoutmosis est embrassé par Isis-Scorpion[16], le prêtre Ouâb Houy, fils du chef artisan Roka, lui-même fils du scribe du temple Iahmès, a gravé sur trois colonnes sa signature personnelle.

Le spéos après les Thoutmosides

Les ordres de destruction des images d'Amon, émanant d'Akhénaton, quelques années après le début de la réforme, furent scrupuleusement exécutés sur les temples de Nubie[17]. La grotte d'el-Lessiya ne fut pas épargnée et les images du dieu

En haut : *Les rochers de granit rose d'Assouan, modelés par l'érosion, présentent parfois l'allure de pachydermes, dont l'ivoire transitait précisément dans le secteur.*

Au milieu : *Les maisons nubiennes, aux décors extérieurs différents, suivant les régions, étaient étagées sur les bords du Nil.*

En bas : *Terrasse d'une maison nubienne, naturellement au bord du fleuve. Village de Mariya (Moyenne Nubie).*

Sésostris III, divinisé en Nubie parce que grand bâtisseur de forteresses et protecteur contre les invasions du Sud. (Granit rose, provenance : temple de Karnak, musée de Louxor.)

Modèles d'archers nubiens trouvés dans la tombe d'un noble d'Assiout. (Bois stuqué et peint, musée d'Assouan.)

Djéhouty-hétep, noble nubien qui fit décorer sa tombe (au sud de la Deuxième Cataracte), en pastichant le décor des chapelles funéraires égyptiennes.

Partie du relevé en couleur, exécuté au XIXe *siècle, des reliefs peints de l'hémi-spéos de Beït el-Ouali. Ramsès II, jeune corégent, reçoit les tributs des pays de* Ouaouat *et de* Koush *: or, produits et bois précieux, instruments, meubles, animaux, prisonniers de guerre, etc. Sur deux registres, le prince aîné, le Vice-Roi de Nubie, le Vizir présentent les trésors à Pharaon.*

Graffiti préhistorique, surplombant un abri-sous-roche, à Ouadi es-Séboua. On distingue dans le troupeau un éléphant, une girafe, des autruches, des ibex, des ânes sauvages. (Rive occidentale du Nil.)

Fond d'un abri-sous-roche près de Korosko : exceptionnellement, les sujets, des bovidés, sont peints en noir, rouge et blanc. Intérieur de la rive orientale du Nil vers le débouché des caravanes. (Époque préhistorique.)

Vestiges de la citadel de Bouhen, de la Deuxi Cataracte. Rive occiden du Nil, fortification face au déser libyen.

Lorsque Setaou, Vice-Roi de Nubie sous Ramsès II, fit réparer le spéos, il y rétablit les images d'Amon, mais n'oublia pas de faire figurer sa propre silhouette, en bonne place et à deux reprises, occupé à vénérer l'Horus de Miam.

« Caché » (Imen = le Caché) furent martelées, ainsi que celles de son « doublet », Min de Coptos.

Lorsque Ramsès monta sur le trône, il ne manqua pas, suivant sa politique soigneusement élaborée[18], de porter tous ses soins à faire réparer les outrages de l'Hérétique. Il semble que la restauration des images du Seigneur de Karnak ait eu lieu, en Nubie, du temps du Vice-Roi Setaou, aux environs de l'an 40 du règne. Aussi ce dernier fit-il graver deux « pancartes » illustrées, de chaque côté de l'entrée de la petite chapelle du fond, le représentant au sud, à genoux, en prière, en direction de la statue d'Horus de Miam, et, au nord, dans la même attitude, en direction de la statue d'Amon.

Dix-sept siècles après cette intervention, au moment où le christianisme s'implanta en Nubie, la grotte d'el-Lessiya fut, une fois encore, occupée par de nouveaux iconoclastes. Les images divines furent affublées de croix de diverses formes[19]. Sur la partie sud du spéos furent gravées de simples croix latines. En revanche, contre les murs du nord, l'étoile de Salomon voisine avec des croix ornementées à leurs extrémités. Mais sur les statues de la niche, les trois sujets ne furent marqués que par la croix la plus dépouillée. Ainsi, jusqu'aux derniers temps durant lesquels le sanctuaire fut utilisé, on tint compte de la différenciation des points géographiques, dont le culte, quel qu'il soit, demeurait tributaire. Une fois exorcisées de la sorte, les images païennes furent recouvertes d'un lait de chaux, sur quoi un décor chrétien fut peint, jusqu'à ce que les eaux de retenue du premier barrage d'Assouan les fassent disparaître.

IX

Amada : le temple de trois pharaons

L'implantation du temple

En quittant el-Lessiya et en descendant le fleuve pendant quelques kilomètres vers le nord, on rencontre un brusque coude qui change la direction du Nil. Il s'oriente vers le sud, après avoir cheminé durant une dizaine de kilomètres, suivant un axe nord-ouest/sud-est, avant de se remettre à couler vers le nord.

Au sommet de la courbe, sur la rive occidentale, un endroit fut jugé propice à la fondation d'un temple dédié principalement à Horus, mais cependant jumelé avec Amon. Ce n'est certes pas un hasard si, en raison du cours contrarié du Nil, le site avait été choisi par Thoutmosis III et son fils Aménophis II, pour y faire édifier une « maison divine ». Elle était, ainsi, orientée vers le sud géographique, tout en obéissant à la règle de l'orientation rituelle suivant laquelle tout édifice religieux bâti sur la rive gauche du fleuve devait automatiquement faire face à l'est. Deux cas très précis semblent faire exception à cette dernière règle : ils concernent les temples de Dakké et de Philae. Comme on le comprendra plus loin, cette orientation répond à l'expression voulue d'un symbole.

Pour ce qui le concerne, le temple d'Amada répond ainsi exceptionnellement aux deux exigences requises, grâce à la double exposition qu'il concrétise dans le coude du Nil :

– Sa façade, parallèle au Nil, est dirigée vers l'est conventionnel[1] ;

– Son orientation réelle, géographique, le situe en direction du sud, vers l'arrivée du flot et, partant, face aux origines du monde pharaonique[2].

Il s'agit du Soleil et du Nil, dont les impacts sont révélés par l'orientation du temple. De deux formes divines également, Horus et Amon, qui se partagent dans le sanctuaire le culte rendu par les souverains. La similitude entre Horus et le Soleil, si étroitement liés, est sans ambiguïté pour qui aborde l'histoire de l'Égypte. Quant au mystère à propos d'Amon, si on le considère comme tel, il disparaît vite si l'on veut bien se reporter au temple de Napata du pays de *Koush,* consacré par le même Thoutmosis III au puissant Amon, confondu avec la force du fleuve nourricier[3].

La visite du petit temple d'Amada permet de comprendre encore mieux son importance exceptionnelle, en raison du langage symbolique des décors dont il est paré et aussi de la rare qualité de leur facture[4].

Le temple d'Amada, construit sur assises de grès, présente l'originalité d'avoir été bâti par trois rois successifs. Certainement voulu par Thoutmosis III à la fin de son règne, le bâtiment, pour sa partie essentielle, fut exécuté par son fils et successeur Aménophis II. Puis il fut complété par Thoutmosis IV.

Sur environ trente mètres, une rampe[5] au sol de briques crues, légèrement oblique, donnait, du Nil, accès au temple. Sur le pourtour de l'édifice et devant son entrée principale, un pavement était constitué par une couche de dalles irrégulières posées sur la banquette rocheuse. La porte d'entrée, en grès jaunâtre, marquée au nom des deux rois fondateurs, était flanquée de deux môles de pylône en brique dont il ne restait plus, dès le siècle dernier, que les arasements[6]. Un mur d'enceinte, bâti de briques crues, entourait le temple.

Passée la porte du pylône, on accédait à une cour à ciel ouvert, au fond de laquelle un portique à quatre colonnes « protodoriques » à vingt-quatre pans formait la façade proprement dite du temple[7]. Les dalles de couverture de ce portique étaient placées suivant l'axe général de l'édifice. En revanche, les dalles couvrant les salles postérieures étaient placées perpendiculairement à l'axe.

Une corniche dominait le sommet des quatre murs : seule est décorée de nervures la partie qui orne le sommet de la façade. La base de la corniche et les quatre angles du bâtiment étaient ornés d'un tore. Le plafond est encore parfaitement horizontal et régulier ; seul le niveau des sols diffère : si la majorité des salles mesure 3,98 mètres de hauteur, la salle centrale du sanctuaire et les deux petites pièces qui lui sont annexées, dans le fond, ont seulement 3,80 mètres de hauteur. Cette différence de niveau du sol correspond au type même du temple métropolitain, dans lequel les architectes ménageaient une montée progressive du sol, de l'entrée du bâtiment jusqu'au saint-des-saints. Des ouvertures zénithales[8] avaient été aménagées dans les dalles pour chaque salle du temple, à l'exception de celles du portique. Toutes les portes possédaient un seul vantail et s'ouvraient à droite.

Le portique (F) introduisait vers le vestibule (I) par une porte centrale (G). Ce vestibule occupe toute la largeur du temple et donne accès, à son tour, aux trois salles principales. La porte centrale (M) permet de pénétrer dans le sanctuaire (N), lequel était, tout au fond, flanqué de deux petites pièces annexes (J et L). Le sanctuaire est lui-même complété par deux salles latérales (V et L).

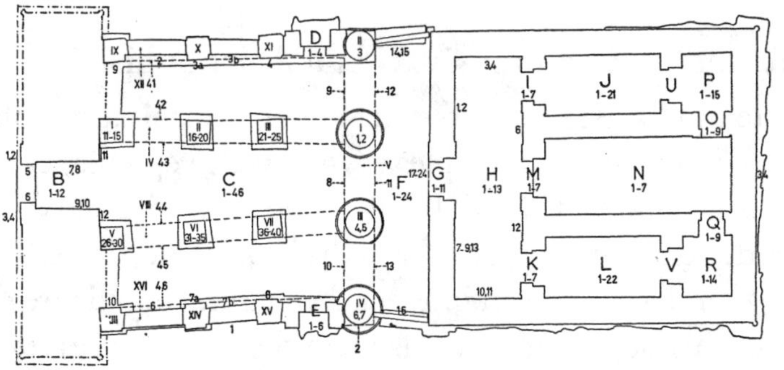

Plan du temple des trois rois, aux noms de Thoutmosis III, Aménophis II et Thoutmosis IV.

Ainsi se présentait le temple primitif d'Amada, édifié par Thoutmosis III et son corégent, vers 1430 avant notre ère. Lorsque Thoutmosis IV monta sur le trône, il tint à participer à l'œuvre de ses deux prédécesseurs en agrandissant l'édifice par l'avant (face sud), pour en faire, suivant ses propres termes, son « *Temple des Millions d'Années* » et y célébrer la « *Première fois de répéter la fête*-Sed ». C'était donc vers la fin de son règne, 1390 avant notre ère environ. Il ferma la cour par deux murs latéraux qui partaient du portique pour aboutir aux tours du pylône, entre lesquelles il introduisit trois piliers pour chacun des deux côtés. Il fit ériger six autres piliers, deux engagés de chaque côté de la porte intérieure du pylône (B) et quatre autres, dégagés, de chaque côté de l'axe de la salle : l'ancienne cour devint ainsi une salle à douze piliers carrés. Elle était entièrement décorée, comme l'étaient les pièces du premier temple, avec des reliefs, champlevés et polychromes, mais plus grands que ceux du décor primitif et sur un seul registre.

Une innovation avait été introduite dans la technique du décor. Les faces extérieures droite et gauche des architraves de la travée centrale et les faces des piliers (à l'exception de la face donnant sur le centre de la travée) étaient décorées de reliefs en creux, très profonds, comme pour capter intensément la lumière.

Enfin, deux issues furent aménagées dans les murs latéraux (D et E), très près de leur jonction avec l'ancien portique (F) qui devint une nouvelle antichambre.

Fondation de Thoutmosis III et d'Aménophis II

Le temple d'Amada est strictement d'inspiration pharaonique, comme tous les temples égyptiens de l'époque, et constitue la seule relique de la XVIIIe dynastie conservée en Nubie qui ait gardé, en grande partie, la polychromie de son décor. Ce n'est pas là seulement son intérêt. Un charme singulier se dégage des murs historiés, qui tient à la grâce des personnages royaux et divins représentés dans des attitudes variées, où apparaissent une souplesse, une aisance dans les mouvements jamais encore atteintes : les souverains avaient dépêché, en Nubie, des artistes accomplis.

Mais il y a plus encore, dans l'ensemble de toutes les pièces du sanctuaire primitif, marqué d'une grande originalité. Les murs ont reçu leurs illustrations sur deux registres, où les personnages apparaissent presque miniaturisés. À tour de rôle, les deux rois rendent parallèlement hommage aux deux formes du dieu, Horakhty et Amon, vénérées dans le temple, mais avec une variété dans les attitudes et l'objet des offrandes qui évite toute monotonie. Enfin, le décor obéit à la loi suivant laquelle, lorsque plusieurs registres sont superposés, à la partie inférieure des murs sont réservés les événements ou les personnes qui doivent se situer le plus près du spectateur. Suivant ce principe, on comprend qu'Horakhty est, dans l'esprit des souverains, sans doute le plus présent, le plus accessible. En revanche, Amon, au registre supérieur, règne davantage dans le lointain. Tout aussi efficace, il est moins présent : Amon le Caché réside dans l'onde.

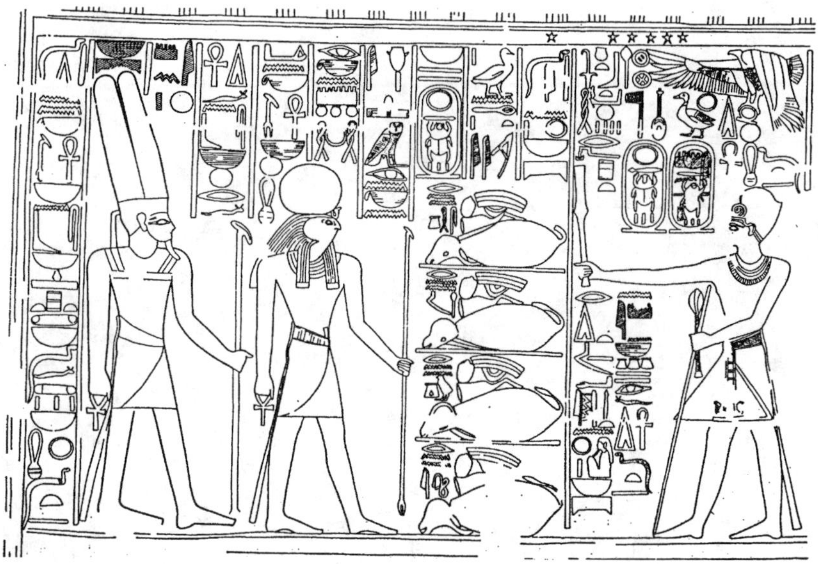

Thoutmosis III et Aménophis II, dans ce temple, s'adressent chacun à une des deux formes divines vénérées. Une seule exception apparaît au nord du saint-des-saints (salle L) : le plus jeune des deux souverains sacrifie devant Rê et Amon-Rê.

Mur nord du saint-des-saints. Pour venir consacrer la Grande Offrande à Rê, Grand Dieu, Seigneur du Ciel, Thoutmosis III est introduit dans le sanctuaire par Amon et Satet, Maîtresse du Ciel.

Mur sud du saint-des-saints. Afin de présenter la Grande Offrande au Seigneur de Karnak, Amon, Aménophis II est accueilli dans le sanctuaire par Horakhty et Hathor, Maîtresse du Ciel.

Les salles communes aux deux rois

L'entente est parfaite entre les deux monarques : à chacun est dédié un des deux murs qui se font face. Une seule fois, les deux formes divines sont représentées côte à côte, pour recevoir l'hommage du sacrifice de quatre bovidés (salle L 9-14). Cette exception doit correspondre à un rituel déterminé et réservé au jeune corégent Aménophis.

Ce «va-et-vient» entre Horus et Amon est également sensible dans la salle centrale du saint-des-saints, la salle de la stèle (N 1-3) où chacun des murs latéraux a reçu l'image divine très honorée de la Grande Offrande. À main droite, Thoutmosis III, portant la coiffure *khépéresh* et conduit par Amon, consacre la Grande Offrande devant Rê. Sur le mur qui fait face, c'est la même scène au cours de laquelle Aménophis II présente la Grande Offrande à Amon. Afin d'y accéder, il est introduit par Horakhty. Ce soin mis à établir le nécessaire parallélisme explique la minutie avec laquelle les prêtres décorateurs ont disposé le déroulement de chaque scène.

Il est encore un détail, lourd de signification. Le mur où sont représentées les étapes essentielles de la fondation du temple, est bien réservé au plus ancien des deux pharaons, le père, Thoutmosis III. Enfin, il est certain qu'Aménophis II (la plupart du temps représenté sur le mur de gauche des salles), acheva seul l'édifice, comme le prouve la stèle du fond du sanctuaire. Elle est au nom du nouveau souverain, Aâ Kheperourê, Imenhetep en l'an 3, troisième mois de la saison *shemou*, troisième jour.

Il est nécessaire, maintenant, de parcourir ce premier bâtiment afin de découvrir l'apport constitué par le décor de ses murs – et dont les temples métropolitains contemporains ne peuvent pas toujours témoigner, maintenant, en raison de leurs dégradations. Vient d'abord la façade du bâtiment, une fois la porte franchie (au nom des deux souverains) et la cour traversée (avant les remaniements apportés par Thoutmosis IV). Cette façade, donnant sur la cour, était une sorte de portique orné de quatre colonnes « protodoriques ». Sur les deux colonnes centrales, deux inscriptions verticales rappelaient que les rois ayant travaillé de concert avaient ainsi construit une *Iounyt Shepeset,* c'est-à-dire un espace (une entrée ?) à colonnes (F). Passant par la porte (G), on découvre sur son montant gauche l'image d'Aménophis II, et sur celui de droite l'image de son père.

Le souverain, ou l'officiant, entrait alors dans l'antichambre (H). La partie gauche (sud) de la salle était consacrée à Rê-Horakhty et la partie nord était en rapport avec Amon-Rê. L'un et l'autre des souverains – ou leur suppléant – devaient recevoir la lustration d'eau sacrée, comme le montre la scène la plus importante de la salle et le précise l'inscription du montant droit de la porte, exigeant « *que tous ceux qui entrent dans ce temple soient purifiés, quatre fois* » (cérémonie dont on retrouve le souvenir dans le rituel de l'eau bénite de nos églises).

Alors commençaient les cérémonies affectées à chaque salle du sanctuaire, suivant une progression savamment étudiée, en rapport avec les actions représentées et exécutées devant les formes divines par les souverains parés de pagnes et de coiffures en accord avec les rites. Au sud, Aménophis II reçoit la purification de Thot d'Hermopolis et d'Horus d'Edfou. Puis il exécute devant Amon-Rê la course mystique, gouvernail (?) et rame en main, très probablement liés à l'arrivée de l'Inondation, avant d'être accueilli par Horakhty, assis sur une estrade, qui le prend dans ses bras.

Contrepartie de ces scènes, sur le mur nord de la salle, on découvre l'image de Thoutmosis III embrassé par Isis-Scorpion. Le roi est secondé par Aménophis officiant devant Amon-Rê, avec l'encens et l'eau fraîche. Escorté par Rê-Horakhty et Horus de Miam, Thoutmosis va être, à son tour, pris dans les bras d'Amon-Rê trônant sur son estrade.

On constate partout le parfait équilibre entre les formes divines et l'harmonie des actes des deux rois, qui se poursuivent naturellement sur la frise décorative dominant les deux portes (L et I), donnant accès aux deux salles (J et L) qui flanquent la salle du saint-des-saints (N). Cette frise évoque les offrandes, généralement alimentaires, qui seront offertes à la forme divine vénérée dans le sanctuaire. Passée la porte I, on pénètre dans la salle J.

Sur le mur sud (gauche), Aménophis présente l'eau fraîche, le lait et l'encens devant Amon, sur le registre supérieur. Sur le registre du bas, le monarque offre à Rê-Horakhty le pain blanc, le vin et procède à une consécration générale des offrandes.

Au sommet du mur sud, Thoutmosis est pris en charge par Rê-Horakhty, puis vénère Amon. Il s'adresse ensuite à Rê-Horakhty pour lui faire don de « *toute sorte d'offrandes bonnes et pures* » et termine le rite par la présentation de deux pains *oucheret* pour Amon-Rê. Le registre inférieur est marqué par la grâce

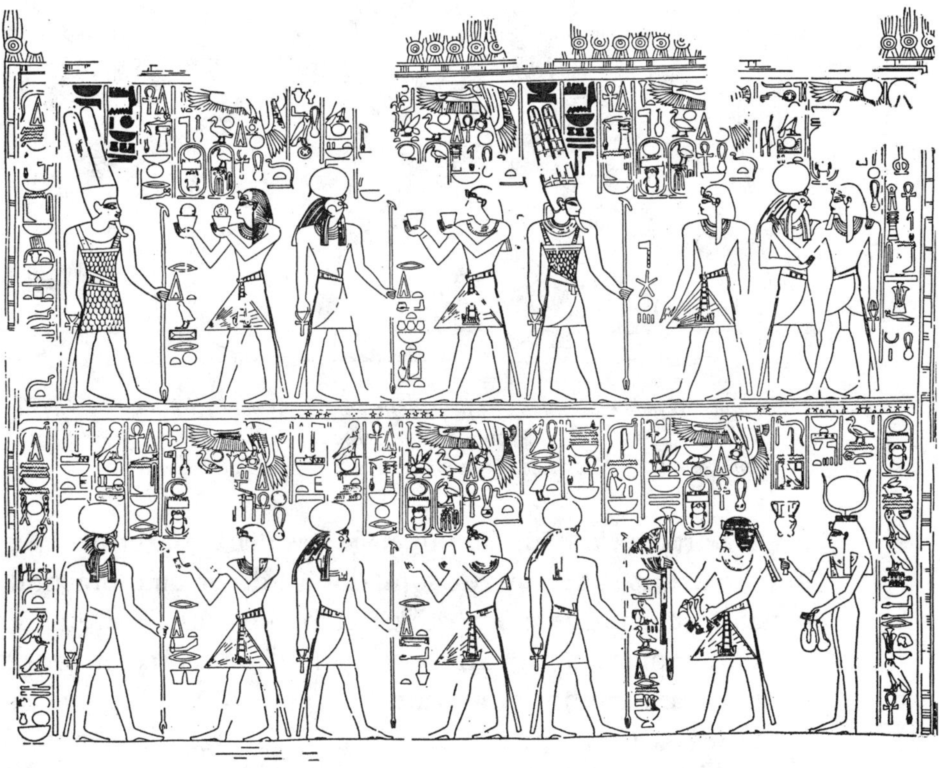

Au registre inférieur, Thoutmosis III accomplit le rituel devant Rê-Horakhty; au registre supérieur, il s'adresse principalement à Amon, après avoir été introduit par Rê-Horakhty.

extrême des personnages et la richesse de leurs attributs. Hathor la Belle, *ménat* et sistre en main, escorte Aménophis tenant la poétique offrande du papyrus, du lotus et d'un «bouquet» d'oiseaux en faveur de Rê. Ensuite, c'est la présentation du pain *shat* (sablé) à Rê-Horakhty et encore les deux vases *déchérèt* (à vin).

Poétique offrande d'oiseaux et de fleurs faite par Thoutmosis III à Rê, Seigneur du Ciel. Hathor, tenant le collier ménat *et présentant le sistre, accompagne celui qu'elle désigne comme étant sorti de son sein. (Détail de la figure précédente.)*

On retrouve toujours le jumelage des deux rois et des deux formes divines sur le mur du fond dont le décor, au moment du remaniement postérieur, a été percé d'une porte. Ce qu'il en demeure montre, au registre supérieur, Thoutmosis jouant des sistres devant Hathor et versant l'eau pour Amon-Rê. Les vestiges du registre inférieur comprennent l'image d'Aménophis, encore visible, de même que celle d'Horakhty.

La chambre du nord (L), parallèle à celle qui flanque, au sud, la pièce centrale du saint-des-saints (N), introduit le ritualiste devant les actes pieux de Thoutmosis, sur le mur sud, et ceux

Comme pour les autres murs ornés de deux registres superposés, le culte pour Horakhty, ou encore pour Rê, est figuré au registre inférieur, et celui réservé à Amon est illustré au registre supérieur. En revanche, ce culte est servi uniquement par Thoutmosis III car, dans cette partie du spéos, le souverain a tenu à rappeler son action de fondateur du monument (salle L, mur sud) : il agit sur les deux registres.

d'Aménophis, au nord. Les deux souverains sont alors réunis sur le mur du fond (ouest), percé comme celui de la salle J.

Les illustrations des murs latéraux sont d'un grand intérêt pour leur originalité, sortant du décor traditionnel réservé aux éternelles scènes d'offrandes. Sur le mur sud, les deux registres sont, une fois de plus, réservés à Amon, puis à Horakhty. Au sommet, on admire l'image de Pharaon « *donnant la maison* [ici le temple] *à son maître* » : il est alors, dans cet acte final, coiffé de la couronne rouge. Mais, avant cela, coiffé de la couronne blanche du Sud, et en compagnie de la déesse Séshat, il enfonce dans le sol deux des quatre piquets qui délimitent la surface rectangulaire de l'édifice projeté. Ces images résument l'acte de

Voici l'acte final de la fondation du temple dédié avant tout à Horakhty. Coiffé de la couronne du Nord, Thoutmosis répand le besen *protecteur autour de la porte du temple, devant le* « Grand Dieu qui réside dans le Grand Temple ». *(Détail de la figure précédente.)*

fondation du temple. Le roi se présente ensuite devant Amon pour recevoir le signe de vie. Au registre inférieur, toujours coiffé de la couronne rouge, c'est de nouveau la course rituelle devant Rê-Horakhty, avec *flabellum* et *mékès* (charte d'intronisation) ; puis il projette autour de l'image du temple (symbolisé par la porte) le *besen* protecteur. Il lui reste encore à présenter l'encens brûlant et l'eau fraîche devant Rê, pour lequel nombre d'offrandes ont été déposées.

C'est ici la cérémonie essentielle de la fondation d'une « maison divine ». Thoutmosis III, portant la couronne blanche du Sud, agit en compagnie de Séshat « aux cornes pointues, Maîtresse des Écrits et des Paroles divines. » L'un et l'autre enfoncent au sol deux des quatre piquets qui permettront de tendre le cordeau aux quatre angles pour délimiter l'aire du temple.

Le mur nord, qui fait face, montre que l'apport des quatre veaux a été réservé au plus jeune des deux souverains. C'est donc Aménophis qui s'avance devant, tenant en laisse les quatre bovidés à la robe successivement mouchetée, blanche, rousse et noire, ainsi que le texte le précise. Il semble qu'ensuite il s'agisse d'animaux légèrement différents, et qui viennent d'être sacrifiés. Au registre inférieur, on retrouve Aménophis accueilli dans les bras d'Horakhty. Alors il consacre

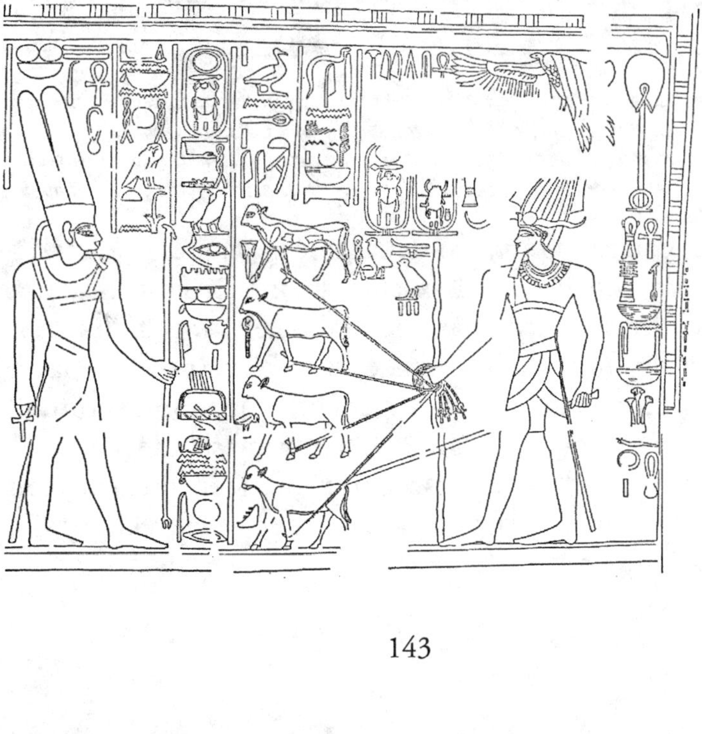

Aménophis II conduit devant Amon les quatre veaux au pelage respectivement noir, rouge, blanc et moucheté. Les animaux foulent le grain en terre et détruisent du même effort les larves nuisibles.

Face au mur sud de la salle L, le mur nord est décoré sur deux registres de scènes de consécration et de rites du culte osirien. Au registre inférieur, le roi agit en l'honneur d'Horakhty. Au registre supérieur, l'action se déroule en présence d'Amon et pour une seule fois devant Horakhty et Amon réunis. Pour ces rites agraires et funéraires, la célébration en était réservée, sur les deux registres, à Aménophis II.

les quatre coffres *méret*, contenant les reliques, pour Rê-Horakhty. En conclusion, il exécute devant Rê-Horakhty une nouvelle course rituelle, tenant en main, cette fois-ci, les vases *hes*. Le mur du fond ouest, dégradé comme son pendant, laisse encore admirer, au registre supérieur, Aménophis offrant l'encens pour Amon-Rê, alors que Thoutmosis, de son côté, présente les vases de vin. Au registre inférieur, on peut voir Thoutmosis recevant le signe de vie d'Amon et Horakhty, assis, prenant dans ses bras Aménophis.

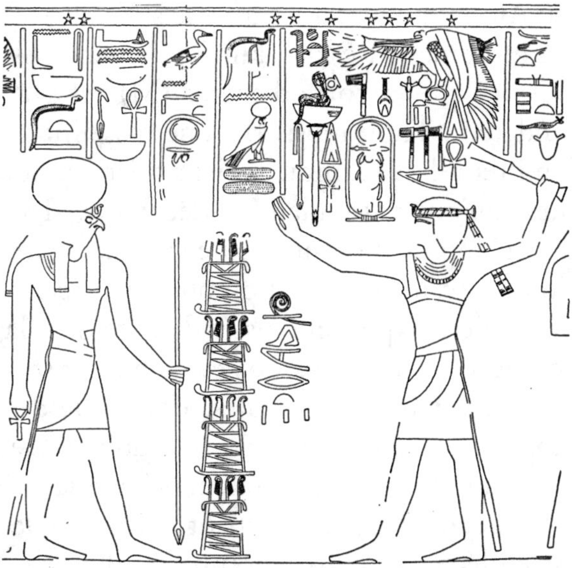

Aménophis II consacre devant Horakhty les quatre coffres méret *contenant des reliques.*

Les étoiles qui subsistent en partie au plafond laissent supposer que toutes les pièces du petit temple possédaient le même décor.

Le sanctuaire

Reste, maintenant, à pénétrer dans la salle centrale de l'édifice, celle au fond de laquelle, selon la majorité des édifices religieux de Nubie, devraient figurer les images en ronde-bosse du souverain flanqué de deux autres statues divines. Or il n'en est rien ! On constate de nouveau un parfait parallélisme dans l'agencement du décor de chacun des murs sud et nord. Cependant, un changement est intervenu : la disposition des scènes est maintenant rendue sur un seul registre, sur les deux murs latéraux, et les personnages sont donc représentés à plus grande échelle. Sur le mur sud, Hathor accompagne Aménophis auquel Horakhty offre les trois signes de la vie renouvelée (*ânkh, djed, ouas*). Alors, ayant coiffé le couvre-chef du souverain couronné, le *khépéresh*, le roi consacre des offrandes pour Amon-Rê assis sur son estrade. Sur le mur nord, une forme divine féminine, Satet, escorte Thoutmosis pris en charge par Amon qui lui fait respirer le signe de vie, avant qu'il consacre des offrandes à Rê-Horakhty également assis sur son trône.

Alors que la porte d'entrée (M) est gravée au seul nom du fondateur, Thoutmosis III, une magnifique stèle sur le mur du fond remplace, comme il vient d'être indiqué, le groupe de statues qu'on s'attendait à découvrir. L'inscription au nom d'Aménophis II occupe toute la place et présente un texte historique dont il a été question plus haut, écrit au moyen de splendides hiéroglyphes incrustés de pâte bleu lapis-lazuli. Elle a été composée en référence aux éléments constitutifs de l'édifice (qui ne furent pas tous exécutés) et évoque des événements qui se rapportent à une répression en Nubie et à la première campagne d'Aménophis contre le Retenou-Supérieur.

Le détail essentiel qui peut confirmer le message du temple est le décor du cintre, occupé par l'image de la barque divine dans laquelle siègent l'un derrière l'autre (c'est-à-dire côte à côte) Horakhty et Amon. Devant eux, portant le *khépéresh*, Aménophis II fait l'offrande des vases de vin aux formes jumelées. La barque est représentée proue tournée vers le nord. Voici,

Cintre de la stèle du sanctuaire consacrée par Aménophis II. Il est représenté offrant les vases de vin aux deux formes de la divinité vénérée dans le temple : Amon-Rê.

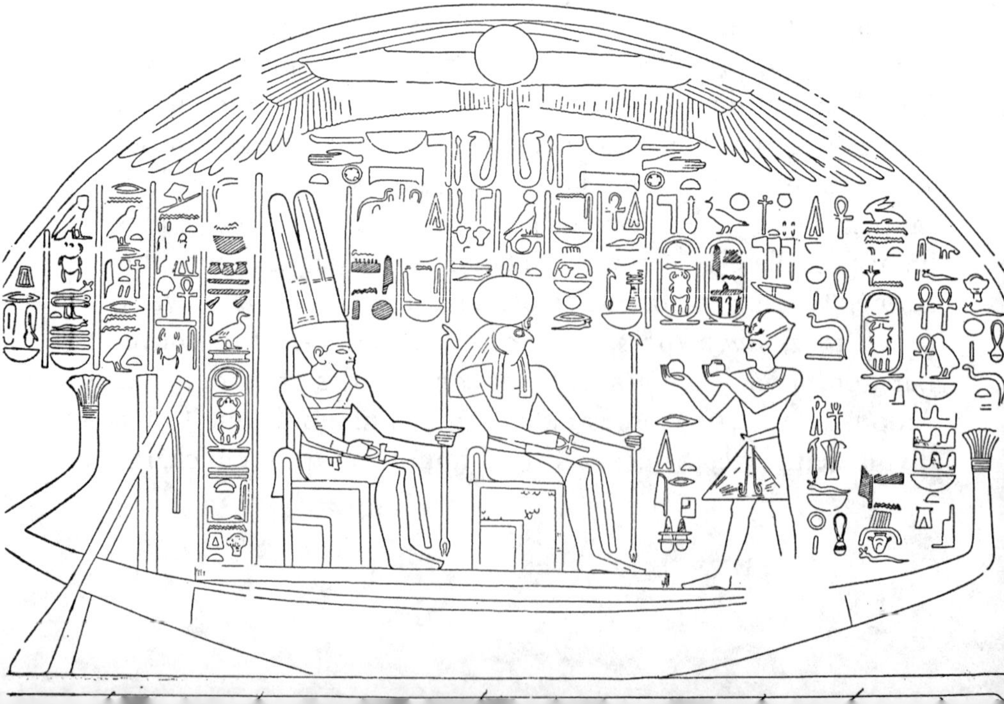

semble-t-il, qu'apparaît pour la première fois dans un sanctuaire de Nubie non pas la barque sacrée de procession qui deviendra un élément essentiel dans les sanctuaires égyptiens de Nubie, ornée à la proue et à la poupe de la tête « fétiche » animale du dieu ainsi véhiculé, mais au contraire la barque « solaire », ne contenant pas de *naos* voilant l'image divine, celle qui symbolise seulement le mouvement, dans la grammaire décorative des représentations religieuses.

La théologie du temple

Dans l'état primitif du temple, avant que les deux murs du fond (ouest) des salles J et L aient été percés, le sanctuaire N était complété par deux petites pièces annexes avec accès, au fond de la salle, à l'extrémité des murs sud et nord, par les deux portes O et Q. Ces petites pièces étaient nécessaires aux besoins du culte. Aux murs, les deux rois ne portent plus les hautes coiffures avec lesquelles ils abordaient la majorité des images divines. Ils ont adopté les couvre-chefs de type funéraire, principalement l'*afnet* de toile, qui plaquait la chevelure, ou le *némès* traditionnel porté sur les sarcophages et par les *chaouabtis* royaux. Ils se partagent les activités pour les offrandes aux deux formes divines, et les hommages rendus prennent l'allure originale de la botte d'oignons (osirienne) pour Amon, de la laitue (aphrodisiaque) pour Min et Rê-Horakhty, du sablé, du vase *néméset* et de la myrrhe destinés à Horakhty, et encore, pour Amon, du lait, de l'encens, du fard vert et noir et de l'onguent *mèdjet*.

On aura compris que le temple de ces deux souverains avait été exécuté méthodiquement, avec un soin extrême. On peut y découvrir une théologie assez particulière, dont on avait constaté les prémices dans la grotte d'el-Lessiya et qui s'affirme maintenant par l'apparition d'une simple barque véhiculant côte à côte deux formes divines incarnant, en réalité, une seule entité, Amon-Rê, qui apparaît sous ses deux aspects visibles : la force solaire tangible et proche, jumelée à celle, plus lointaine, cachée dans les profondeurs du Nil. Cette barque doit résumer le message même que le temple porte en lui et le but du culte.

C'est, au premier chef, le regroupement des entités qui, semble-t-il, étaient vénérées séparément dans les différentes salles du temple, et qui sont maintenant réunies pour recevoir l'hommage du roi. Elles ne font plus qu'un : c'est Amon-Rê. Et ce regroupement est placé sur la barque, emblème du mouvement par excellence, une barque qui se dirige vers le nord : elle a donc emprunté le cours du Nil, ce n'est pas une barque de procession, posée sur un brancard et susceptible d'être véhiculée par des prêtres. Elle est ici confiée au fleuve même[9].

Il est à remarquer un fait *unique* dans ce temple : le culte se déroule au bénéfice d'Amon et de Rê, réunis, et pour *eux seuls*. Aucune autre forme divine masculine « associée » ne reçoit les hommages des souverains, ou n'intervient dans les cérémonies. Tout se passe comme si elles n'existaient pas, alors qu'elles apparaissent et agissent dans tous les autres temples ! En revanche, les rois reçoivent l'aide des entités féminines : Satet, Hathor, Séshat, Isis-Scorpion.

La diversité des reliefs souligne bien, par ailleurs, le soin pris par les souverains jumelés pour satisfaire le dieu grâce au choix le plus varié possible des biens qui lui sont présentés, très souvent originaux. Ainsi apparaissent sur les murs la venue – et le sacrifice – des quatre veaux[10], l'apport des coffres *méret*, tous ces éléments faisant allusion à des rites agraires, donc osiriens (déjà apparus dans le temple de Bouhen-sud).

Puis, c'est la fondation et la présentation du temple lui-même, résumé très concis d'un vaste rituel. Sont ajoutés à tous les symboles faisant allusion aux éléments – le feu, l'eau… –, les produits précieux du merveilleux pays de Pount et la nourriture essentielle des hommes. Or, offrir au dieu, c'est par là même lui demander en retour la jouissance de tous les biens, et leur présence dans le sanctuaire figure pour le bénéfice de tous. Le culte est donc obligatoire pour que l'Égypte vive par le truchement de son souverain. La barque, maintenant apparue, symbolise à elle seule le flot qui la transporte, l'Inondation, par le pouvoir d'Amon-Rê. Le temple où tous les honneurs lui sont rendus devait alors favoriser et assurer le retour de la crue et, par voie de conséquence, le renouvellement annuel de la monarchie.

L'intervention de Thoumosis IV

Ce programme très concerté allait être poursuivi par Thoutmosis IV lorsqu'il décida d'agrandir le sanctuaire de ses pères, en Nubie. Aussi ajouta-t-il derrière le pylône une assez vaste salle, en transformant la cour existant en un espace couvert destiné, selon les inscriptions, «*au renouvellement de la fête*-Sed». Au reste, on peut constater que les reliefs figurés sur les murs sont en rapport avec les cérémonies jubilaires. Ce local allait ainsi être orné de douze piliers, correspondant sans doute déjà aux douze mois de l'année solaire. Ces piliers portent tous le protocole du quatrième Thoutmosis, gravé en creux dans le grès.

Les peintures qui recouvraient les bas-reliefs ont complètement disparu, surtout en raison des transformations dues aux Nubiens chrétiens qui en firent une salle d'église dominée par un dôme. On retrouve naturellement sur ces reliefs le même fidèle dialogue entre le roi, Horakhty et Amon-Rê, sculpté sur un seul registre. Sur le mur sud, le souverain, coiffé du *khépéresh* et vêtu de la peau de guépard, sceptre *heka* en main, s'avance devant Horakhty, et Satet, derrière lui, tient la haute tige des «Millions d'Années», rappelant qu'il s'agit d'une cérémonie jubilaire. Ensuite, Thoutmosis IV, coiffé de la couronne *hénou* et *flagellum* en main, se dirige vers Amon-Rê. Thot, porteur des signes de la fête-*Sed*, tend l'*ânkh* vers le visage royal.

Le décor continue à répondre à une extrême subtilité. Il ne s'agit plus maintenant de deux corégents accomplissant, à tour de rôle, un acte essentiel devant les deux aspects du divin. Pour rester en accord avec le rythme suivi dans la partie postérieure du temple, Thoutmosis IV s'est alors, en quelque sorte, dédoublé et s'est fait représenter devant chacun des deux aspects du dieu, une fois tenant un de ses deux sceptres osiriens, le *heka*, et

Dans l'ancienne cour, transformée en salle de fêtes jubilaires, Thoutmosis IV est représenté devant l'arbre iched *(balanite), couronné par Rê. À droite, Thot marque les nombreuses fêtes-*Sed *promises ; à gauche, Hathor d'Ibshek embrasse Thoutmosis IV.*

l'autre fois, muni du *flagellum*, le *nekhakha*. Il a été ceint du *pschent* pour recevoir le baiser d'Isis.

Viennent maintenant, sur le mur nord, de nouveaux tableaux originaux et jubilaires. Le crâne orné de la « boucle » de cheveux du jeune prince, robe courte (jubilaire) et peau de guépard, le roi est allaité par Hathor d'Ibshek (Abou Simbel sud). Près de lui, Ouret Hékaou, à tête de lionne, grande protectrice de la couronne, attend son tour pour l'allaiter. Khnoum, qui façonne l'humanité, tient la tige emblème des « Millions d'Années ». Ainsi revivifié par la nourriture céleste, Thoutmosis reçoit la confirmation de son investiture : coiffé du *pschent*, il est agenouillé devant le balanite sacré, l'arbre *iched*, sur les fruits duquel ses noms, inscrits par Thot, lui assurent une durée millénaire. Il tourne le dos à Amon : au-dessus de l'arbre, le scarabée ailé s'envole avec le nom royal ainsi promis au perpétuel renouvellement. De nouveau, Hathor d'Ibshek embrasse Thoutmosis IV portant la couronne blanche.

Enfin, comme ses prédécesseurs, le roi est présent sur les piliers, devant plusieurs formes divines, paré chaque fois d'une couronne différente. Sous chaque scène, le souverain déclare : « *Première fois de répéter la fête*-Sed ».

Après le règne des Thoutmosides

Sous le règne d'Aménophis IV, les illustrations couvrant les murs subirent des martelages partout où il était question d'Amon. Nekhabit, le Vautour, ne fut pas épargné, de même qu'Hathor d'Ibshek… et aussi Khnoum. Cependant, dès le début de la XIXᵉ dynastie, Séthi Iᵉʳ entreprit les restaurations, ainsi qu'il l'annonce sur des embrasures de portes[11]. Il fut suivi dans son œuvre par Ramsès II, lequel chargea successivement deux de ses Vice-Rois, Sétaou et Hékanakht, de faire exécuter ses travaux. Ils s'adressèrent certainement à des artisans locaux, auxquels on doit les lourdes silhouettes d'Amon qui déparent l'ensemble si élégant des images animant toutes les parois du temple.

Comme il a été signalé, le treizième fils de Ramsès, Mérenptah, fit graver à l'extérieur, par l'intermédiaire de son Vice-Roi Messouy, une inscription remontant sans doute à l'aube de son règne, dans laquelle il mentionne une expédition dans les pays du Sud. Puis on peut encore relever les noms de Mérenptah Siptah, à la fin de la XIXᵉ dynastie, qui furent gravés par le porte-*flabellum* Pyay, non loin de ceux du Grand Chancelier Baÿ et de la reine Taousert, sur le montant de la porte G menant au temple primitif. La charmante image de la reine qui est à l'origine de la noble Taôser, l'héroïne du *Roman de la momie* de Gautier, constitue la dernière marque du temps des pharaons dans le très précieux temple d'Amada.

Les Grecs, les Coptes et les Nubiens, bien plus tard, vinrent à leur tour graver quelques graffiti au sommet des murs et sur la terrasse. Puis, jusqu'à la fin du siècle dernier, la coupole ajoutée par les chrétiens sur la salle jubilaire de Thoutmosis IV attirait l'œil des rares voyageurs qui traversaient la Nubie.

X
Le spéos d'Aménophis III à Ouadi es-Séboua, Sud

Témoin de l'hérésie

En quittant le spéos d'el-Lessiya et le temple d'Amada, construit sur assises de grès, on laisse derrière soi les deux seuls sanctuaires thoutmosides de la Vallée, car ceux de Bouhen, de Semna et de Koumma constituent la véritable « doublure » magique des forteresses dont l'objectif était, avant tout, de défendre la grande frontière contre le pays de *Koush*.

Le rôle réservé aux Fondations pieuses dont il va maintenant être question était tout autre, ce dont on s'aperçoit en étudiant leurs types différents selon le message dont Pharaon leur avait assigné la charge.

Le spéos d'el-Lessiya établit en un espace clos la géographie religieuse de la Nubie en rapport avec le roi, dont les droits sur ce pays sont affirmés par la course qui délimite le territoire et le rappel du couronnement. Ce dernier confirme son emprise sur ce pays de *Ouaouat* où il a également introduit la reconnaissance du pouvoir de l'Amon thébain (au Nord) et de la chaleur irradiante de Rê (au Sud).

Qu'allait-il se passer en ce pays de *Ouaouat*, lorsque le règne du troisième Aménophis allait donner libre cours à la confrontation des dogmes et des clergés ? Déjà, par les soins d'Aménophis II, avait été mis en place dans le domaine même de Karnak, à la pointe de la région orientale de l'Aire sacrée, l'« Obélisque unique » voulu par Thoutmosis III, évoquant le *benben* solaire primitif et retrouvant ainsi tout son message de l'Ancien Empire[1]. L'image du Soleil était l'objet de nombreuses recherches iconographiques. Le troisième Aménophis, sans montrer ostensiblement un penchant exclusif envers le créateur solaire, s'était éloigné du domaine d'Amon à Karnak (Ipet Sout) et avait établi sa capitale à Malgata, sur la rive gauche de Thèbes. Dans le pays de *Koush,* à cette époque sous la totale emprise de l'Égypte, il avait fait édifier pour la célébration de ses jubilés le splendide temple de Soleb, qui rivalise en élégance avec Louxor.

Que fit-il en Nubie, où ses prédécesseurs n'avaient pas manqué d'œuvrer? En fait, on ne connaît de lui qu'un spéos[2] creusé dans une petite avancée rocheuse, à cent soixante-neuf mètres de l'endroit où, plus tard, Ramsès II établit son grand temple pour Amon – et son escorte. C'était au nord d'Amada, lorsque le Nil reprend son cours régulier vers l'Égypte, après avoir dévié dans la « Grande Boucle ». Complété peu après par des adjonctions de salles en briques crues, le lieu de culte fut orienté est-ouest. On y accédait par une rampe partant des rives du Nil, prolongée par un escalier moins large que la rampe elle-même. L'escalier, très détérioré, aboutissait à une porte qui ouvrait sur une terrasse, dont il ne restait plus que des arasements. Cette terrasse était limitée, à l'ouest, par un pylône, uniquement rappelé par quelques vestiges sur le roc. Ce pylône avait même été élargi par la suite.

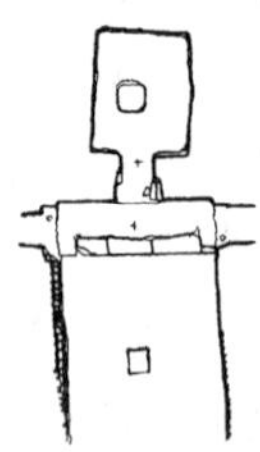

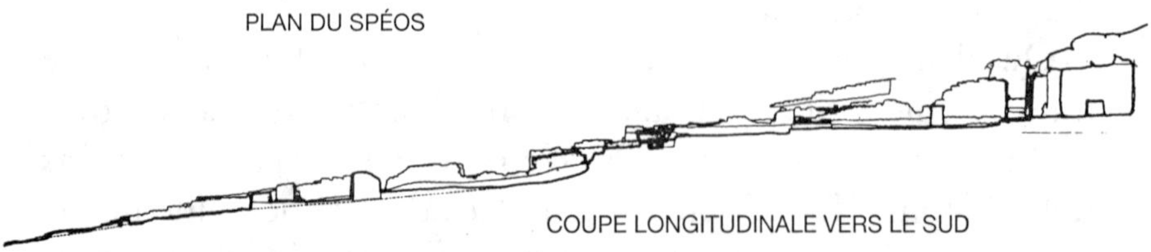

Plan du spéos d'Aménophis II et coupe longitudinale, une fois le spéos complété en temple construit par Ramsès II, et aboutissant au Nil, sur la rive occidentale.

Par la porte de ce pylône, on accédait à une cour oblongue, sorte de vestibule desservant une salle centrale, ou *procella*, ainsi que deux salles secondaires situées au nord et au sud de cette dernière. Le seuil de la *procella* comprenait plusieurs couches d'enduit blanc superposées, ce qui prouve la fréquence du culte qui devait y être célébré. Toutes ces constructions avaient été édifiées en briques crues.

Le mur de la *procella* était adossé au rocher dans lequel avait été creusé le spéos. Seules subsistaient les parties inférieures situées de part et d'autre de la porte d'accès au spéos, sur une hauteur de 1,70 mètres. Dans la cour subsistait également, au moment du dernier dégagement, un autel de grès de plan rectangulaire (hauteur totale : 83,5 centimètres). Il était formé d'un tronc de pyramide surmonté d'une corniche à gorge, et revêtu d'un enduit blanc.

On entrait dans le spéos par une porte qui s'ouvrait vers l'intérieur. Sur les faces sud et nord, de chaque côté de la porte menant à l'intérieur du spéos, on pouvait encore distinguer la partie inférieure de la décoration, peinte sur application de *mouna*. Trois génies de la fertilité étaient conservés en entier à gauche, alors que deux seulement demeuraient à droite. Le groupe de gauche était constitué de deux images de Hâpy, l'Inondation, coiffé du bouquet de « lis », barbe osirienne au menton. Était présentée une table d'offrandes garnie de pains, de paniers de raisins et de dattes, sous laquelle pendaient des rangées de mandragores et de lotus. C'est la première fois en Nubie que ce défilé de l'abondance apparaît sur la plinthe *extérieure* d'un temple. Entre ces deux génies, on peut voir une délicieuse jouvencelle à la longue perruque sur laquelle elle porte le signe de la campagne. Son visage aux traits extrêmement fins est du meilleur style métropolitain de l'époque. Une tunique turquoise souligne avec sobriété ses formes, et ses bras graciles soutiennent aussi un lourd plateau d'offrandes supportant un panier flanqué de légumes et contenant trois œufs. Sous le plateau sont suspendus deux poissons *boulti* (le poisson sacré *inet)* ainsi qu'un harmonieux bouquet de cinq canards sauvages, tête en bas. Les

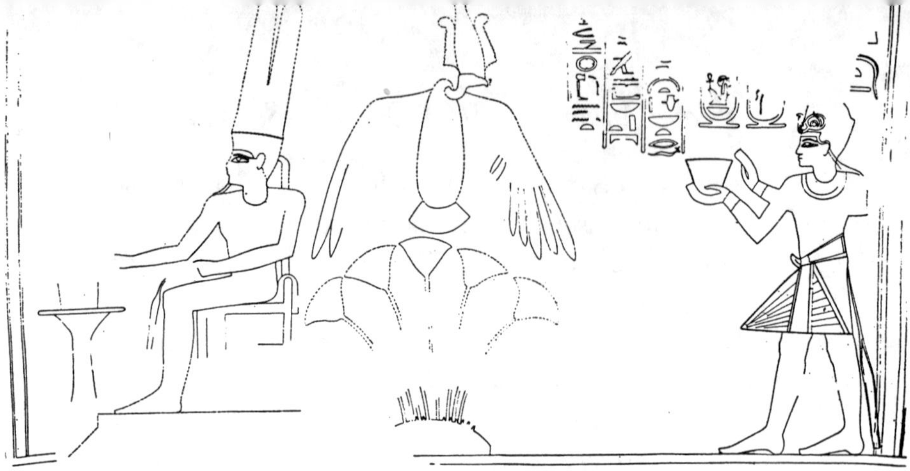

Décor du fond du spéos. Première étape : pour Amon. Dans l'axe du mur, le Vautour et les papyrus étaient éclairés par le soleil surgissant de la fente de la montagne orientale sur l'autre rive du Nil, à deux moments de l'année.

Décor du fond du spéos. Deuxième étape : pour Horus. Le groupe central est amplifié et décalé vers le sud. Le soleil, pour l'éclairer à son lever, sera capté plus au nord, au sommet de la montagne.

Décor du fond du spéos. Troisième étape : le culte pour Amon est rétabli, mais il bénéficie des améliorations décoratives précédentes.

teintes irisées des écailles et des plumes évoquent encore les tonalités de la nacre.

Parallèlement, la même procession, typique de l'époque d'Aménophis III, ornait le mur de droite, où ne restaient plus que deux génies visibles. Les deux processions se dirigeaient vers l'intérieur de la grotte, à la rencontre de l'Amon, Maître des Chemins. Le registre supérieur, très détérioré, permet de reconnaître encore les jambes et les pieds du roi, chaussés de sandales blanches, devant les vestiges d'une table d'offrandes. Le pagne du roi était orné, à l'arrière, de la queue animale cérémonielle.

Le spéos lui-même, seul élément de pierre, était de taille réduite et contenait en son centre un socle sur lequel avait pu être posé un objet de culte[3]. À l'intérieur, la porte était encadrée de deux colonnes de textes, peintes au protocole de Neb-Maât-Rê, nom de sacre d'Aménophis III. La décoration des deux murs latéraux, très détériorés, montrait en partie le roi tournant le dos à la porte et consacrant parallèlement de nombreuses offrandes, liquides et végétales, le tout dominé par un tableau indiquant la nature des présents et leur qualité.

Le mur le mieux conservé, celui du nord, a permis de reconnaître le souverain, pagne court, canne en main, devant une sellette et deux dressoirs supportant des vases (l'un d'eux dominé par un encensoir) ; puis on trouve un amoncellement de victuailles : pains, fruits, légumes, pattes et têtes de bovidés et canard troussé[4]. À l'extrême gauche, Amon trône sur une estrade. On peut voir que son chef a été remanié : des vestiges de perruque sont visibles jusqu'à ses épaules et, à la hauteur de l'œil, on aperçoit, devant le nez du dieu, le bec d'un faucon. En fait, les deux côtés de la pièce sont ornés d'une scène constituant la conclusion de tout un rite : la Grande Offrande au dieu.

L'intérêt exceptionnel du spéos est constitué par le décor peint sur le mur du fond, dont l'étude, assez difficile, fait ressortir les différents remaniements du temple, peut-être sous Aménophis III, puis certainement sous Aménophis IV et, enfin, lorsque Ramsès II s'en est emparé pour agrandir l'ensemble des bâtiments de brique, avant de transformer le grand et original tableau de fond.

Voici comment, par l'étude des diverses couches de peintures «déposées»[5], on peut tenter de reconstituer l'histoire de ce sanctuaire unique, qui ne ressemble à aucune autre Fondation.

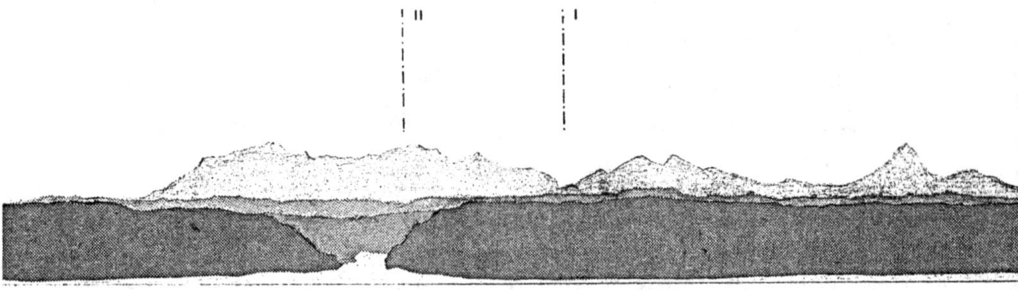

Croquis de l'horizon oriental face au spéos. Aboutissement des deux axes du décor : à droite, la fente par où apparaît le soleil dans l'axe du premier décor. L'axe du second décor correspond au sommet de la montagne légèrement plus au nord (à gauche).

Le centre du mur du fond, *dans l'axe exact de la porte* (est-ouest), avait été décoré d'un buisson de papyrus au-dessus duquel planait, comme pour protéger les plantes, un grand vautour coiffé de la couronne du Sud flanquée de deux plumes d'autruche, tête tournée vers la droite en direction du roi, qui se tient à l'angle du mur, présentant au groupe central un vase à libations. Le souverain porte la coiffure du roi régnant, le *khépéresh.* Ses noms, dans les deux cartouches, le dominent. À l'extrémité gauche du tableau, l'image d'Amon aux hautes plumes (très probablement : Amon des Chemins[6]) est représenté assis, devant une sellette supportant un vase à libations. L'image divine est tournée vers la gauche : le dieu regarde vers le sud. Ce premier état du décor doit dater du début du règne du roi, auquel le Vautour de Nekhabit s'adresse (d'après les textes subsistants) pour lui promettre, notamment, toute «joie». Il est fait allusion à la fondation d'un *«espace pur»*, ce qui plus tard fut appelé, à Philae par exemple, un *abaton*, allusion évidente au site où avait été creusé le spéos.

La touffe de papyrus, dominée par Nekhabit, est exactement représentée dans l'axe de la porte du spéos, axe qui se prolonge en droite ligne jusqu'à l'échancrure la plus profonde de la montagne qui lui fait face, au-delà du Nil, sur la rive droite.

Très probablement au moment de la corégence d'Aménophis et de son fils, le futur Akhénaton, le lieu sacré subit une radicale transformation, de même que la décoration du mur du fond du spéos. Le fourré de papyrus qui était dans l'axe de la porte et de la cour fut repeint, son image légèrement repoussée vers le sud. Le Vautour fut également repeint, déplacé vers le sud pour continuer à dominer la plante, mais sa tête fut tournée vers le sud. De chaque côté, le seul cartouche du couronnement Neb-Maât-Rê a été figuré. Le nom de naissance du roi, Imenhotep, est éliminé, de même que l'image d'Amon. La composition du tableau a encore été modifiée : à la place de l'Amon, à gauche, on a peint un autel à gorge, servant de socle au buste du Faucon d'Horus, dominé par un grand soleil. On peut lire devant la tête : Horus resplendissant (*nefer*). À ce groupe du sud (de gauche) correspond le groupe du nord, composé de la même image du roi, toujours debout, et maintenant devant une sellette supportant un vase à libations et présentant un godet à encens à une image d'Horus assis, coiffé du *pschent*[7]. Ainsi, dans la deuxième phase du décor, Horus remplace complètement Amon. Sur les murs de côté, la même « mutation » a pu être constatée.

Le déplacement du papyrus et du Vautour fait que le groupe ne se trouve plus dans l'axe de la porte du spéos. Pour pouvoir apercevoir l'oiseau dominant le papyrus, il faut, de l'extérieur, ne plus se tenir devant l'axe de la porte, mais se déplacer un peu au nord de celle-ci. Les fouilles ont révélé l'agrandissement de l'aire des pièces qui avaient déjà été ajoutées par Aménophis III. Son fils, le quatrième du nom, l'enrichit encore d'autres salles frontales et latérales, mais toutes, fidèlement, suivaient un axe aboutissant à l'image déplacée de l'oiseau et du papyrus, en une ligne ainsi oblique par rapport à la façade du spéos. Et cet axe, remontant légèrement vers le nord, n'aboutissait plus, sur la rive droite, au creux de la montagne, mais légèrement au nord, au sommet de la chaîne rocheuse.

Il faut évidemment reconnaître, dans la transformation du décor, l'agrandissement des bâtiments et le changement d'axe, l'intervention d'Aménophis IV : Amon est supprimé et supplanté par Horakhty. De surcroît, un rôle majeur est reconnu au groupe de papyrus dominé par Nekhabit, déesse du Sud. L'orientation du centre a légèrement changé, mais demeure fidèle à la mise en relief du Vautour sur papyrus, plante évoquant le Nord, groupe dont l'importance extrême est soulignée.

Enfin, voici la dernière étape de cet étrange sanctuaire. Les bâtiments de brique furent restaurés et légèrement agrandis ; lorsque l'aventure amarnienne était déjà loin, Ramsès fit restaurer le monument. Il choisit l'emplacement pour honorer davantage celui qu'Aménophis IV avait voulu estomper, et Amon réapparut en force dans les deux groupes du mur du fond du spéos. À droite, on le voit de nouveau assis devant le roi Aménophis III ; à gauche, le buste du bélier d'Amon, derrière lequel se profile le chasse-mouches royal, a remplacé la tête de faucon[8]. Un détail essentiel a été rajouté : alors que dans la première version du décor, Aménophis III n'avait fait représenter que les deux cartouches de son nom de Neb-Maât-Rê, Ramsès a fait ajouter deux fois le second cartouche supplémentaire contenant le prénom de naissance du roi, Imenhotep, Souverain de Thèbes. Amon réapparaît, partout.

Ces remaniements, uniques dans un temple de Nubie, constituent le témoignage de la montée « solaire », si je puis dire, puis de son déclin au bénéfice d'Amon. Ils correspondent à l'intervention de trois rois qui tenaient à différencier deux expressions divines. On a pu voir qu'à Amada, bien au contraire, trois autres monarques s'étaient efforcés de réunir des forces apparemment distinctes et de rapprocher Amon de Rê.

Une image pourtant demeure au cœur des trois étapes traversées par le décor, et d'importance, puisqu'elle fut déplacée intentionnellement, tout en gardant le même aspect. Il s'agit du Vautour surplombant le papyrus. Si l'on fait appel à la grammaire symbolique connue des éléments du protocole royal, on sait que le Vautour de Nekhabit peut être remplacé par le lis. On n'ignore pas davantage qu'au papyrus peut être substitué le cobra de Ouadjet. On se trouve donc devant les deux animaux de la royauté, les Deux Mères Tutélaires, dont le rôle est de faire renaître ou réapparaître le Souverain – dont les doubles cartouches sont dirigés vers la tête du Vautour, comme pour l'identifier. Au fond du spéos, par un rébus, une « cryptographie » monumentale chère aux scribes, la présence du roi était assurée, comme elle l'était, statufiée, au saint-des-saints de certains spéos ou dans les grottes de Kasr Ibrîm. Et par le jeu d'une double interprétation, on pourrait reconnaître dans les deux motifs les éléments du Sema Taouy, le lis et le papyrus réunis, rappelant l'arrivée de l'Inondation[9].

Ajoutons que par ses murs historiés, ce temple constitue en Nubie le seul témoignage du passage d'Aménophis III et de l'empreinte d'Aménophis IV dont Ramsès a voulu – sans y parvenir complètement – effacer la mémoire.

XI

Abou Oda : le spéos d'Horemheb

La XVIIIe dynastie allait bientôt s'achever lorsque le général Horemheb monta sur le trône des Aménophis et des Thoutmosis. Près de lui œuvrait le Vizir Pa-Ramessou, père d'un petit Séthi dont le nom prouvait que la famille devait avoir un lien assez étroit avec Seth. Seth incarnant la perturbation, le Vizir devait cependant y reconnaître une forme divine bénéfique puisqu'il l'avait choisie pour patron de son enfant. Seth était souvent, à cette époque, confondu avec Baâl. Pa-Ramessou, originaire du Delta où l'on vénérait Seth, devait être aussi en totale complicité avec son maître Horemheb pour préparer l'arrivée de la dynastie à venir (la XIXe) qui allait apparaître avec une nouvelle période sothiaque[1], événement heureux entre tous.

Après avoir pris les rênes du pouvoir, le général-pharaon devait aussi rappeler l'efficacité de sa présence au-delà des frontières et ne pas davantage oublier cette région du Sud, dont l'or était de toute première importance. Entre Abou Simbel (Meha) et Qoustoul, sur la rive droite (est) de *Ouaouat*, le roi fit creuser, suivant un axe est-ouest, un petit spéos[2] pour Amon-Rê de Karnak et pour Thot d'Hermopolis, tous deux accueillis dans cette place appelée Hery-ib-Imen. L'entrée du spéos consistait en une simple ouverture taillée dans la paroi rocheuse, à pic sur le Nil pendant la période de l'Inondation. Cinq marches creusées dans le grès donnaient accès à une salle ornée, en son centre, de quatre élégantes colonnes papyriformes à chapiteaux fermés et taillées dans le rocher. Elles semblaient soutenir un plafond plus élevé, dans l'allée centrale limitée par ces « supports », que le plafond des bas-côtés.

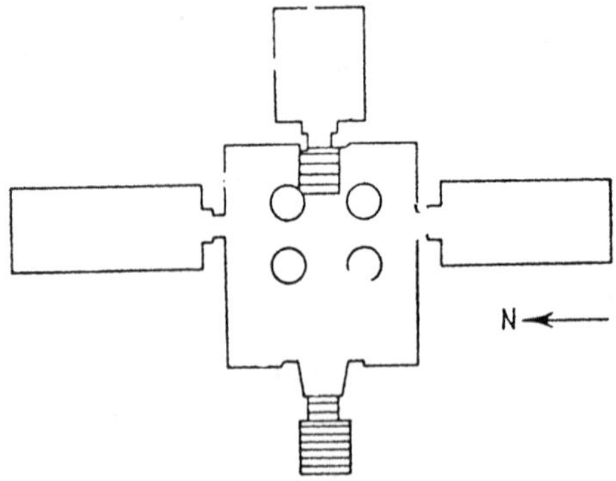

Plan du petit spéos d'Horemheb en Abou Oda sur la rive orientale du Nil.

Deux pièces latérales, sud et nord, sans décor, flanquaient la salle centrale au niveau des colonnes. Au fond, on trouvait un petit sanctuaire (ou saint-des-saints) quatre fois moins important que la salle aux colonnes. Lieu de culte très soigné, à l'architecture interne remarquablement équilibrée, aux reliefs d'une grande qualité esthétique et historique, ce spéos, connu sous le nom moderne d'Abahouda, ou plus communément Abou Oda, ne put être sauvé en entier, car la pierre était trop pulvérulente[3]. Les reliefs les plus importants en furent cependant extraits.

Sur le mur nord de la salle aux colonnes, Horemheb est figuré déjà promis à la couronne, nourri par Anouket, sa mère divine, Maîtresse de la Nubie. Il tient à la main le petit oiseau (rekhyt) *évoquant les sujets de Pharaon. À droite, Khnoum, Maître des Cataractes,* « résidant dans la montagne pure ».

Ce fut d'abord celui de droite, au nord, où Horemheb figuré comme un enfant, couronné cependant, est nourri par Anouket, Maîtresse de la Nubie (Ta-Sety), à la coiffure de sauvageonne, en compagnie de Khnoum, « *résidant-dans-la-montagne-pure-à-la-tête-de-la-Terre-du-Sud* ».

Sur le mur sud de la salle aux colonnes, Thot, Grand Dieu qui réside à Héryib-Imen (Abou Oda) trône à la tête des quatre Horus de Nubie, qui apparaissent réunis pour la première fois : Horus de Baki, Horus de Miam, Horus de Meha, Horus de Bouhen.

Cette illustration classique, qu'Horemheb avait déjà fait reproduire au Gebel Silsilé, est visiblement utilisée pour affirmer son état de souverain nourri dans le giron de la Grande Mère divine. Plus loin, sur le même mur, le voici en tant que maître de *Ouaouat*, accueilli par Thot, Maître du Calendrier, celui qui ramène l'Inondation, en compagnie des Horus de Nubie, pour la première fois au nombre de quatre : il y a ceux de Baki, de Miam, de Bouhen, mais aussi celui de Meha qui est enfin révélé ici. Les images de Seth d'Ombos, Seigneur-de-la-Terre-du-Sud, et d'Horus entourent Pharaon.

Pour la première fois aussi, Horemheb vient d'introduire en Nubie (mur sud du spéos) Seth, cette forme divine de son environnement politique, qui s'affirmera durant les règnes de ses successeurs, les premiers Ramessides[4]. Toujours sur le mur sud, et toujours sur un seul registre, il n'omit pas de faire sculpter et

Sous le Soleil ailé dispensateur de la vie : Horemheb est introduit par Horus, qui le vivifie, et Seth, dont l'image apparaît pour la première fois en Nubie.

polychromer son vis-à-vis avec Amon de Karnak. Enfin, à droite de l'entrée, on voit, sur le petit mur ouest, le roi se présenter devant Thot.

Le saint-des-saints, creusé dans le mur oriental et auquel on accédait par cinq marches, portait, sur son mur nord (à droite), le tableau – qui deviendra classique sous Ramsès II – montrant la barque d'Amon-Rê, ornée de la tête de bélier en figure de proue et de poupe. Mais les inscriptions qui l'accompagnent nous apprennent qu'elle contenait à la fois Amon-Rê et Thot. À droite et à gauche du mur ouest subsistaient les images du génie de l'Inondation, porteur du plateau d'offrandes et accompagné d'un petit veau[5].

On pouvait s'attendre à découvrir, sur le mur du fond, l'image en relief du souverain entouré de deux formes divines, comme dans la grotte d'el-Lessiya. Ce n'est pas le cas. À la place, les traces d'un bas-relief laissaient apercevoir Horemheb faisant l'offrande de Maât, l'équilibre cosmique, devant l'effigie de Ptah. Ce tableau a été très détérioré par les Nubiens de l'époque chrétienne qui avaient transformé le spéos, creusé dans la montagne sainte (Djou Ouâb), en église. Les restes de cette dernière fondation étaient demeurés très visibles. Les colonnes et les chapiteaux, toujours élégants, portaient une agréable polychromie. Le plafond de l'allée centrale, entre ces colonnes, était orné de la majestueuse représentation du Christ Pantocrator, en compagnie de deux saints du Paradis. Les plafonds des deux bas-côtés étaient encore recouverts de décors imitant des caissons où persistaient le rouge, l'ocre et le noir. Quant au fond du saint-des-saints, il avait été recouvert de textes en « vieux nubien »[6].

La petite chapelle-grotte d'Abou Oda, très élégante et de style très soigné, traduisait l'aboutissement d'une évolution et constitue la réelle transition attendue entre les sanctuaires et spéos de la XVIIIe dynastie et ceux de l'époque de Ramsès. Les acteurs principaux du scénario ont pris place, Seth a fait une apparition (qui restera extrêmement discrète dans le Sud). La présence du génie de Hâpy évoque l'introduction des eaux de l'Inondation dans le sanctuaire. Thot reçoit justement l'hommage de Pharaon qui lui a, en partie, dédié le sanctuaire; la barque d'Amon-Thot anime le saint-des-saints, au fond duquel le roi fait l'offrande suprême à Ptah, nouveau venu en Nubie.

Enfin, le quatrième Horus de Nubie, celui de Meha, est cité et cédera bientôt la place au grand Ramsès qui l'incarne en Abou Simbel.

XII

L'hémi-spéos de Ramsès-Ouser-Maât-Rê[1] à Beït el-Ouali[2]

« La maison d'Amon-Rê »

Lorsque la barrière de grès prenait possession de la Nubie, à quatre-vingts kilomètres des premiers granits roses qui partaient d'Assouan, on rencontrait la vaste et basse crique de Taffé, sur la rive occidentale du Nil, suivie du rétrécissement des grès de Kalabsha, là où passe le tropique du Cancer. Sur la hauteur, avait été aménagé, par ordre du futur Ramsès II, couronné corégent de son père sous le nom d'Ousermaât-Rê, un hémi-spéos, c'est-à-dire un petit temple dont la partie antérieure est construite et la partie postérieure composée d'une grotte artificielle. Ce site de prédilection avait peut-être déjà été choisi par Séthi Ier pour y consacrer un sanctuaire, mais seul un bloc, sculpté à l'image du roi purifié par Seth et Horus, subsistait parmi les décombres, dans les parages immédiats[3].

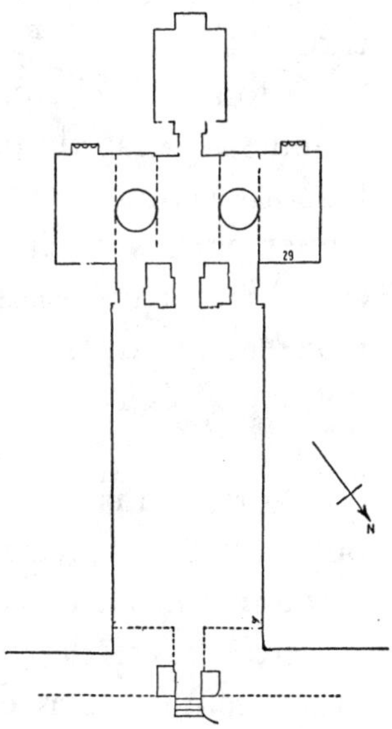

Beït el-Ouali : plan du premier hémi-spéos de Nubie.

Une porte en l'honneur de Rê-Horakhty, édifiée par assises de grès, était flanquée de deux tours de briques crues dont il ne restait plus que les

Ramsès, à l'époque de la cogérence avec son père Séthi, suivi de deux de ses jeunes fils – Imenher-Khopsh et Khaemouaset – charge une bande de rebelles du pays de Koush *et les poursuit jusqu'à leur village.*

arasements et qui s'appuyaient sur la montagne, taillée en cet endroit pour former une cour en longueur et à ciel ouvert.

Au fond de celle-ci, le spéos avait été creusé suivant un axe est-ouest. Sa façade percée de trois portes donnait sur la cour. La porte centrale (le rocher au-dessus d'elle fut taillé en anse de panier par les chrétiens lors de la transformation du lieu en église) était située dans l'axe du sanctuaire. Les deux accès latéraux étaient dans l'axe des deux massives colonnes « protodoriques » réservées dans la pierre, qui ornaient le vestibule. Ce dernier, tout en largeur, occupait horizontalement une surface qui correspondait aux 5/6 de l'étroite et longue cour. Le vestibule desservait directement le sanctuaire, à peine plus large que la travée centrale de celui-ci.

Cette œuvre de jeunesse de Ramsès constitue le premier monument consacré en Nubie par le souverain, à l'époque de sa corégence avec son père. Peut-on considérer le monument, ses éléments architectoniques, ses reliefs, comme la traduction d'un

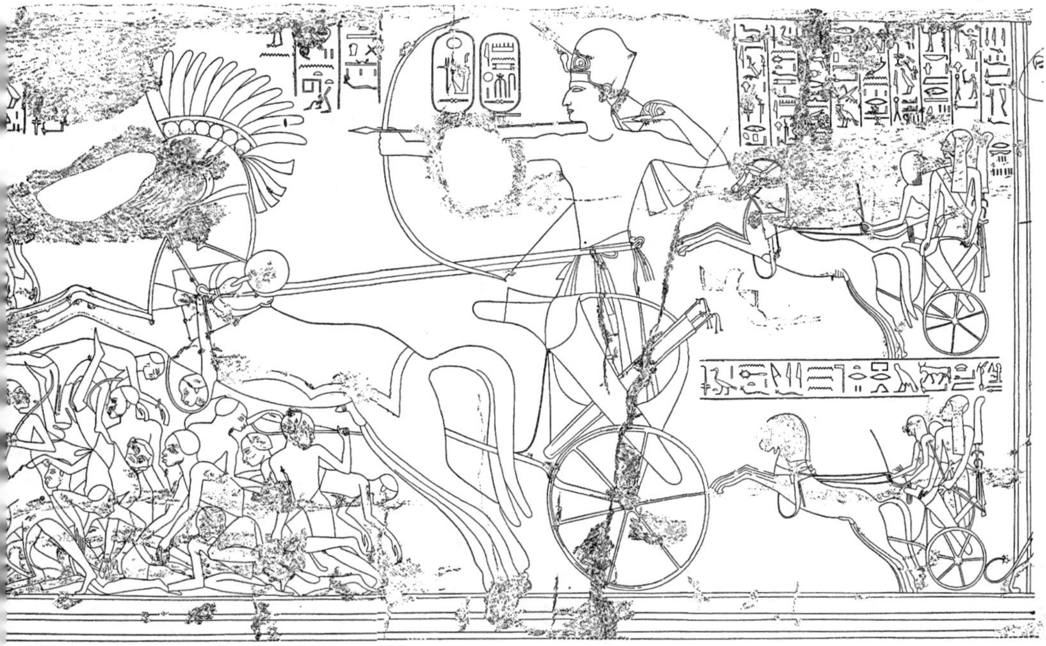

nouveau message exprimé par Ramsès – ou s'agit-il d'une Fondation toujours inspirée par les prêtres-savants de son royal père? Il suffit pour s'en faire une idée de souligner ce qui paraît constituer des innovations dans le contexte architectural et iconographique des temples égyptiens de Nubie.

Nous voici donc devant un spéos conçu comme un petit temple souterrain agrémenté de deux colonnes, inspiré de la grotte creusée par Horemheb à Abou Oda – dont le vestibule était orné de quatre colonnes fasciculées, papyriformes fermées. Ce vestibule, tout en largeur, correspond à la pièce centrale flanquée de deux petites salles latérales d'Abou Oda. Mais le jeune Ramsès avait, avant tout, tiré son inspiration du temple de Redésieh, fondé par Séthi Ier sur le chemin qui conduisait aux mines d'or, entre Edfou et la mer Rouge, dans le Ouadi Mia de Haute-Égypte. Conçu en hémi-spéos, le sanctuaire du fond, taillé dans le rocher, était composé de trois niches où Séthi, aussi bien au centre que sur les bas-côtés, apparaissait assis, entouré de deux formes divines. Voulant, à son tour, innover, Ramsès reprit la notion de trois niches mais sépara les deux niches latérales de la centrale et les disposa aux deux extrémités du mur occidental du vestibule de sa première fondation nubienne. Dans le fond du saint-des-saints, un trio de personnages assis avait été réservé dans la pierre.

À ces nouveautés constatées dans l'architecture s'ajoutent de nombreux apports dans la décoration, à commencer par celle de la cour. Pour la première fois en Nubie, un temple pharaonique n'est plus uniquement consacré à l'hommage aux formes divines mais (mise à part une allusion à des exploits guerriers sur la stèle d'Aménophis II du temple d'Amada) à un rappel de l'histoire. Les deux scènes de répression et de pacification, figurées sur les murs latéraux de la longue cour, évoquent non seulement les premiers hauts faits du corégent mais résument aussi certainement ceux de son père.

*Salle à colonnes, mur sud. Ramsès est accompagné de la maîtresse d'Ibshek, Hathor, qui lui offre d'innombrables années de fêtes-*Sed. *Il encense et fait la libation pour Horus, Seigneur de Bouhen (Ouadi Halfa), et pour Isis-Scorpion, la Grande Maîtresse du Ciel, Souveraine des Deux Terres, lesquels lui assurent les* « années d'Atoum et la durée d'existence du Soleil ».

Il a été fait mention, dans la première partie de ce livre consacré au pays de Nubie, de l'expédition punitive menée jusqu'au pays de *Koush*. C'est elle qui est probablement représentée ici avec une recherche d'anecdotes prises sur le vif, et sculptée sur toute la longueur du mur sud de la cour. L'action se termine par l'hommage rendu au jeune Ramsès par les « pacifiés », en présence du Vizir, du Vice-Roi et des princes royaux. Sur le mur nord, les épisodes relatifs aux représentations des voisins du nord de l'Égypte (Syriens et Libyens) sont beaucoup plus violents. L'action du roi est valeureuse et rapide, les peuplades évoquées correspondent à plusieurs types ethniques différents : la crainte était plus sérieuse, le danger plus grand que celui représenté par les gens du Sud. On assiste à une démonstration de force qui s'imposait, et à laquelle Pharaon participe avant de bénéficier de son heureuse conclusion. Sur le plan symbolique, elle marquait le triomphe du bien sur le mal.

Détail du défilé des tributs devant Pharaon. Les hommes du pays de Koush *apportent lion, oryx, deux bœufs de mascarade.*

La grotte d'Abou Oda, ornée de ses scènes rituelles, avait directement accès au Nil. L'hémi-spéos de Beït el-Ouali possédait de surcroît un couloir de transition entre le profane et le sacré où, pour la première fois dans un sanctuaire de Nubie, sont représentées des scènes militaires. Pour la première fois aussi, apparaît en Nubie le résumé symbolique du rôle primordial et protecteur joué par Pharaon pour la sécurité de son peuple, scène par ailleurs déjà fixée à la Ire dynastie autour d'une épopée qui deviendra classique et qui apparaît sur la palette de Narmer[4]. Elle est reprise avec éclat par Thoutmosis III sur le septième pylône de Karnak : le roi, un bras levé, accomplit le geste traditionnel d'exterminer un adversaire – ou un groupe d'ennemis – venu du Sud ou issu du Nord. Ces scènes classiques figurent sur les pylônes du Nouvel Empire. Il paraissait difficile – sinon impossible – de réserver une place propre à les recevoir sur les étroites parois de la façade situées entre les trois portes du spéos. Aussi ont-elles été reportées sur les parties sud et nord du mur intérieur est du vestibule.

Ce décor essentiel constitue une innovation, qui sera bien vite reprise dans les deux temples d'Abou Simbel. Autre nouveauté, et d'importance : l'apparition des deux niches annexes, sortes de chapelles, et surtout leur emplacement : elles occupent les deux extrémités du mur occidental du vestibule. Au sud, on y reconnaît la statue du roi assis, entourée des images de l'Horus de Baki et d'Isis. C'est un hommage aux entités de la région de Dakké. Au nord, on peut voir la statue de Pharaon, flanquée des images de Khnoum et d'Anouket. Ce dernier groupe évoque alors la région d'Éléphantine et le domaine des parèdres du potier divin, plus spécialement affecté à la Nubie. Rappelons que l'introduction de ces deux niches latérales contenant chacune trois statues est un emprunt du roi à son père Séthi Ier.

Si l'on se reporte maintenant à la décoration des deux grands tableaux ornant les murs sud et nord du vestibule, on découvre le désir exprimé sans détour par Ramsès de bénéficier de nombreux jubilés. On le voit sur le mur sud, semblant avoir parcouru toute la Nubie, se présentant devant l'Horus de Bouhen, à la Deuxième Cataracte, escorté d'Isis-Scorpion[5], patronne de la Nubie. Pour bien préciser son souhait, il est accompagné de la belle Hathor tenant les insignes de nombreuses fêtes-*Sed*. Sur le mur nord, un tableau parallèle présente Ramsès suivi par la

«Nubienne» Anouket avec les signes des innombrables jubilés, offrant le vin à Khnoum et à Satet, maîtres d'Éléphantine.

Au-dessus de la porte centrale, qui fait communiquer la cour et le vestibule, le fronton a été entaillé en arc de cercle lorsque le temple fut transformé en église. On distingue cependant, sur la

façade, deux images d'Amon assis, se tournant le dos et promettant également à Ramsès des fêtes-*Sed*.

Le parallélisme dans le décor des tableaux ornant le spéos est lui aussi établi avec une grande rigueur. Ainsi, sur le mur occidental du vestibule, de chaque côté de la porte donnant dans le sanctuaire, on voit, à gauche, le roi présentant la statuette de Maât pour Amon-Rê. À droite, le souverain offre le vin de l'ivresse divine au même Amon-Rê.

Sur les parties encore libres des parois, les sculpteurs ont représenté les images de Pharaon vivifié par le signe *ânkh*[6], ou

*Salle à colonnes, mur nord. Ramsès est accompagné d'Anouket, maîtresse de la Nubie (Sety), qui lui offre d'innombrables années de fêtes-*Sed. *Il présente les vases à Khnoum, Seigneur de l'Eau fraîche (cataracte), qui réside à Éléphantine, et à Satet, Maîtresse du Ciel. Tous deux lui assurent la puissance sur tous les pays.*

encore pris dans leurs bras par ses hôtes divins... Ailleurs, il leur présente de nouveau pain, encens et même la statuette de Maât, résumant la suprême charge royale.

Arrivé dans le saint-des-saints, il faut se retourner pour admirer deux des plus beaux reliefs du spéos, les scènes d'allaitement rituel dont le prototype, pour la Nubie, est apparu sous Thoutmosis IV en Amada. Devant les parties sud et nord du mur est, on ne peut se détacher du charme et de l'élégance qui se dégagent du groupe formé, au sud, par Isis protégeant et allaitant le jeune pharaon auquel est ainsi attribuée l'identité de celui qui est issu de la matrice divine. Au nord, rendue dans une attitude encore plus gracieuse, la svelte Anouket transmet aussi au prince le lait solaire, nourriture suprême[7].

Au fond du sanctuaire, avait été taillé dans la pierre un groupe de trois statues maintenant très détériorées. On retrouve ici le même type de statues que celles déjà apparues dans le premier spéos d'el-Lessiya, et qui existent aussi dans les petites grottes creusées au pied du rocher de Kasr Ibrîm. Elles correspondent au dispositif utilisé dans les chapelle des tombes du Nouvel Empire. Ces niches permettent de rapprocher les spéos de Nubie des Cénotaphes, mais elle avait déjà été triplée par l'innovation de Séthi Ier à Redésieh.

On peut supposer, sans grand risque de se tromper, que l'image centrale de la niche de ce sanctuaire nubien était celle de Ramsès, le corégent. Quant à ses parèdres, on peut les déduire de la fréquence des représentations divines dans le spéos afin d'identifier celles d'entre elles que Ramsès a voulu honorer à ses côtés. Ainsi figurent sur les murs : Amon-Rê et Amon-Min, 17 fois; Khnoum, 5 fois; Horus de Baki, 4 fois; Horus de Miam et de Bouhen, 3 fois; Anouket, 3 fois; Satet, 3 fois; Isis, 3 fois : Sokaris, 2 fois; Hathor, Ptah, 1 fois.

L'une des deux statues latérales devait donc logiquement être la figuration d'Amon-Rê; l'autre pouvait être celle de Khnoum ou d'une des deux déesses des cataractes. Rien ne permet réellement de conclure…

En quoi, dans le message présenté par le spéos, Ramsès a-t-il apporté sa touche personnelle? On décèle une révérence certaine pour Amon et son désir très souligné de bénéficier de nombreuses fêtes-*Sed* : vœu exaucé! Il faut également remarquer le soin porté à démontrer – ou à confirmer – à deux reprises comment il était issu de la matrice divine. Il introduit, par

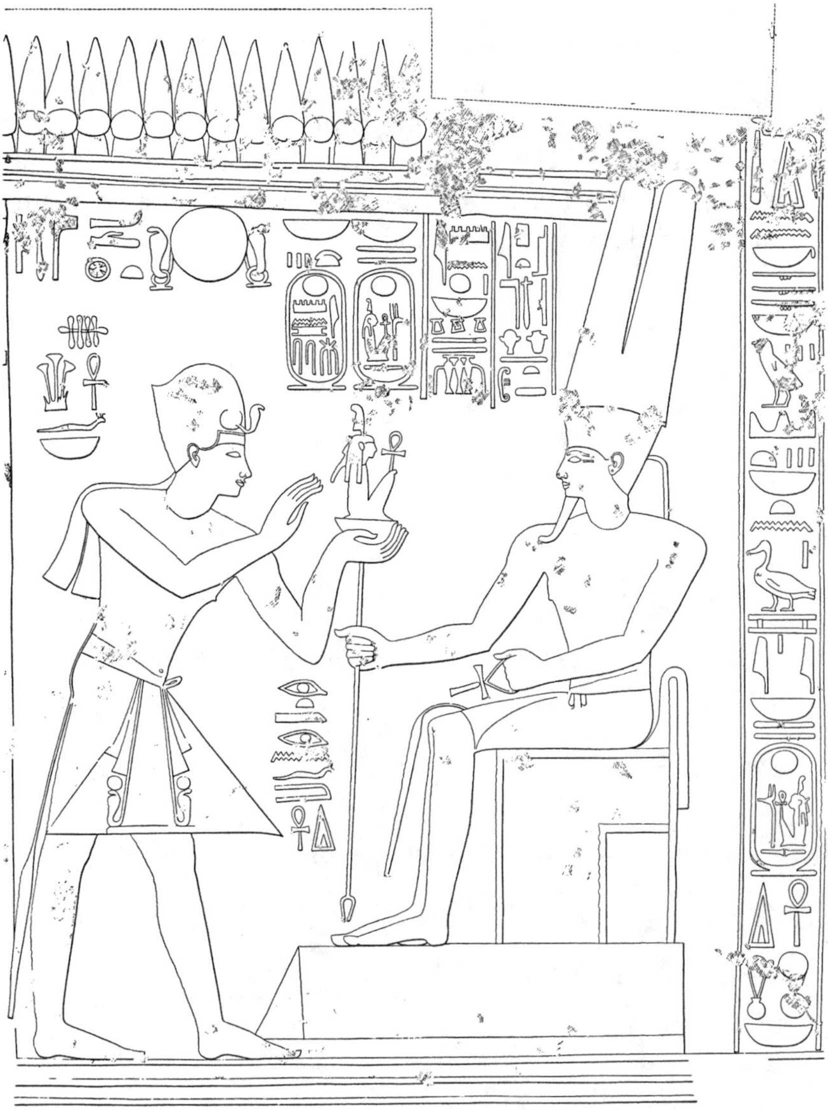

Dans la salle à colonnes et sur le mur occidental, Ramsès, bien que corégent, s'arroge le droit régalien de faire monter Maât (l'équilibre cosmique) au visage de son maître (Amon).

ailleurs, des scènes militaires dans un domaine uniquement réservé au culte. Il transforma, en Nubie, la notion du spéos-grotte en spéos-temple. Jeune novice dans le gouvernement de l'Égypte qu'il partage encore avec son père, mais déjà désireux de s'attribuer l'acte suprême réservé au maître du pays, il introduit l'offrande de Maât à une place essentielle dans le vestibule. *En revanche, la barque du dieu n'apparaît pas.*

La dernière étape des temples de Nubie avant la fondation des spéos d'Abou Simbel venait d'être franchie. Pharaon allait maintenant magistralement innover et léguer au monde son mémorial.

XIII
Le chemin vers Abou Simbel

Lorsque le jeune Ramsès avait choisi le nord de la Nubie pour y consacrer sa première Fondation religieuse, peut-être songeait-il à glorifier sa prometteuse corégence. Soucieux de se concilier les forces divines d'Éléphantine, il fit donc aménager l'hémi-spéos de Beït el-Ouali, à mi-chemin entre la Première Cataracte et le temple qu'un des plus glorieux ancêtres de la couronne, Thoutmosis le Troisième, avait fait ériger face au débouché du Ouadi Allaki. Pour ce choix, ses astronomes l'avaient sans doute conseillé : c'était l'endroit traversé par ce que nous appelons le tropique du Cancer.

Il était probablement accompagné de Séthi lorsqu'une répression s'était révélée nécessaire dans les pays du Sud. Cependant il s'était fait figurer seul recevant le butin de la victoire sur le mur méridional de son premier sanctuaire nubien.

Peu de temps après le décès de son père, Ramsès avait de nouveau remonté le Nil nubien où, jadis, les forteresses avaient repoussé les bédouins pillards et retenu les convoitises du « vil pays de *Koush* ». Arrivé devant le temple spéos d'Aménophis III, à Ouadi es-Séboua, qui avait été remanié par Aménophis IV, il avait donné ordre de rétablir les figures d'Amon, de restaurer et d'agrandir encore le vieux temple de briques crues. Au sommet de la grande boucle du Nil, il avait dû rester songeur et admiratif durant sa visite du sanctuaire que trois souverains avaient choisi et complété pour célébrer leurs fêtes jubilaires. Il n'avait pas manqué de remarquer les silhouettes jumelées d'Amon et de Rê sur une simple barque divine, sans rames ni équipage, mais paraissant venir du Sud pour se diriger vers l'Égypte. Là encore, il avait fait remodeler les images martelées d'Amon.

Plus que jamais, il était persuadé que les rives du Nil nubien allaient lui permettre d'assurer à son pays la protection de forces supérieures, capables d'assurer le retour régulier de l'abondance. Les Fondations pieuses érigées en métropole avaient, certes, pour but essentiel d'assurer le fonctionnement de la machine divine. Mais en pays de *Ouaouat,* il lui paraissait essentiel de se préoccuper avant tout de l'arrivée de l'Inondation, sans la régularité de laquelle l'Égypte pouvait connaître de terribles famines et redouter l'anéantissement. Il devait transposer, sur un autre plan, les efforts de ses prédécesseurs – dont un des devoirs majeurs avait été, jusqu'à présent, de protéger par des citadelles et des soldats la sécurité de la frontière méridionale. Le danger matériel semblant écarté, il fallait, maintenant, anéantir les forces invisibles qui pouvaient porter atteinte à l'arrivée du flot providentiel et empêcher son régulier retour.

Ce serait des entrailles du rocher qu'il ferait jaillir la puissance créatrice des cavernes miraculeuses, mais aussi majestueuses, qui dorénavant jalonneraient le parcours du fleuve afin qu'il déverse sur l'Égypte, au sortir de son cheminement nubien, toute la fertilité issue de la Terre du Dieu[1]. Les deux images d'Amon et de Rê lui apparaîtraient alors comme le dédoublement d'une seule et nécessaire force divine, participant à la fois du Nil et du Soleil. Il leur ferait dominer ses temples qu'il peuplerait d'une armée divine, évocation des quatre divisions de son armée terrestre, chacune sous la protection particulière d'Amon, de Rê, de Ptah et de Seth.

Laissant le petit spéos d'el-Lessiya où, au fond du rocher, le grand Thoutmosis apparaissait en compagnie de sa famille divine, Ramsès s'arrêta devant l'immense masse rocheuse d'Ibrîm sur la rive droite du fleuve, un peu au sud de Miam (Aniba). Des petites grottes, creusées à sa base par ordre de trois de ses prédécesseurs, présentaient chacune, dans la niche du fond, l'image du roi entouré de deux formes divines. Pour l'une d'elles, à la base sud du rocher, le Vice-Roi de Nubie, Néhy, avait surveillé les travaux en l'honneur de son souverain Thoutmosis III, entouré de l'Horus de Miam et de Satet, maîtresse de la Nubie. La grotte nord avait été creusée par ordre d'Ousersatet, Vice-Roi d'Aménophis II. Plus tard, vers la quarantième année du règne, le Vice-Roi de Ramsès, Sétaou, devait aussi creuser une grotte pour son pharaon.

Ramsès fit, de nouveau, remonter sa flottille jusqu'au spéos situé sur la rive orientale, par ordre d'Horemheb. Aménagé dans la « *montagne pure* » (Djou Ouâb) dans le site d'Héry-ib-Imen, le spéos, connu sous le nom d'Abou Oda, présentait, comme pour les grottes d'Ibrîm, une entrée où, au moment de la crue, devait affleurer le niveau des eaux[2]. Horemheb, le général devenu pharaon, qui avait placé sur le trône son ancêtre, avait choisi cet endroit à quelque soixante-dix kilomètres de la grande citadelle de Bouhen : Ramsès était curieux de découvrir, en ces lieux, le message du fondateur de « sa » dynastie.

C'était la première fois qu'il retrouvait en Nubie, dans un lieu sacré, l'image de Seth, dont sa famille et lui-même étaient entourés si fréquemment dans les temples du Delta oriental. Il retrouvait aussi la barque d'Amon-Rê, mais elle n'avait plus la forme de celle qui l'avait tant impressionné dans le petit temple de la Grande Courbe du Nil (en Amada). C'était la barque de procession munie d'un *naos* central au-dessus duquel les colonnes d'inscriptions enseignaient qu'il contenait les images d'Amon, Seigneur de Karnak, et de « *Thot, Seigneur des paroles divines, qui-réside-dans-Héry-ib-Imen-Seigneur-du-Ciel, qui-est-à-la-tête-du-Sud-Seigneur-de-la-Nubie*[3] ».

Tout au long de son voyage, il avait dénombré les figurations des deux Horus, Seigneurs de Baki et de Miam. Il savait aussi qu'il allait aborder le domaine de l'Horus de Bouhen, en arrivant à la Deuxième Cataracte. Mais, ici, dans la grotte, Horemheb avait fait représenter à côté de Thot non seulement les trois Horus connus, mais une nouvelle forme locale, celle de l'Horus de Meha – Meha, lieu-dit du plus grand des deux mamelons visibles sur la rive gauche, légèrement plus au nord.

Enfin, dans cet espace restreint, il avait constaté la mention deux fois répétée de Thot, non seulement présenté comme Seigneur d'Hermopolis, son fief égyptien, mais avant tout comme maître de la Terre du Sud et Seigneur de la Nubie (Ta-Sety). Ainsi, à plusieurs reprises, dans le couloir d'entrée, en encadrement de la porte et sur le linteau qui la domine, il était nettement déclaré que le spéos était à la fois consacré pour Amon-Rê mais aussi pour Thot, qui était alors révélé très clairement comme ayant une grande importance au sud de la Nubie. C'était près de l'endroit où, sur la rive droite, on apercevait deux mamelons rocheux, séparés par une coulée de sable doré, et faisant face au Nil. C'étaient le rocher de Meha et, plus au nord, celui d'Ibshek dont on disait que, depuis la XVIIIe dynastie, il était hanté par l'efficace et belle Hathor.

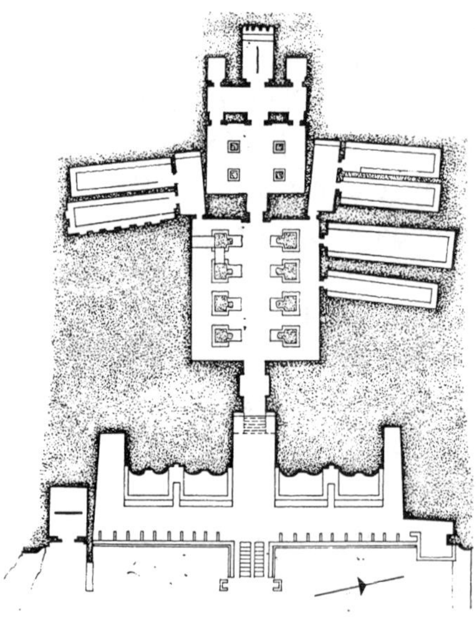

Plan du grand spéos creusé dans le rocher de Meha pour Ramsès II-Soleil.

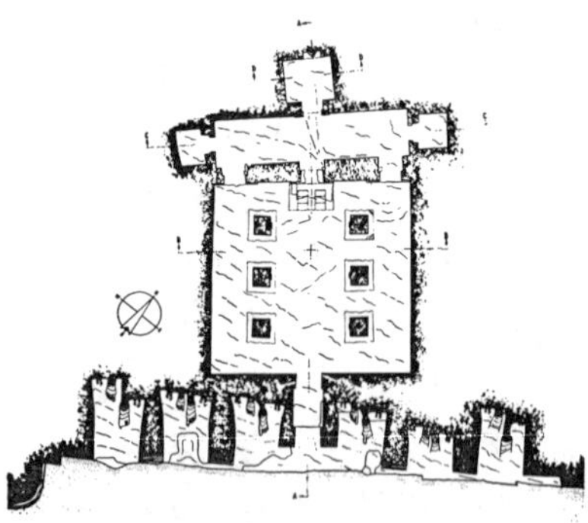

Plan du petit spéos creusé dans le rocher à Ibshek pour Nofrétari «par amour de qui le soleil se lève».

XIV
La prestigieuse Fondation de Ramsès dans le rocher de Meha

Au moment où Ramsès décida de créer une Fondation religieuse en cet endroit béni, près du spéos de celui dont il tenait indirectement la couronne, il n'existait pas encore, en Nubie, de vaste lieu de culte. En revanche, au nord du pays de *Koush*, à Soleb, Aménophis le Troisième avait fait ériger un imposant édifice, qui rivalisait en beauté et en élégance avec le temple de Louxor.

Ramsès ne désirait pas seulement consacrer un unique monument, mais bien plutôt une série de sanctuaires qui devaient se compléter au long du Nil nubien et se succéder pendant son règne, suivant un programme qu'il avait l'audace de prévoir et d'entendre réaliser au cours d'une longue durée. C'est alors qu'il revenait du pays d'Amor, où il avait arrêté l'avance des Hittites, qu'il allait avant tout créer son propre mémorial, où son personnage hors du commun serait honoré tel le fondateur d'une nombreuse descendance, le garant de la fécondité du pays dont il était le valeureux protecteur et auquel sa puissance se devait d'assurer la prospérité, en maîtrisant tous les obstacles visibles ou invisibles. Cette prospérité, il lui fallait l'assurer avec éclat et opposer à l'éventuel destin contraire la force du mythe, en utilisant les possibilités que présentaient l'architecture et le jeu des personnages royaux afin de dévoiler et de commenter les splendeurs et l'efficacité de la machine divine.

Un seul sanctuaire ne pouvait suffire à réaliser ce premier projet puisque un des mystères essentiels qu'il voulait faire apparaître était fondé sur deux éléments complémentaires, deux acteurs dont les efforts conjugués provoquaient le miracle. Il jouerait l'un des rôles, l'élément fécondateur; il lui faudrait, alors, introduire la reine, la Grande Épouse Royale, dans le secret des rites : le roi ne serait plus le seul à officier, mais l'action serait en quelque sorte double, sinon parallèle. Dans cette perspective, Ramsès et Nofrétari, la mère du prince à l'époque héritier, agiraient de concert. Pourtant, certains actes seraient personnellement réservés à Pharaon car il lui faudrait, ensuite, gérer le déroulement du cycle.

Lorsque, naguère, on approchait du site choisi, et qui, au XIXe siècle, était appelé Abou Simbel (ou Ibsamboul, selon les gouverneurs turcs de l'époque), on rencontrait un paysage certainement peu différent de ce qu'il devait être dans l'Antiquité. Sur la rive orientale du Nil, un vaste terrain de culture formait comme une verdoyante oasis où les sycomores étaient cependant plus nombreux que les palmiers. En revanche, de l'autre côté, la rive occidentale, en partant de la pointe nord, était bordée d'une colline de grès s'élevant progressivement jusqu'au rocher en façade d'Ibshek. Après une coulée de sable, une plus importante avancée du rocher formait la colline de Meha. Entre les rochers et le Nil, une bordure d'acacias sauvages (appelés sonte) répandait une délicate odeur décelable de loin.

Le Grand Temple

Ramsès désirait transformer complètement la façade des spéos nubiens, jusqu'à présent sans aucun décor, tout en conservant le principe de la grotte creusée dans le rocher. Pour son grand spéos, il voulut une approche inspirée des deux tours groupées d'un pylône, néanmoins percé à la base d'une porte haute et étroite.

Les magnifiques statues colossales représentant Aménophis III devant le pylône de son temple de « Millions d'Années », sur la rive gauche de Thèbes, l'inspirèrent. Il allait réaliser une gigantesque façade en faisant sculpter la montagne à l'image non plus de deux, mais de quatre colosses assis, hauts de vingt mètres, encadrant la porte et qui, par leur extraordinaire présence, révélaient la force divine qui les habitait.

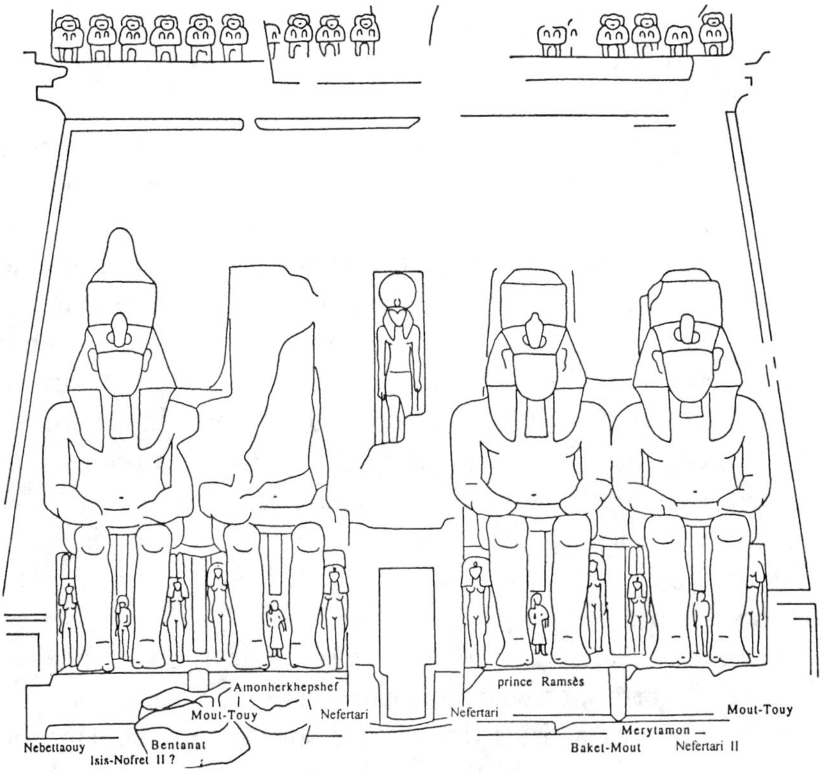

Façade du grand spéos : implantation des membres de la famille royale.

La façade

Pharaon avait fait prévoir une vaste avant-cour d'une quarantaine de mètres de profondeur – et dallée de briques carrées de terre crue – qui introduisait à une magnifique terrasse, d'un peu plus de trente-huit mètres de long, dominant le fleuve et dont l'accès était ménagé par neuf marches, exactement dans l'axe de la porte du spéos.

Tout était de l'ordre de la splendeur. Dix statues représentaient alternativement le roi debout et le faucon d'Horus, limitant le rebord de la terrasse, de chaque côté de l'escalier. Les représentations du souverain donnaient l'échelle humaine. Il était figuré en Osiris dans son linceul, tandis que les statues qui bordaient l'arrivée de l'escalier étaient à l'image d'un Ramsès au corps élancé, torse nu, pagne court et sandales aux pieds. À l'extrême nord, il avait prévu un autel solaire, à ciel ouvert. À l'extrémité sud, une petite grotte serait creusée pour devenir la chapelle de Thot.

Dès ces approches du temple assurées, la règle fut établie : le message des deux principales entités divines fut rectifié. On ne situera plus Amon au nord des sanctuaires, comme à el-Lessiya – parce qu'il s'agissait alors de le rattacher avant tout et uniquement à la métropole –, et Horus au sud pour lui reconnaître sa domination sur la Nubie. Amon (ou son autre aspect Thot, Seigneur de la Nubie) sera bien le maître du Sud et Horus (ou Rê) allait désormais régner dans la partie nord du sanctuaire. Aussi bien va-t-on retrouver deux stèles-chapelles pour Amon au sud, et pour Rê au nord[1], au départ de l'escalier vers la terrasse. De même, aux deux extrémités de celle-ci, ont été réservées deux niches profondes, avec stèles dédiées à Amon au sud, à Horus au nord.

Les quatre majestueux colosses de la façade, regard dirigé vers le sol des mortels, offraient sur leur visage la marque des talentueux et subtils artistes des ateliers royaux. Sur le flanc des trônes royaux (bordant l'entrée), la scène du Sema Taouy[2] rappelait le renouvellement perpétuel de Pharaon, lorsque arrivait l'Inondation. La haute semelle sur laquelle ils étaient posés portait les images du fils aîné accomplissant le rite, alors que le couloir d'entrée était orné de deux théories de personnages. Au sud, il s'agissait de types africains très prononcés ; au nord, était évoquée la variété des ethnies asiatiques en conflit avec l'Égypte : un décor éminemment prophylactique !

L'étrange et envoûtante majesté des colosses imposait le respect et l'admiration. Ramsès avait voulu qu'ils expriment l'indiscutable du divin dans la personne de Pharaon. De surcroît, ils avaient été, chacun, doté d'un nom qui avait jadis déjà été affecté aux colosses d'Aménophis III.

À gauche de l'entrée, le colosse (actuellement fracturé) s'appelait Rê-en-Hékaou, et le second, au sud, Héka-Taouy. Au nord, à droite de la porte, Méry-Atoum. Les deux statues du sud avaient transmis leurs noms à deux représentations osiriaques de la salle-cour à l'intérieur.

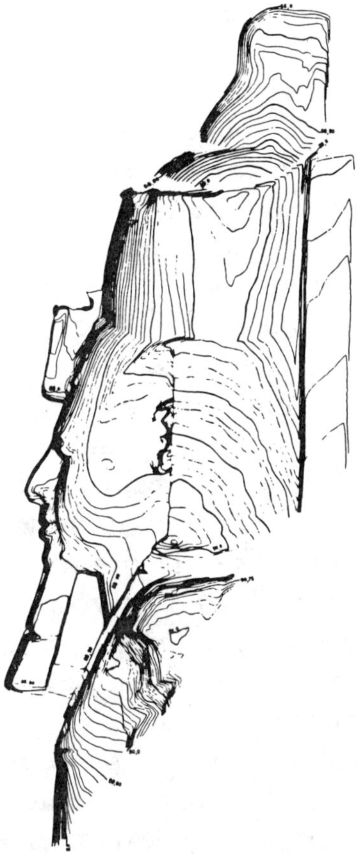

Profil du deuxième colosse sud de la façade du grand spéos. (Restitution en courbes de niveaux de l'Institut géographique national de Paris, IGN.) À noter le nez caractéristique de Ramsès.

Ramsès voulut non seulement marquer sa majestueuse présence sur la façade monumentale de sa grotte, mais, pour la première fois, un pharaon se faisait entourer des femmes et des enfants composant l'immédiate famille royale[3]. Il faut néanmoins constater, sans qu'on comprenne vraiment pourquoi, que le père vénéré et admiré, Séthi Ier, n'avait pas sa place dans cette compagnie d'honneur mais aussi rituelle. Peut-être parce que, à cette époque, Ramsès représentait à lui seul l'héritier du Soleil, le mâle créateur (au reste Séthi était alors décédé). En revanche, il lui importait de mentionner, à côté de sa progéniture, la mère royale, la Dame Touy, de son vivant Mout-Touy, puis ses Grandes Épouses, qui avaient déjà mis au monde la descendance qu'il ne manquerait pas de faire figurer à l'extérieur comme à l'intérieur du temple. Une première exception : la seconde Grande Épouse Royale, Isis-Nofret, est absente (tant que Nofrétari demeure en vie), bien que ses enfants soient partout mentionnés – cette énigme n'est pas encore vraiment résolue. Autre absence, celle-là très compréhensible : l'unique sœur connue du roi, Thyia, n'était pas prévue dans le panorama familial puisqu'elle ne perpétuait pas directement la lignée royale.

Ainsi donc, Nofrétari, principale Grande Épouse Royale du moment, encadrait, de chaque côté du couloir menant à la porte du spéos, les deux colosses royaux assis. Quant à la reine-mère, Mout-Touy, elle figurait de l'autre côté du premier colosse sud, et à droite du premier colosse nord. Les secondes places d'honneur étaient réservées aux enfants des deux premières Grandes Épouses Royales, Nofrétari et Isis-Nofret. Bent-Anat, fille aînée d'Isis-Nofret, fut placée à droite du second colosse sud, près de sa grand-mère Mout-Touy, et Méryt-Amon, fille aînée de Nofrétari, figure en pendant de sa grand-mère, à gauche du second colosse nord et près de Baket-Mout, également fille de Nofrétari, placée à droite du second colosse nord. Les statues de toutes ces dames présentent approximativement la même taille, égalisée par le jeu des hautes coiffures. Enfin, une troisième catégorie de statues, plus petites, avait été réservée pour figurer entre les jambes des colosses. Devant le second colosse sud, était placée Isis-Nofret II[4], fille de la grande Isis-Nofret, la reine absente. Et devant le dernier colosse sud, Nofrétari II, fille de la reine préférée parmi toutes. Les fils aînés apparaissent enfin sur la façade, au milieu de cette famille féminine, mais avec de plus petites tailles[5]. C'est d'abord l'aîné de Nofrétari : Amon-her-Khepeshef[6], entre les jambes du premier colosse sud, et le prince Ramsès, fils d'Isis-Nofret, devant le premier colosse nord.

En présence de cette extraordinaire « exposition » familiale, l'œil admiratif est entraîné par le mouvement plastique des éléments juxtaposés de la terrasse et de la façade, qui jouent sous des angles mis en relief par l'obliquité. Au pied de la façade, la présence sur le bord de la terrasse des statues du roi, grandeur nature, contribue à souligner la taille déjà monumentale des personnages de la famille royale, filles et fils, eux-mêmes dominés par les images de Nofrétari et de la reine-mère Touy. Le modèle surhumain est à son tour brusquement dépassé pour atteindre des proportions gigantesques : dans ce cadre rocheux, tout concourt à rendre emphatiques les quatre colosses qui sont à la mesure même de la montagne.

Au-dessus de la haute porte, une niche abritait, comme une apparition, l'image plastique de Ramsès-Soleil, torse nu, la tête à l'image de celle du faucon, dominée par le globe de Rê. Et, pour que nul ne s'y méprenne, ses mains s'appuyaient sur un sceptre *ouser* et sur la statuette de Maât, ensemble qui se prononce Ouser-Maât-Rê, cryptographie du prénom de couronnement du roi. Le rébus était encadré par deux images de Ramsès offrant la figurine de Maât à sa propre représentation divinisée!

Enfin, limitant le grand trapèze en forme de pylône, une corniche sculptée dans la montagne était dominée par vingt-trois statues de cynocéphales dans l'attitude des adorateurs du Soleil[7].

Cette fabuleuse façade, offerte à l'astre levant, dominait un Nil majestueux : point de mur d'enceinte s'opposant à la vue; en revanche, sur les côtés nord et sud, deux murs de briques crues s'appuyant sur la montagne étaient percés par un pylône, également de briques, dont les vestiges subsistent encore, mieux conservés du côté nord. C'est évidemment par cette dernière entrée que les cortèges pénétraient lorsqu'ils venaient du petit temple de la reine, dont il sera question plus loin.

Quand on se tourne vers le sud, au soleil du matin, la contemplation, à travers la porte de ce pylône de briques, de ces gigantesques effigies de pierre, toutefois marquées d'une indéfinissable grâce, d'une sérénité, d'une poésie singulières, est l'une des plus hautes satisfactions, qui atteint presque à la plénitude, de tout le voyage nubien. Toute la façade, illuminée sitôt l'aube venue, paraît animée d'une vie intense, éclatante; on se sent intégré dans la renaissance du jour et on est prêt à ressentir, avec les sujets de Ramsès, que le dieu se manifeste et que Pharaon est présent, affirmant éternellement l'existence de l'Égypte. Une sorte de mouvement semble habiter toutes ces statues, gigantesques ou petites, pourtant immobiles. On dirait, à les contempler, que le flot de l'Inondation se prépare à déferler, haute des seize coudées idéales qui seront favorables à la terre des pharaons. À compter les statues de cette composition, on découvre, en effet, qu'elles sont au nombre de seize, chiffre que les Romains retiendront lorsqu'ils entoureront de seize petits *putti*, symboliques de la crue, la statue qu'ils avaient créée pour le puissant dieu du Nil.

À elle seule, la façade est un véritable temple, mais l'intérieur du spéos dévoile encore bien des secrets, complétés par ceux de la chapelle solaire de l'extrême nord et de la petite salle rupestre dédiée à Thot, au sud.

La salle-cour

Après avoir composé une façade unique en son genre, et qui ne sera jamais copiée, Ramsès avait créé un réel temple rupestre, dont la cour, jadis introduite par un pylône en plein air, ainsi qu'il l'avait fait pour Beït el-Ouali, se devait maintenant d'être souterraine. Cette salle, taillée dans le rocher, évoquait néanmoins la cour d'un temple classique, avec ses huit piliers réservés dans la masse et dont les faces étaient ornées de statues osiriennes. L'image du roi était coiffée de la couronne blanche de Haute-Égypte, et, au Nord, à l'emblème du Sud était ajouté le mortier de Basse-Égypte, composant ainsi le *pschent*.

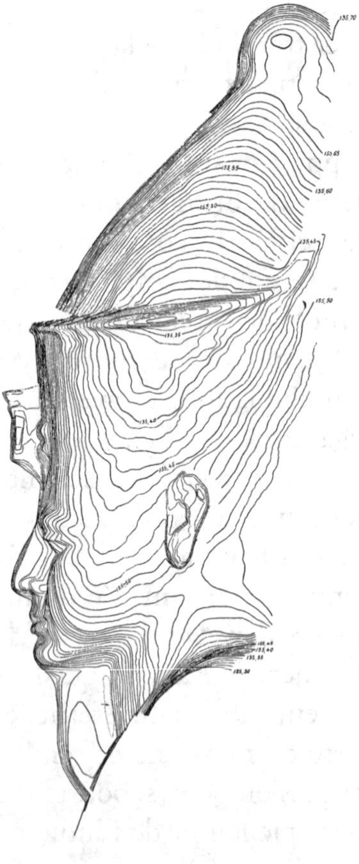

Profil du colosse osirien du pilier nord-ouest de la salle-cour. (Restitution de l'Institut géographique national de Paris, IGN.)

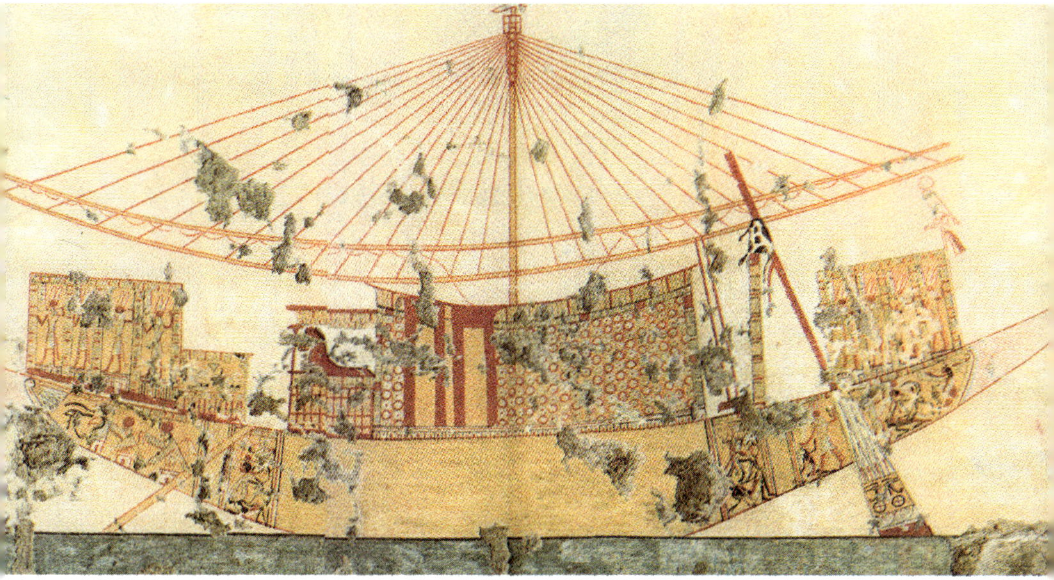

La Dahabieh *(vaisseau fluvial) de Houy, Vice-Roi de Nubie sous Toutânkhamon. Les deux vergues sont au repos, voile repliée ; on aperçoit les deux chevaux de l'attelage utilisé à terre.*

Défilé de la princesse et des fils des chefs locaux, qui arrivent à la cour de Toutânkhamon. À gauche, l'équipage de la noble dame.

Au sommet du rocher Kasr Ibrîm, à l'époque chrétienne, une cathédrale fut érigée, transformée par la suite en mosquée.

Non loin de la capitale Aniba, mais sur la rive orientale du Nil, l'entrée du premier spéos nubien, à el-Lessiya, creusé par ordre de Thoutmosis III. (Les lignes horizontales indiquent les hauteurs successives des inondations annuelles, dues à l'édification du premier barrage d'Assouan.)

En bas à droite : *Aménophis II conduit les quatre veaux rituels et consacre (en bas, à gauche) les quatre coffres* méryt *au cours de cérémonies osiriennes pour son père Thoutmosis III. (Temple d'Amada. XVIIIe dynastie.)*

Dans le saint-des-saints de Beït el-Ouali, Anouket allaite le corégent Ramsès : acte rituel évoquant l'origine divine de Pharaon.

Détail d'un mur du temple thoutmoside d'Amada : Isis-Scorpion de Nubie embrasse Thoutmosis III.

Cintre de la stèle d'Aménophis II, dans le temple d'Amada. La barque solaire véhicule vers l'Égypte Horakhty et Amon devant lesquels Aménophis II offre les vases de vin. (XVIIIe dynastie.)

(Ouadi es-Séboua Sud). Spéos d'Aménophis III. Sur la façade, deux des images de la fécondité défilent : Hapy L'Inondation, et le génie de la campagne. (XVIIIe dynastie.)

Fond du spéos d'Aménophis III. Dernier niveau de la décoration remaniée sous Ramsès II montrant Aménophis vénérant à nouveau Amon, le Vautour dominant les papyrus sur l'axe décalé et le protome du bélier d'Amon protégé par le flabellum *de plumes d'autruche. (XVIII*[e] *dynastie.)*

Intérieur (côté sud) du spéos d'Horemheb.

Rocher d'Abou Oda et porte du spéos d'Horemheb, à l'époque de l'Inondation. (XVIIIe *dynastie.)*

Panorama des deux spéos creusés par ordre de Ramsès II dans la montagne de Meha (à gauche, sud) et d'Ibshek (à droite, nord). (Photographie prise en 1955, avant le déplacement des spéos.)

Au registre supérieur du mur sud, dans la salle-cour du spéos de Ramsès (Meha) : Amon-Nil dans la montagne de Napata du pays de Koush. *(XIXe dynastie.)*

Abou Simbel, spéos de Ramsès, salle hypostyle. Défilé des prêtres et du roi, véhiculant la barque d'Amon, à la proue et à la poupe en forme de tête de bélier. (XIXe dynastie.)

Abou Simbel, spéos de Ramsès : salle-cour. Un des piliers osiriaques de la travée nord montre le roi portant le pagne royal (et non le linceul), éclairé par le soleil levant.

Autel solaire avec ses deux obélisques, ses quatre singes adorateurs de l'astre et la petite chapelle contenant l'image de la lune (cynocéphale) et du soleil (scarabée). Abou Simbel – au nord de la terrasse. (XIXe dynastie.)

Hémi-spéos de Derr, dédié à Horakhty. Deuxième cour intérieure. Ramsès II conduit la procession de la barque, vêtu de la peau de guépard. (XIXe dynastie.)

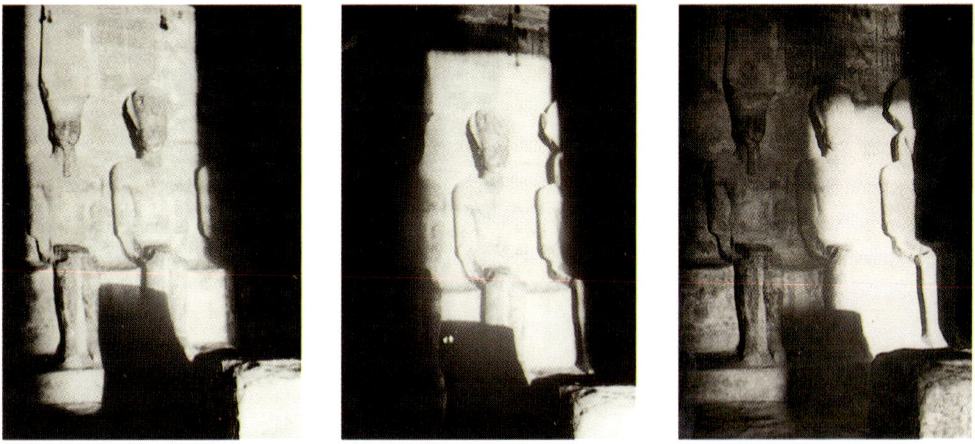

Six prises de vues successives montrant l'éclairement du saint-des-saints du grand temple d'Abou Simbel, le 20 février entre 6 heures et 6 h 10 du matin.

Abou Simbel (nord). Petit spéos de la reine Nofrétari (Ibshek) : vestibule. Hathor d'Ibshek et Isis, Mère divine, transformant Nofrétari en étoile Sothis (Sirius). (XIXe dynastie.)

Page de gauche : *Façade du petit spéos de Nofrétari en Abou Simbel. (Spéos nord d'Ibshek.) Vue prise en 1957. À l'extrême gauche (sud), on remarquera la plus grande statue de Ramsès.*

Abou Simbel, petit spéos de Nofrétari : salle-cour. Vue, à travers le vestibule, jusqu'au saint-des-saints où la vache Hathor fait apparaître Ramsès.

Hémi-spéos de Derr. Vue du fond de la première cour, au moment de l'Inondation (1956).

Abou Simbel. Nofrétari-Sothis surgit de la façade de son spéos.

Ramsès-Horakhty apparaît sur la façade de son spéos.

Ouadi es-Séboua (nord) : hémi-spéos de Ramsès II. Cour intérieure à ciel ouvert et rangée sud de piliers osiriaques : rampe d'accès à l'hypostyle. (XIXe dynastie.)

Ouadi es-Séboua (nord) : le temple d'Amon de Ramsès, son dromos de douze sphinx et ses statues royales.

Portique du temple de Gerf Hussein, maintenant disparu. Hémi-spéos de Ramsès II.

Hémi-spéos de Gerf Hussein, détail du portique. L'image « osiriaque » du roi est représentée bras gauche déplié, le long du corps.

Intérieur de la salle-cour de l'hémi-spéos de Ge[rf] Hussein. Pilier osiriaque et niche contenant u[ne] des huit triades. Ramsès II. (XIXe dynastie.)

Le programme du roi était très clair : il ne désirait pas conférer à son spéos nubien l'aspect du parfait temple jubilaire métropolitain où, comme au Ramesseum, le souverain devait connaître pendant les cérémonies annuelles sa transformation en Osiris mort, à la fin du cycle, pour redevenir ensuite l'astre diurne rénové. Sa fondation de Meha était conçue pour *affirmer sa directe apparition en tant que Soleil,* sans passer par le chapitre de la transformation osirienne (discrètement rappelée par les statues bordant la terrasse). Il apparaît donc sur les « pseudo »-piliers osiriaques de son domaine pourtant chthonien, en tant que vivant, torse nu, jambes nues et visibles, et vêtu du pagne du roi vivant[8].

N'ayant pu faire figurer sur le pseudo-pylône l'acte classique et ancestral de destruction du mal, Ramsès s'inspira de ce qu'il avait innové à Beït el-Ouali : il couvrit les deux parties du mur oriental de la salle-cour des deux scènes où l'agression pouvant survenir du Sud était anéantie devant Amon et, pour le nord/nord-est, devant Horakhty.

Sous le tableau du sud, il avait fait figurer le défilé de ses huit premiers princes royaux : Amon-her-Khepeshef, Ramsès, Parêherounemef, Khaemouaset, Montou-her-Khepeshef, Nebenkharou, Méry-Amon, Sethemouia. Sous l'extermination des adversaires du nord, en parallèle, c'était la procession des neuf premières princesses : Bent-Anat, Baket-Mout, Nofrétari II, Méryt-Amon, Nebettaouy, Isis Nofret II, Hénouttaouy, Ourniro, Nedjemmout. Ce sont les mêmes que l'on retrouvera à Derr.

Dans cet espace considéré comme extérieur, il allait regrouper les scènes faisant allusion aux exploits valeureux et guerriers soulignant, par leur présence, la protection assurée au pays. Sur le mur sud, en trois séquences successives, il tint à rappeler sa jeune action en Asie. Conduisant son char[9] et accompagné de trois de ses fils, il fonce vers une citadelle à châtier. Vient le deuxième tableau inspiré d'un relief de Séthi Ier, à Karnak, le montrant occupé à terrasser l'adversaire libyen. Enfin, arrive le défilé glorieux du roi, précédé, sur deux rangées, de rebelles du pays de *Koush,* conduits devant la famille divine thébaine[10].

Sur le mur nord de la salle-cour, Ramsès a fait représenter l'immense « bulletin » illustré de la bataille de Qadesh – la meilleure « mise en pages » de toutes ses représentations – où la fougue, l'anecdote et le déploiement de ce mémorable événement ont été rendus par un chef sculpteur de très grand talent qui a signé sur le mur même, à l'angle nord-est : il se nommait Pyaÿ. En conclusion, Ramsès, devant le couple Ptah et Sekhmet, vient faire hommage des prisonniers hittites aux Seigneurs du Delta.

Le roi avait cependant tenu à faire figurer également une allusion aux principaux rituels de la couronne qui ne trouvaient pas leur place sur les piliers décorés ni sur les murs principaux. Il les avait réservés pour le sommet du mur sud, en une longue bande décorative où l'on retrouve des scènes déjà rencontrées dans les spéos nubiens de la XVIIIe dynastie, parmi lesquels l'apparition de Thot inscrivant sur les fruits de l'arbre *iched* les noms du souverain agenouillé devant Amon – scène que Ramsès avait admirée sur un mur d'Amada. Mais, pour terminer le décor, à l'angle

Ramsès, devant l'arbre iched, *reçoit d'Horakhty et de Thot la promesse de nombreuses fêtes*-Sed.

sud-ouest, on peut voir un tableau auquel il confiait un de ses messages essentiel : l'identité d'Amon-Nil. On le voit, en effet, faisant offrande à l'image d'Amon assis sur son trône, dans une sorte de chapelle rocheuse rectangulaire et en hauteur. Devant lui, un immense cobra était dressé, coiffé de la tiare blanche du

Ramsès vénère l'Amon-Nil, surgissant du rocher de Napata.

Sud, sa queue passant sous les pieds et le trône d'Amon. C'est l'image d'Amon vénéré à Napata du pays de *Koush,* dans la montagne. En effet, devant le temple qui lui avait été dédié, un rocher, à l'image de ce cobra dressé, incarnait le Nil, coulant des entrailles de l'Afrique pour donner la vie à l'Égypte. Ce tableau évoque le permanent souci de Pharaon et traduit le *leitmotiv* retrouvé en bien des différentes approches de ce site admirable[11].

Dans la salle-cour, le roi, on l'a vu, avait introduit la présence des membres de sa famille : sous la scène du massacre, devant Amon, des nuisances issues du Sud défilent les images des sept fils nés de ses deux premières Grandes Épouses Royales. De l'autre côté, le panneau montrant la protection contre l'éventuelle agression nordique domine le défilé des huit premières filles royales. La règle sera, désormais, strictement suivie pour les autres temples à venir : au sud/sud-ouest, seront évoqués les éléments mâles (en accord avec l'Inondation et Amon) et au nord/nord-ouest, le principe féminin solaire, instrument de la renaissance.

Trois des quatre faces des huit piliers étaient ornées de deux tableaux superposés, où Pharaon s'adressait aux formes divines, suivant la coutume. Un de ces quatre piliers retient toute l'attention[12] car, à sa base, on rencontre l'image de l'Hathor d'Ibshek (avec laquelle Nofrétari est confondue) et, au sommet, Ramsès fait offrande à une forme divine à la tête de faucon, ayant une oreille humaine qu'entoure une corne de bélier. De surcroît, sur sa tête, apparaît le croissant lunaire supportant le globe. Le texte accompagnant cette image parfaite de syncrétisme (oreille du faucon, corne de bélier d'Amon, coiffure de Thot) indique qu'il s'agit du quatrième Horus, celui de Meha, incarné par Pharaon. Son identité est clairement révélée puisqu'il reçoit aussi le nom d'Ouser-Maât-Rê, Setep-en-Rê, attribué à Pharaon le jour de son couronnement[13]. Le cheminement dans le temple révèle toutes les étapes de ces spéculations.

Après cette première période de la déification du roi en tant que pharaon couronné (ayant reçu son premier degré de divinisation : Ouser-Maât-Rê), une seconde étape est atteinte par de nouvelles approches qui portent sur son nom de naissance : Ramsès-Méry-Amon. Ainsi donc Ramsès allait-il bénéficier d'un état de divinisation absolue, englobant le personnage double dont il était composé : souverain divin une fois investi de la couronne, et aussi confirmant avec force son origine surnaturelle dès son apparition sur terre.

Souvent, non seulement dans le temple même, dans les salles du « Trésor », mais encore dans la chapelle extérieure sud, Thot, Horakhty ou bien l'Horus de Miam sont considérés comme les images du roi. Cela va même plus loin, puisque dans la chapelle de Thot, et en compagnie de plusieurs formes divines, Amon est appelé Ouser-Maât-Rê, identifié à l'Horus de Miam[14] ! En résumé, la double personnalité humaine et royale de Pharaon est complètement intégrée dans l'essence divine, dans le temple de Meha – ce qui sera encore davantage affirmé au cœur des fondations que le roi fera aménager par la suite.

La salle-cour marquée, sur ses murs, de retouches dans les tableaux – où les couples divins ont été postérieurement agrandis par l'introduction de l'image royale en tant que fils divin[15] – apporte de précieux renseignements sur la complète position de Ramsès dans un monde où il impose la légitimité de sa toute-présence.

Derrière Amon, Ramsès a fait sculpter sa propre image en dieu-fils Khonsou, prenant la place de Mout, qui a été repoussée à l'extrême droite. Le plâtre qui masquait la retouche ayant disparu, on aperçoit ce relief transformé après l'an 40 du règne, au moment où Pharaon a décidé de s'intégrer directement dans le panthéon. (Salle-cour du grand spéos.)

Enfin, parmi les allusions à l'action victorieuse et protectrice et aux préoccupations métaphysiques de Pharaon, Ramsès ne manquera pas non plus de rappeler, par une image, une des étapes de sa vie officielle. On sait que le roi bénéficiera successivement de plusieurs « Grandes Épouses Royales », choisies parmi ses propres filles aînées. Or, sur un des piliers de la salle-cour[16], on reconnaît la figuration de Bent-Anat, fille aînée d'Isis-Nofret, et portant le titre de Grande Épouse Royale[17]. Cela indique l'intronisation de la princesse à une époque où la décoration de la salle-cour n'était pas encore terminée. De surcroît, l'événement aurait pu se produire avant le décès de Mout-Touy. En effet, les vestiges du mobilier funéraire de la reine-mère ont révélé un fragment au nom de Bent-Anat, déjà Grande Épouse Royale. Or le décès de la mère de Ramsès ayant eu lieu après l'an 22 du règne[18], on peut fixer approximativement l'époque de l'apparition de Bent-Anat sur le pilier avant cette date, et par conséquent placer l'achèvement du décor de la salle-cour antérieurement à l'an 22.

À son tour, Méryt-Amon, fille aînée de Nofrétari, devint Grande Épouse; cependant, il n'y avait plus de place libre sur les murs intérieurs du spéos : elle fut donc figurée sur une stèle gravée contre le flanc extérieur de la montagne de Meha. L'image de Nofrétari, également évoquée sur le même monument, permet de comprendre que la princesse reçut cette fonction rituelle du vivant de sa mère – un peu avant l'an 22 du règne, puisque Nofrétari, comme sa belle-mère, participa aux tractations de paix avec les Hittites après la bataille de Qadesh[19]. Sur ce mémorial de Ramsès, on peut donc suivre les principales étapes des événements marquant l'existence et l'œuvre du roi.

Les salles du Trésor

L'architecte du temple aménagea également des salles pour le « Trésor » du spéos, c'est-à-dire des pièces réservées au dépôt des objets précieux et des accessoires du culte. Sur le côté sud-ouest de la salle-cour, un passage rectangulaire donnait accès à deux pièces en longueur. L'une d'elles était, sur son mur est, ornée de petites niches taillées dans la pierre pour y déposer les statuettes et objets les plus précieux qui sont souvent représentés sur les murs, dans les mains du roi procédant au culte. En parallèle, sur le flanc droit de l'hypostyle, avaient également été ménagé un groupe semblable de deux salles en longueur, auxquelles furent adjointes postérieurement, plus à l'est, les cinquième et sixième salles du « Trésor ». Leur accès, donnant sur le mur nord de la salle-cour, entama la base du grand tableau de la bataille de Qadesh. Des banquettes réservées contre les murs de ces salles devaient recevoir les objets les moins précieux parmi l'équipement liturgique, et aussi, certainement, quelques éléments du mobilier affecté au spéos de la reine.

La salle hypostyle

La salle-cour donne accès à la salle hypostyle, aux dimensions réduites de plus de la moitié par rapport à la première. Elle contenait quatre piliers ornés de tableaux faisant allusion aux offrandes du roi pour les diverses formes divines. Il en est de même sur les deux sections du mur est où figure, entre autres, l'image de Min ithyphallique, dans un groupe remanié au moment où Ramsès se fit représenter au centre d'un couple divin. On retrouve cette modification sur les autres figurations de familles divines ainsi composées.

Cependant, les deux scènes essentielles sont sculptées sur les murs sud et nord. Chacune des parois avait été respectivement consacrée au défilé d'un des deux aspects de la barque d'Amon-Rê : au sud, la proue et la poupe de la nacelle avaient la tête du bélier d'Amon; au nord, c'est la barque à tête de faucon du «dieu résidant dans le Temple» appelé Ramsès Méry-Imen-em-per-Ramsès. Pour l'hommage à cette barque, le roi et la reine se présentent en grands atours mais pieds nus, comme dans le saint-des- saints (alors que devant l'autre image, ils sont chaussés de sandales).

Les barques étaient transportées sur des brancards[20] par des prêtres auxquels Pharaon s'était joint, près du *naos* contenant la statue de culte. Il est coiffé d'une calotte rituelle et porteur, sur sa robe de la peau liturgique de guépard. Ce qui n'empêche nullement le même Ramsès d'apparaître, escorté de Nofrétari, accueillant la nef sacrée au moment des processions, ou la consacrant par l'ensencement, alors que la reine joue des sistres. Cette barque divine était l'objet de processions à l'occasion de fêtes déterminées, dont il sera question plus loin, et sensiblement différentes de celles célébrées ordinairement dans les lieux de culte métropolitain. Après le décès du roi, elle continua à être utilisée au moins jusqu'à la fin de la XIXe dynastie, comme nous l'enseigne un graffiti gravé sur la paroi sud du passage menant à la salle hypostyle, et datant très probablement de Séthi II[21]. Il s'agit d'un « *Oracle rendu par le dieu Ramsès II, dont la barque portée par les prêtres, parcourut l'enceinte du Temple, le 7ᵉ jour de la fête d'Opet*[22] ».

L'ANTICHAMBRE

À cet endroit du sanctuaire, éloigné de la porte d'entrée, la lumière s'amenuise jusqu'à la pénombre. On y accède en sortant de la salle hypostyle par trois portes qui occupent presque toute la largeur de cette pièce peu profonde. Les deux montants de la porte centrale ont été entaillés à leur base pour recevoir une plaque d'incrustation (en or ?) s'enfonçant dans le seuil et fixée par des chevilles dont on voit encore les cavités destinées à les recevoir. Les embrasures des portes sont toutes ornées d'une scène semblable montrant le roi pénétrant dans l'antichambre, accueilli par une divinité n'étant, le plus souvent, que sa propre image de roi divinisé !

Les murs de l'antichambre montrent le roi faisant offrande à des formes divines qui paraissent un peu comme les vestiges d'un panthéon oublié dans ces lieux où, en définitive, tout converge vers les différents aspects du roi divinisé. On peut voir, au sud, Min de Coptos, Horus de Meha et Khnoum d'Éléphantine. Au nord, c'est Atoum d'Héliopolis, Thot d'Hermopolis et Ptah de Memphis.

LE SAINT-DES-SAINTS

Le mur occidental de l'antichambre est également percé de trois portes. La porte centrale possède deux vantaux et conduit au saint des-saints, pièce en profondeur dont la largeur correspond à l'espace qui sépare les deux rangées de piliers osiriaques de la salle-cour. Le plafond est, au centre, peint d'un vol du vautour de Nekhabit (comme pour la salle-cour) entouré d'étoiles qui, toutes, étaient orientées vers l'allée centrale. De chaque côté de cette chapelle essentielle, les deux petites pièces latérales n'étaient pas décorées.

Ce saint-des-saints, ou sanctuaire de la barque, porte sur ses murs sud et nord la synthèse d'une des fonctions essentielles de

Saint-des-saints. Ramsès encense la barque d'Amon qui contenait son aspect de Min-générateur.

Pharaon, la confirmation de sa double nature. Sur le mur sud, on assiste à l'encensement par le roi de la barque d'Amon, posée sur son socle. Mais il n'est plus en compagnie de Nofrétari car la secrète intimité du démiurge ne doit pas être révélée à d'autres qu'au Pontife suprême. De fait, à l'extrémité du mur, derrière la barque d'Amon, Min-Amon-Kamoutef montre, par un geste très précis, son intention de disperser sa semence créatrice : il

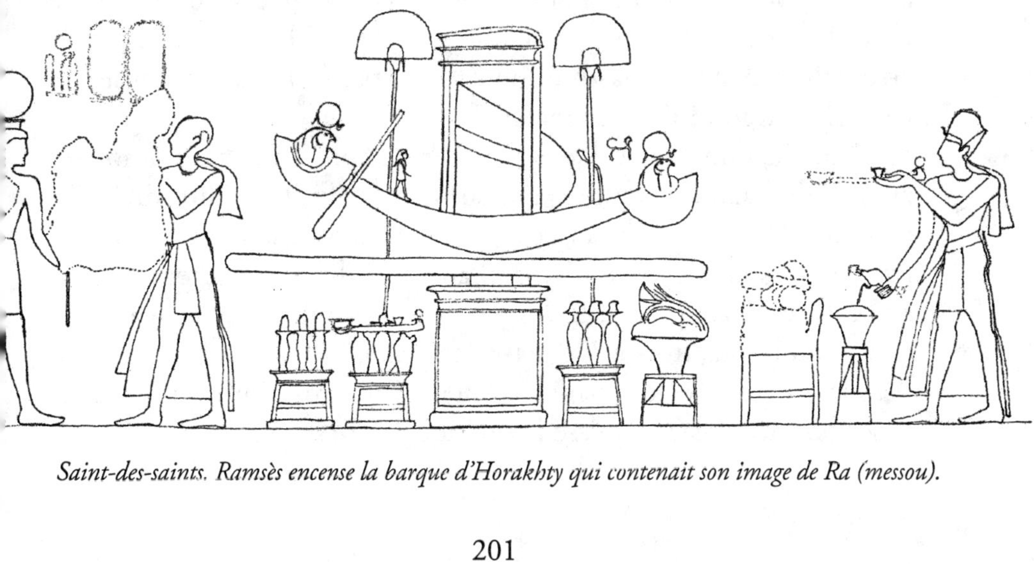

Saint-des-saints. Ramsès encense la barque d'Horakhty qui contenait son image de Ra (messou).

s'agit, ici, de l'apparition de l'entité résidant dans la barque. Sur le montant nord, où la barque ne présente plus de proue et de poupe ornées de têtes de bélier, mais des têtes de faucon, elle est indiquée comme celle de Ramsès-Méry-Amon, et le personnage sorti du *naos*, représenté derrière la nacelle, n'est autre que Ramsès-Soleil, coiffé du globe de Rê à qui son image terrestre offre les bandelettes sacrées.

Ainsi donc, la véritable force abritée dans le temple était bien cette bipartition des entités divines, Amon et ses avatars au Sud (Min, Amon, Thot aussi) et, au Nord, Rê-Horakhty (Horus de Meha et le roi-fils des dieux qui lui sont assimilés). L'unique statue de culte était contenue dans le *naos* porté par la barque de procession, et cette dernière était posée sur le socle, encore en place au milieu du sanctuaire et réservé dans la masse.

Taillées dans la paroi rocheuse, quatre statues plus grandes que nature occupent le fond du spéos. Du sud au nord, on reconnaît les images de Ptah, d'Amon, du roi et d'Horakhty, assis sur une banquette commune[23]. Quelle que soit la façon d'interpréter la présence de ces trois divinités auprès du souverain, il est aisé d'y déceler le manifeste de la complète nature divine du roi. Il n'apparaît pas que ces statues aient été de réels objets de culte. Celui-ci était probablement assuré autour de la barque sacrée, évoquée sur les deux murs latéraux, dans son aspect de véhicule pour la double entité divine qu'elle contenait. À contempler les reliefs muraux, le *naos* de l'embarcation devait être volumineux et masquer en grande partie les deux statues centrales du fond de la chapelle.

C'étaient pourtant celles-là mêmes, le roi au nord et Amon au sud de l'axe du temple, qui sont, en définitive, illuminées deux fois l'an, le 20 février et le 20 octobre précisément, par les rayons du soleil pénétrant jusqu'au fond du sanctuaire, après avoir caressé au préalable les visages colossaux de la façade, depuis au moins trois mille deux cents ans.

À la fin du siècle dernier, Amelia Edwards[24] qui en fit la description, nous en a laissé la poétique impression :

« Quand le soleil surgit au sommet des collines orientales, le premier rayon frappe horizontalement la porte d'entrée, perce les ténèbres intérieures comme une flèche, parvient au sanctuaire et tombe telle une flamme échappée du ciel, sur l'autel, au pied des dieux. »

Ce réveil du monde, cette aube radieuse qui pénètrent dans les entrailles du spéos étaient certainement utilisés pour un instant décisif du culte. Pour obtenir l'effet souhaité, les observations et calculs des prêtres avaient été facilités par l'emplacement du mamelon de Meha et l'orientation de la grotte qui y avait été creusée, car ils en avaient aménagé l'axe pour qu'il aboutisse directement sur une assez profonde échancrure de la falaise qui lui faisait face sur la rive droite du Nil, et par où jaillissait le soleil à son lever. Les savants-prêtres et architectes avaient calculé cette localisation pour que le soleil puisse pénétrer dans le fond du grand temple à deux périodes très précises de l'année, en tenant compte du mouvement apparent du soleil qui se lève, chaque jour, sensiblement plus vers le nord à mesure qu'on se rapproche du solstice d'été, et légèrement plus vers le sud au fur et à mesure qu'on se rapproche du solstice d'hiver.

Ainsi, les rayons du soleil entrent dans le grand spéos – mais non dans le fond du sanctuaire – par deux fois et au cours de périodes fixes de l'année. La première période se situe entre le 10 janvier, lorsque le visage du premier colosse osiriaque de la rangée nord de la salle-cour est éclairé par le soleil levant, et le 30 mars, lorsque le soleil matinal éclaire le premier colosse osiriaque de la rangée sud. *Toutefois, le jour où le soleil pénètre au fond du spéos, suivant son axe, est le 20 février.*

La seconde période de ce « balayage » solaire se situe entre le 10 septembre, alors que le soleil illumine le visage du premier colosse osiriaque sud de la façade et le 30 novembre, moment où le soleil éclaire la face du premier colosse osiriaque nord. *Mais le rayon solaire traverse directement le spéos, suivant son axe, le 20 octobre*[25].

Seule la statue de Ptah, résidant dans le domaine chthonien, et maître des lieux, ne reçoit pas le soleil, sauf sur son épaule gauche. Les trois autres figurations, Amon-Rê, Ramsès et Horakhty, sont totalement illuminées aux environs du 20 février et du 20 octobre. Cet éclairage solaire varie, naturellement, de jour en jour et aussi chaque matin, aussi longtemps qu'il pénètre au fond du sanctuaire. Mais dès les premiers rayons du soleil, le 20 janvier et le 20 octobre, la statuette de culte contenue dans le *naos* de la barque placée sur l'autel – et dans l'axe du temple – recevait la « décharge » des premiers rayons.

De tels phénomènes, savamment organisés, incitent à se poser la question de leur raison d'être qu'il faut, naturellement, découvrir dans le domaine des plus hautes préoccupations religieuses. Parmi les solutions les plus respectables, il a été proposé, après de savants calculs, d'y voir le désir royal d'aménager par avance le grand spéos, afin qu'il puisse servir, en temps voulu, à commémorer le premier jubilé trentenaire du roi. De nombreux arguments s'opposent à cette astucieuse hypothèse[26].

Il paraît plus logique, en raison des éléments dont on dispose, d'évoquer la pratique, employée par les prêtres, d'utiliser le rayon solaire, ainsi que cela se faisait à la Basse Époque, pour réanimer l'idole divine. Il n'est que de se reporter aux cérémonies du Jour de l'An à Dendara, au cours de laquelle la statuette d'Hathor, sous l'aspect de l'oiseau à tête humaine, était véhiculée par les prêtres sur la terrasse, afin que le premier baiser du soleil l'inonde d'un souffle divin renouvelé.

Il n'est donc pas impossible de penser que, deux fois l'an, le soleil devait revenir donner à l'image du roi – en tant que souverain sur terre – coiffé du *khépéresh* du règne, la nécessaire illumination divine également reçue par les images d'Amon et d'Horakhty avec lesquels il se confondait. En un mot, l'énergie était rechargée par deux fois au cours de l'année, ce qui contribuait à sublimer encore l'essence de Pharaon et à commenter le mécanisme de sa divinisation.

Cependant, un phénomène d'importance primordiale hantait toujours l'esprit de Ramsès, phénomène dont il voulait reconstituer le déroulement et qui dominait les manifestations d'approche provoquées par l'ensemble monumental de la falaise de Meha. Il faut alors prendre en compte la chapelle solaire, le petit sanctuaire sud de Thot, et surtout le spéos nord, creusé dans la colline d'Ibshek pour Hathor et pour la reine Nofrétari : ce sont les compléments essentiels à l'expression du mythe.

XV

La chapelle solaire La chapelle de Thot[1]

On accède à la chapelle solaire par une porte donnant au nord, sur la terrasse. C'est par cette ouverture que l'officiant pénétrait dans une courette de 4,70 x 3,50 mètres pour monter les quatre marches du petit autel à corniche situé au centre de l'enclos appuyé à la montagne, et à ciel ouvert. L'autel, encadré de deux obélisques, était occupé par les statuettes de quatre petits cynocéphales debout, la paume des mains ouverte et dressée en signe d'adoration. La façade de ce local donnait sur l'esplanade du temple et avait été conçue comme un pylône comportant deux tours, réunies au premier tiers de leur hauteur par une corniche, laquelle devait dominer la partie d'entrée. Cette dernière n'avait pas été aménagée, mais dans l'axe prévu pour elle, les images d'Amon (au sud) et d'Horakhty (au nord), assis dos à dos, occupaient sur le mur l'emplacement de cette porte. De chaque côté, le roi à genoux, portant la coiffure du règne, le *khépéresh*, recevait la vie des mains des images divines.

Lorsque le prêtre avait gravi la quatrième marche de l'autel, il se trouvait face au Nil et à l'horizon, vus à travers l'échancrure des deux tours et comme encadré par les singes en adoration et par le sommet des obélisques. Le culte était alors rendu aux deux expressions du divin, forme diurne et forme nocturne, rappelées par deux statues contenues dans un *naos* accolé à la paroi nord de la montagne. Placé sur un socle à corniche légèrement plus haut que l'autel solaire, le *naos* dominé par une corniche était ouvert au sud. Sa paroi est, ornée d'un relief, présentait Ramsès rendant hommage à l'image de Thot assis – un Thot à tête d'ibis, maître d'Hermopolis, auquel il offrait les vases de vin. De l'autre côté, la même offrande était faite à Horakhty. Ces tableaux se rapportent évidemment à l'identité des statues contenues dans le *naos.* À l'intérieur, contre la paroi où Thot est figuré, réside la statue de l'animal sacré, l'hamadryas, la tête dominée par le croissant lunaire disqué du seigneur d'Hermopolis. Mais par la dédicace du montant droit du *naos,* on apprend qu'il est, en fait, un des aspects d'Amon !

Contre la paroi où se détache l'offrande à Horakhty, a été déposée la majestueuse statue du scarabée peinte en rouge et dominée par le globe solaire jaune. En parallèle, l'inscription ornant le montant gauche du *naos* révèle que Ramsès, vénérant Horakhty, est aimé d'Atoum (qui se manifeste en Horus). Les fervents admirateurs modernes d'Abou Simbel ont suffisamment parcouru le temple pour n'être plus déroutés par les apparentes contradictions rencontrées devant les diverses attributions affectées à une seule forme divine.

En fait, Atoum, souvent appelé Atoum-Rê, se manifeste naturellement en Horakhty. On a vu, par ailleurs, qu'Amon et Thot peuvent, et même doivent, être confondus. Il n'en demeure pas moins que, sur le flanc nord de la montagne contre laquelle s'appuie le petit *naos,* Ramsès avait pris soin de faire sculpter le cheminement apparent de la barque solaire, de l'est (à droite) jusqu'à la façade de la montagne à l'ouest : en cet endroit, la barque devenue nocturne est entraînée par des chiens-chacals qui la halent vers l'Occident. Il faut donc, avant tout, interpréter les deux statues du *naos* comme les deux formes du soleil en transformation, jusqu'à l'aube où son réveil est provoqué par le prêtre en prière face à l'Orient. Dans la pénombre du *naos,* à droite, vers l'est, Thot *lunaire* (mais aussi patron de la Nubie) est placé là où il se lève au coucher du soleil. Ce dernier, évoqué à l'ouest par « *l'esprit à venir* » qui sort du chaos, Atoum, est illustré par le scarabée, le Kheper, « *celui qui va se produire* » ; son image est bien dominée par le globe solaire.

Par l'action des hôtes du *naos*, le cycle des vingt-quatre sections du jour et de la nuit était donc assuré. Mais cette rotation doit se répéter durant les douze mois de l'année. La pérennité cyclique, celle de l'Éternel Retour, doit être garantie. En orientant le *naos* vers le sud, là d'où surgit l'année nouvelle, Ramsès, maître de sa propre théologie, voulait aussi utiliser un langage à double résonance : il s'agissait de signifier la succession des jours et des nuits, commandée par le voyage du soleil, mais aussi la succession des années tributaires des Inondations. L'allusion faite à la notion double d'Atoum et d'Amon sur une face du *naos*, l'apparition du soleil à l'aube sothiaque.

Ces répétitions, prenant des aspects un peu différents mais néanmoins très perceptibles laissent transpercer le lancinant souci du souverain : faire entièrement corps avec le mouvement cyclique du temps, tout en le maintenant bénéfique et régulier.

La chapelle de Thot

À l'extrême sud et en dehors de la terrasse, mais comprise dans l'enceinte, une petite grotte consacrée, de nouveau, à des images inattendues de la barque, avait été aménagée à la base du rocher. La façade, très sobre, était constituée par le flanc de la montagne percée d'une ouverture entourée d'un encadrement sculpté en léger relief. Au sud, Ramsès coiffé du *khépéresh* fait le geste de protéger la porte. Au nord, coiffé du mortier rouge, il accomplit un acte purificateur.

À l'intérieur, dès que l'on se penche sur l'identité des barques, on reste confondu. Les figures de proue et de poupe – lorsqu'elles ne sont pas détériorées[2] –, ne correspondent pas à l'identité divine annoncée comme figurant dans le *naos* de la barque. Ramsès semble avoir jonglé avec les diverses mentions et images dans le but de démontrer l'universalité de son personnage.

Sur le mur sud de la chapelle, on découvre l'effigie de Ramsès en majesté, tenant l'encensoir d'une main et, de l'autre, versant

Chapelle de Thot. Chapelle du « Grand de Merveilles dans la Maison de la Naissance ». *Ramsès, en majesté, portant la corne de divinisation et suivi de son Ka, encense la barque de Thot qui* « réside dans Hery-ib-Imen » *et dont la proue est ornée de*

la libation, au-dessus d'une imposante table d'offrandes placée devant la barque sacrée. Derrière le roi, pour la seconde fois en ce site, son Ka, tenant en main son enseigne, a été représenté[3]. Le groupe est dominé par le vautour de Nekhabit. La barque est posée sur deux brancards, *naos* à demi voilé, abrité par deux immenses *flabella.* Elle possède une proue d'une hauteur et d'une minceur inusitées, dominée par un faucon perché : le collier qui entoure généralement la figure de proue pend, isolé à la base. De plus, en une confusion apparente, l'inscription qui domine permet de comprendre qu'il s'agit de la barque de… Thot, celui qui a été accueilli dans le temple-spéos d'Hery-ib-Imen (Abou Oda). On s'attendrait donc à retrouver derrière la barque la forme divine sortie du *naos,* à l'effigie de Thot… Il

l'oiseau Horus. À l'arrière, la forme divine contenue dans la cabine de la barque est révélée sous l'aspect d'Horus.

n'en est rien : il s'agit, selon le relief, de l'inscription de Ramsès lui-même, à tête de faucon de Meha, coiffé du *pschent*, révélé dans la « Maison de Naissance » (Per-mes [y]). Par ce biais, Ramsès révèle sa régénération annuelle avec l'Inondation, confondue avec l'image de Thot, de même que sa véritable nature divine démultipliée dans les diverses faces vénérées en ces lieux.

Ainsi, le mur nord porte une autre représentation de la barque dont les figures de proue et de poupe, revenues aux proportions traditionnelles, sont à l'image de la tête de faucon. Au-dessus du *naos* de la barque, il est écrit : « *Horakhty réside dans sa barque* ». Pour plus de clarté, reportons-nous à l'image située derrière la barque, c'est-à-dire la forme divine résidant dans le *naos*. À la place de l'effigie attendue, on rencontre celle d'une charmante jouvencelle présentant devant elle le sceptre *ouas*; sur sa tête, la plume d'autruche de Maât, qui se profile sur le globe solaire Rê. Le rébus Ouser-Maât-Rê nous indique, une fois de plus, que le nom de couronnement assimilait Ramsès à Horakhty, à Horus de Meha, à Thot, à Amon...

La confirmation de ce langage est donnée par le relief du fond du sanctuaire, qui porte un décor jumelé. À gauche, au sud, le roi, coiffé du *khépéresh* et dominé par le vautour, fait à Amon le don de sa propre personne, par la présentation de son nom de couronnement, Ouser-Maât-Rê. Cet Amon est présenté comme Seigneur de Karnak, *« qui réside dans la Montagne sainte »* (au pays de *Koush*), Napata[4]. De l'autre côté, à droite, Ramsès portant le *pschent*, et de taille légèrement plus petite, offre les vases de vin à Rê-Horakhty, coiffé d'un immense globe solaire et derrière

Chapelle de Thot, mur nord : la barque d'Horus. Le divin contenu dans la cabine de la barque est matérialisé sous la forme de la déesse Maât, *tenant le sceptre* ouser *et coiffée du Soleil-*Rê. *Il s'agit de Pharaon apparaissant ainsi par le rébus de son nom de couronnement.*

lequel une grande hampe dressée est dominée par l'égide du faucon (de Meha), assimilé à la personne royale. Au-dessus, l'inscription précise que Pharaon « *a consacré dans la Maison de Naissance* » (Mammisi).

Ainsi assiste-t-on dans cette chapelle à une sorte de quadrille où sont interchangées toutes les formes divines réellement incarnées en Pharaon révélé comme *le* dieu.

Là n'est pas l'unique message de cette modeste petite aire aménagée dans la montagne : au sol a été réservé le socle sur lequel la barque du roi-dieu devait être déposée avant son voyage. En effet, le reposoir n'est plus le « présentoir » de la nef contenu dans le Grand Temple. C'est une semelle rectangulaire, non plus perpendiculaire au Nil, mais parallèle au flot, ce qui indique indiscutablement la direction prise pour le départ.

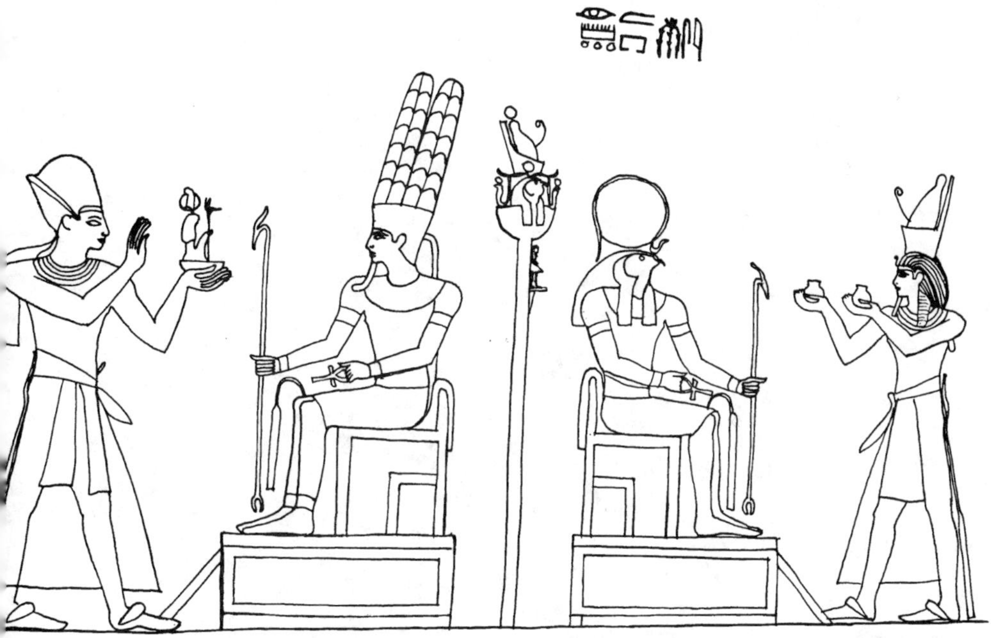

Chapelle de Thot, mur occidental. Au fond de la chapelle ce tableau double, marqué en son centre par le « pieu d'Horus », présente, à gauche, Ramsès portant la coiffure du règne, faisant l'offrande de son nom de couronnement à la forme d'Amon (Ouser-Maât-Rê) utilisé à la place de la seule image de Maât. À droite, le roi portant le pschent *offre les vases de vin pour Horus. L'inscription fait encore allusion à la « Maison de la Naissance ».*

Cette barque devait symboliser et manifester l'aboutissement du mystère essentiel qui se jouait en ces lieux : assurer au pays l'Éternité cyclique, dont l'élan devait être donné par le petit temple vers lequel nous nous dirigeons.

XVI
Le spéos de la Reine[1]

Le rocher d'Ibshek

Entre l'avancée rocheuse de Meha et celle d'Ibshek, la coulée de sable constituait une traînée dorée qui ajoutait encore à la beauté du site. Avant l'intervention de Ramsès, il existait certainement une petite grotte naturelle au pied de la colline d'Ibshek, dans laquelle le culte d'Hathor devait être célébré[2]. Ainsi, au nord de l'endroit prévu pour y faire aménager son grand spéos, Ramsès pouvait déjà consacrer le lieu affecté à l'entité féminine par excellence, la Grande Nourrice céleste, et aussi à Nofrétari, celle par laquelle il voulait que le miracle se produise. Sur la façade et les architraves de la salle-cour, les inscriptions dédicatoires voulues par le roi insistent sur la nouveauté de ce travail « *creusé dans la montagne pure* ».

Certains indices nous incitent à supposer que le spéos d'Ibshek fut bien aménagé avant celui de Meha, au début du règne de Ramsès. À cette époque, le Vice-Roi de Nubie, Iouny, surveilla les travaux : il était à la fin de sa carrière et avait servi le père du roi, Séthi Ier[3]. Il faut aussi ajouter à cet argument historique l'extrême jeunesse reflétée sur les visages des souverains représentés sur les murs du spéos. Une des colonnes d'inscriptions de la façade rappelle que le roi *« a fait de grands travaux*[4] *pour la Grande Épouse Royale »*, « *Nofrétari pour qui se lève le*

Soleil». Tel était le nom du spéos. Ce titre annonçait un programme qui fut amplement suivi.

La façade du petit spéos

Aucun vestige devant la façade du spéos ne laisse supposer qu'un pylône aurait pu y être érigé. À l'étude de la paroi rocheuse, on constate que l'entrée ne devait être vraiment accessible, durant l'Inondation, que par bateau. Le reste de l'année, l'accès ne devait pas présenter le même problème.

Cette façade a été taillée sur le pan de la montagne, face au Nil. En réalité, nous ne voyons de nos jours que le squelette du fronton rocheux qui, dans l'Antiquité, devait avoir été complété par des modelages de stuc et de grès aggloméré en forme de tore et de corniche, motifs qui dominent toujours les pylônes des temples. On remarque, au centre de la façade, un bloc de pierre non régularisé. Peut-être avait-il supporté la face divine de la Grande Hathor ?

Dans cet encadrement sont comprises six statues colossales debout, réparties en deux groupes symétriques de chaque côté de la porte. Ces immenses effigies sont séparées par de vigoureux contreforts recouverts de hiéroglyphes profonds, soulignant parfaitement le gigantesque.

Façade du petit spéos montrant deux colosses du roi, deux images de Nofrétari-Sothis, puis Pharaon en Ptah-Tenen (au nord) et en Hâpy-Inondation de seize coudées (au sud).

Comme pour les autres temples, la façade était peinte sur un fond de plâtre et d'aggloméré de grès, utilisé pour combler les accidents de la pierre.

Au centre de la façade, un premier complexe est constitué par la porte et deux colosses contenus dans un cadre. Cette porte et son linteau sont dominés par une lourde frise de cobras de taille inhabituelle. La raideur affectée à ces deux silhouettes masculines indique bien qu'il s'agit de colosses du souverain, et non de représentations directes du roi lui-même. Pied gauche en avant comme pour toutes les statues d'homme, ils ont reçu des noms doubles. Au sud, c'est à la fois Héka-Taouy et Méry-Amon, au nord, il s'agit de Rê-en-Hékaou et de Méry-Atoum : chacun d'eux réunit, à lui seul, les entités de deux des colosses qui seront représentés sur la façade du Grand Temple[5].

De part et d'autre de ce groupe central, apparaissent à deux reprises les effigies de la reine flanquées de celles du roi ; le groupe de droite contient l'image de Nofrétari, tout empreinte d'une grâce charnelle et majestueuse, semblant jaillir de sa niche rocheuse comme pour glisser au-devant du soleil. Un imperceptible sourire anime son visage et le mouvement suggéré de sa tête lui donne une telle vie qu'on en oublie le colossal. C'est le matin qu'il faut admirer cette œuvre enchantée, qui s'éveille avec l'astre à la rencontre duquel elle s'avance. La reine est traitée, *non pas en Hathor*[6] comme on aurait pu s'y attendre, *mais en Sothis.* Sa coiffure est dominée par les hautes et droites rémiges du rapace, entourées des deux cornes très élancées de Satet. Elle tient contre sa poitrine le sistre hathorique.

La statue méridionale du roi, nettement plus haute que son pendant du nord, est coiffée de la mitre blanche du Sud, qui est aussi celle d'Osiris. Le manque de parallélisme entre les deux statues de la façade est certainement volontaire et contient très probablement un message que Pharaon a voulu, une fois de plus, incorporer dans la pierre. En effet, les deux statues extérieures occupent bien avec leur coiffure, dans leur niche respective, un espace semblable (pour celle du sud : 10, 275 mètres et pour celle du nord : 10, 575 mètres) Cependant, sans leur coiffure[7], la statue du sud mesure 8,30 mètres, alors que celle du nord n'est haute que de 7, 30 mètres. Or, 8,30 mètres correspondent à peu de chose près à la mesure égyptienne de seize coudées (0,523 x 16 = 8,363 mètres). Il faut alors se rappeler que la mesure de l'Inondation idéale à Hérakléopolis était de seize coudées et conduisait la démonstration de la «*joie*» que Pline décrit pour la plus généreuse des Inondations (*deliciae*)[8]. Cette statue, qui rappelle Osiris et qui évoquerait donc la joie par une allusion aux seize coudées serait encore, dans le secret message des temples de Nubie, un des éléments employés par Ramsès pour aider, hâter, provoquer l'arrivée des eaux par la présence de son image. Ainsi incarnait-elle l'Inondation bienfaisante du pays avec laquelle il ne faisait qu'un : une véritable statue de l'Inondation qu'il ne fallait pas commenter pour protéger son efficacité.

Les colosses de la façade sont chacun flanqué de statues plus petites, également engagées dans le rocher et qui figurent les enfants de Ramsès et de Nofrétari. À l'inverse des représentations classiques, les fils ont les pieds joints et les filles sont présentées dans l'attitude de la marche.

Du sud au nord, le premier colosse est entouré des princes Méry-Atoum et Méry-Rê. Sur la première image, la reine est accompagnée des princesses Hénouttaouy et Méryt-Amon. La première statue de colosse est entourée de Parêherounemef et de Amon-her-Khepeshef, comme de l'autre côté de la porte, la deuxième statue du colosse. La seconde statue de la reine est entourée de Hénouttaouy et de Méryt-Amon, et enfin la statue du roi, sous l'aspect de Ptah-Tenen, est accompagnée par les images de Méry-Atoum et de Méry-Rê.

La salle-cour

Deux scènes d'offrandes encadrent le passage qui mène à la salle-cour, creusée dans le rocher et correspondant à la cour en plein air d'un sanctuaire traditionnel. C'était la première fois qu'un édifice religieux était consacré, en terre égyptienne[9], à une

Nofrétari sacrée Sothis dans toute sa radieuse jeunesse de Grande Épouse Royale.

épouse royale. Pour un essai, Ramsès a réalisé un chef-d'œuvre. Dès la première salle du spéos, on est saisi par un charme indéfinissable, on se sent pris par la main par toutes ces formes divines qui vous attirent vers elles, dans une atmosphère d'élégance et de féminité, de jouvence également. Les souverains représentés sont jeunes et beaux, leur taille élancée frappe par des proportions inusitées ; la plupart du temps, ils présentent des fleurs ; la reine et les déesses sont maîtresses chez elles.

La salle-cour est conçue comme si son plafond était soutenu par des piliers qui, en réalité, ont été réservés dans la masse. La face de ces piliers qui donne sur le passage central montre, en léger relief, la représentation du sistre, coiffant le visage d'Hathor, ainsi qu'il convient à un sanctuaire réservé à une déesse : ce sont des piliers « hathoriques ». L'importance de la reine est soulignée, dès l'entrée, par le décor des deux premiers piliers portant, sur leurs faces latérales, l'image de la souveraine tenant en main sistre et papyrus. Ramsès a voulu partager l'action qui se déroulait en ces lieux : il est représenté deux fois sur les piliers, alors que la reine y figure à quatre reprises.

On ne relève jamais, dans les décors muraux, une triade ou un couple divin, comme dans le Grand Temple : si la reine apparaît investie du droit de rendre hommage aux déesses, elle

Coupe transversale est-ouest de la salle-cour présentant la travée nord des piliers hathoriques propres aux sanctuaires réservés aux entités féminines.

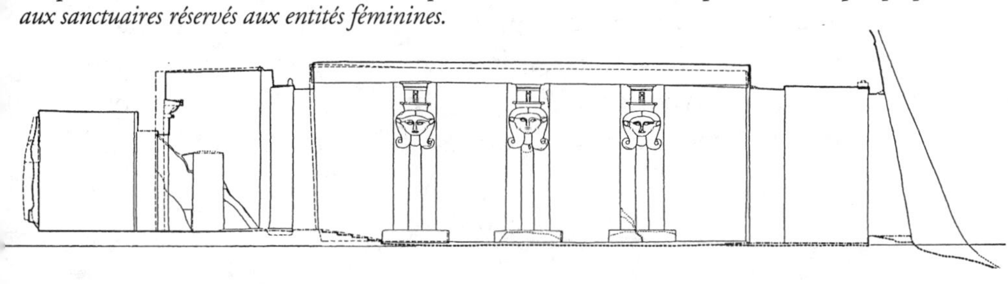

Salle-cour : couronnement de Ramsès par Seth et Horus.

ne s'adresse cependant qu'à des divinités féminines; le souverain seul peut contempler la face du démiurge. Cependant, suivant en cela un essai qui remonte à l'époque amarnienne, Nofrétari a été introduite dans la scène de destruction des ennemis de l'Égypte, en présence d'Amon et d'Horakhty. Ainsi, des deux côtés de la porte, comme dans le Grand Temple, l'acte du roi est accompli, pour le Nord et pour le Sud, en compagnie de la reine qui se tient derrière son souverain, comme le Ka royal, et fait un geste protecteur.

Les murs ont conservé une partie de leurs couleurs : le blanc, le jaune et quelques touches de rouge. Le noir est également présent : il a souvent servi de base pour des bleus ou des verts qui ont disparu. La décoration est faite sur un seul grand registre – les parois sud et nord sont revêtues chacune de quatre tableaux. Au sud, Ramsès est introduit par la déesse Hathor, maîtresse de la montagne; ensuite, on peut admirer le jeune souverain couronné par Horus de Meha et par Seth[10]. La discrétion avec laquelle Ramsès introduit Seth en Nubie est à remarquer : il ne fait ici que suivre l'exemple d'Horemheb en Abou Oda. Puis Nofrétari apparaît dans un autre tableau, devant la très gracieuse Anouket, exceptionnellement dominée par l'image du soleil. C'est, enfin, la scène où Pharaon, au visage d'une extrême jeunesse et coiffé du *khépéresh,* sacrifie à l'acte ultime du culte, en faisant « monter au visage d'Amon » la petite statuette de Maât – souffle et équilibre divin.

Sur le mur nord, Ptah, qui préside toujours au couronnement, lui remet les sceptres de la royauté. Ramsès présente alors des papyrus à Héryché-ef à tête de bélier, tout en versant une libation sur des lotus. Puis, devant Hathor, Nofrétari joue du sistre et, pour faire pendant à l'hommage fait à Amon au sud, sur le mur nord c'est Horakhty qui reçoit l'offrande du vin.

On constate combien le décor de cette salle-cour se rapporte à l'investiture du souverain et souligne encore cette affirmation. Les piliers sont ornés d'images de divinités qui ne sont pas en rapport avec celles du Grand Temple, ni avec celles qui jouent un rôle dans les scènes évoquées plus loin : ce sont très explicitement des entités qui protègent la royauté, telles Khonsou ou Ouret Hékaou. Un détail très significatif : Nofrétari est parfois représentée comme *sortant* de sa demeure, c'est-à-dire comme *habitant* le temple : dans ce cas, elle est considérée comme une divinité.

Pour se rendre dans le vestibule, trois issues avaient été percées et trois marches précédaient la porte centrale : le roi était représenté entrant dans le passage avec canne et massue à la main.

Le vestibule

Ce vestibule épouse la largeur de la salle-cour. Il communique, au nord et au sud, avec deux minuscules pièces non décorées. Deux scènes, aussi poétiques qu'originales, ornent les parois supérieures sud et nord. Ces tableaux parallèles montrent l'image de la barque, à la proue et à la poupe en forme d'ombelle de papyrus, sur laquelle la vache Hathor se tient debout. La scène se profile sur un fond très animé de papyrus. D'un côté, la reine, séparée de la barque par un autel, présente les plantes pour la déesse. De l'autre côté, le roi accomplit le même rite.

Antichambre : Nofrétari prie Hathor la divine vache pour qu'« elle renouvelle au monde » *Ramsès incarnant le miracle du Jour de l'An.*

Sur le mur ouest, aux extrémités sud et nord, deux petits tableaux de « fenêtres ouvertes ». Au sud, Ramsès fait offrande à trois des quatre Horus de Nubie[11], ceux de Baki, de Miam et de Bouhen. Au nord, c'est au tour de la reine de rendre hommage aux trois entités divines des Cataractes, Khnoum, Satet et Anouket. Sur la même paroi, plus près de la porte, au sud, la majestueuse figuration d'Amon-Rê, dont les hautes plumes *« percent le ciel »*, reçoit l'offrande du vin que lui présente Ramsès. Ce dernier rend le même hommage à Rê-Horakhty, au nord.

Sur la paroi est du vestibule, de chaque côté de la porte axiale, les panneaux sont occupés chacun par deux exceptionnelles compositions où la couleur jaune domine, comme dans tout le spéos, en l'honneur d'Hathor, *« la Dorée »*. On ne peut qu'admirer sans restriction la fraction sud du mur qui porte la scène, toujours sculptée dans un léger relief dans le creux, la plus délicate, la plus harmonieuse, la plus étourdissante de tout le temple.

Sur la tête de la reine, représentée frêle et charmante, irradiante de jeunesse et dont la féminité est soulignée par son bassin galbé, Isis et Hathor affermissent une couronne. Cette couronne est différente de celle qu'elles portent elles-mêmes ; la tête de Nofrétari a reçu un *modius* sur lequel a été fixé, non pas les cornes disquées d'Hathor, mais l'ornement de Sothis (Sirius), l'Étoile du matin : deux hautes plumes des rémiges du Vautour[12] entourées par les cornes effilées de Satet enserrent, à la base, le globe solaire.

Cette sorte de couronnement qui intronise la souveraine dans le monde céleste lui confère un caractère divin affirmé par la présence du signe de vie *ânkh,* qu'elle porte dans une main. Dans l'autre, elle tient le sceptre floral, attribut de l'épouse royale. Ce tableau fait comprendre la nature à la fois régalienne et divine de la reine, comme celle de son prestigieux époux. On perçoit avec encore plus d'intensité le phénomène en considérant la direction donnée au corps de la reine : elle se dirige vers la porte pour *sortir* du vestibule en direction de la salle-cour, telle la déesse de ces lieux.

upplique du couple royal auprès de «La Grande», *afin qu'elle provoque une heureuse naissance.*

Sur le côté nord du mur, Ramsès et Nofrétari se sont réunis pour faire le don des fleurs à une des premières apparitions anthropomorphes de la déesse hippopotame Taouret, appelée, ici, «*La Grande*». La reine tient également un sistre à côté des papyrus, et Ramsès apporte un «*bouquet monté*», symbole indiscutable de victoire sur l'ennemi terrestre ou sur les ténèbres. Dans ce berceau de la fécondité, bordé par les fourrés de papyrus de la Vache sacrée, nourrice divine, voici que maintenant la scène du culte met en relief la précellence de la déesse de l'Enfantement, Taouret.

L'importance de la reine est aussi particulièrement mise en évidence par de grands cartouches à son nom, au-dessus des deux portes latérales menant au sanctuaire.

LE SANCTUAIRE

La paroi ouest du vestibule est percée en son centre par une porte décorée de l'image du roi entrant dans le sanctuaire. L'architrave contient deux figurations symétriques d'offrandes faites par le couple royal devant Hathor et Mout. Sur le linteau de la porte, la reine est représentée à côté de Pharaon.

Ce saint-des-saints est caractérisé par son extrême exiguïté, son ornementation et aussi par la position qu'il occupe par rapport à l'axe même du temple. En effet, à partir de l'entrée du spéos, cet axe est légèrement décalé vers le nord. Il en découle que dans le plan du sanctuaire, ce qui est au sud de l'axe est plus développé que ce qui est au nord. En conséquence, la niche qui, sur le mur ouest du fond, laisse apparaître l'animal de la déesse Hathor ne se trouve pas au centre de la paroi mais est déplacée vers le nord, laissant ainsi un panneau sud plus large pour recevoir une décoration faite de l'image du roi offrant des fleurs vers cette niche.

Sur le mur oriental du saint-des-saints, flanquant l'entrée taillée à même le roc, figurent deux génies du Nil, sculptés en léger relief, coiffés de la touffe de papyrus et portant devant eux une table d'offrandes ornée des plantes du marécage.

Hors du marécage de papyrus où se tenait la divine Vache, Pharaon-Inondation (Hâpy) jaillit de la grotte.

Cependant, il importe de remarquer ici que ces génies, à l'encontre de ce que l'on a vu dans les grottes d'el-Lessiya et d'Abou Oda, dès la fin de la XVIIIe dynastie, ne pénètrent pas dans le sanctuaire, mais, au contraire, qu'*ils en sortent.* Ainsi doit-on comprendre que, ici, le Nil ne vient pas présenter ses hommages à la divinité. C'est bien plutôt lui qui sort du saint-des-saints, préfigurant en quelque sorte le roi-Nil, qui va sembler apparaître – ou réapparaître – de la forme animale et divine.

En effet, le point essentiel de cette pièce est sans conteste la niche creusée dans le mur ouest. Elle est encadrée par l'image de deux sistres à tête de déesse Hathor, constituant les montants de ce *naos* engagé d'où surgit la partie antérieure de la déesse-vache, devant laquelle le souverain est figuré debout, car elle vient de le faire réapparaître au jour. Il est certain que nous sommes ici en présence de la Dame du Temple, Hathor d'Ibshek, assimilée en ces lieux à la Déesse-Mère – à laquelle la reine Nofrétari divinisée est associée au point même de se confondre avec elle.

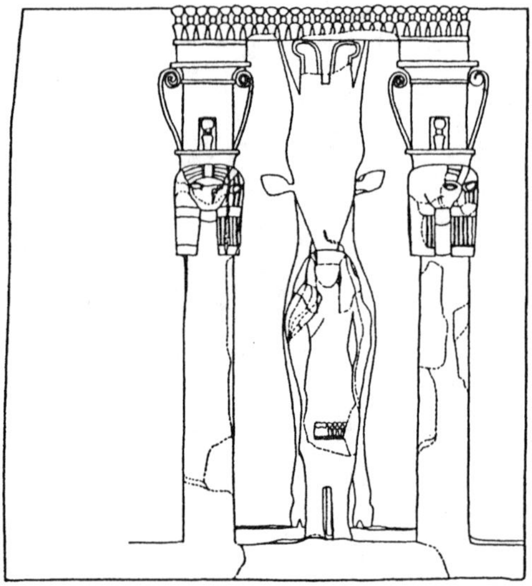

Au fond de la grotte, Hathor vient de faire réapparaître Pharaon de la nouvelle année.

L'importance de la reine dans ce spéos est partout attestée, explicitée dans les textes de Fondations, mais aussi dans tout le décor. Ne la voit-on pas, ce qui est exceptionnel, apparaître derrière le roi dans les deux scènes de consécration aux formes divines du Sud et du Nord flanquant l'entrée dans la salle-cour ? Sur la façade, on lui a donné une stature analogue à celle de Ramsès. De même, pendant les différentes phases du culte rappelées sur les piliers, ses dimensions sont analogues à celles du roi. Elle a également reçu l'autorité de faire l'offrande pour son compte, bien que, dans ce cas, on l'a dit, elle s'adresse seulement à des divinités féminines. Sur le linteau de l'ouverture qui mène au sanctuaire, elle accompagne le roi et s'associe à lui pour le rituel de l'offrande. Dans le vestibule et dans le sanctuaire, seuls ses noms dominent les portes, et dans le saint-des-saints, nous la voyons sur le mur latéral sud, vénérant les déesses Mout et Hathor. Sur le mur nord, elle est passée du côté des dieux et, assise comme une déesse auprès de Ramsès déifié, elle reçoit l'hommage du roi pontife, officiant devant sa propre image. Son assomption parmi les dieux est accomplie, comme en a témoigné la scène où Isis et Hathor l'ont intronisée.

XVII

On aborde le message secret

Le mémorial du Grand Roi

C'est maintenant le vrai mystère d'Abou Simbel qu'il faut tenter de percer. Dans le petit spéos, tout évoque la grâce, la féminité; la présentation des plantes et des fleurs remplace, la plupart du temps, des offrandes plus matérielles; la permanence de la teinte jaune rappelle l'éclat doré de la divine Hathor; le message est voilé. Les parois ornées de scènes, si originales qu'elles soient, présentent une sobriété telle que le commentaire même en est exclu. On dirait qu'elles forment la toile de fond d'un secret qu'il ne fallait surtout pas révéler autrement que par une sorte d'aide-mémoire, intelligible aux seuls initiés. Tout est évoqué pour ceux à qui tout commentaire est inutile.

En contraste avec cette atmosphère, ceux qui abordent la visite du grand spéos rencontrent, dès l'abord, la geste du grand roi révélée sur les murs de son temple. On y voit sa puissance, son action bienfaisante, sa stratégie militaire, ses vertus diplomatiques, sa dévotion, au même titre que la présentation à la postérité de son imposante famille : chacun reçoit, dans ce mémorial, la place qui lui est due. Les témoignages débordent même la surface du spéos, tel ce moment où Pharaon contracta union avec la princesse hittite. La glorieuse Stèle du Mariage, datée de l'an 34, qui relate cet événement de si grande importance[1], prit place à l'extérieur, au sud de la terrasse. Enfin, un autre événement notable fut l'objet d'un texte exceptionnel appelé « *Bénédiction de Ptah* » (stèle dans la salle-cour) où Pharaon, renforçant encore la légende de sa « *Baraka* », fait allusion au grave tremblement de terre responsable de l'effondrement d'un colosse de la façade, et livre l'explication du miracle auquel il attribue cette « providentielle » catastrophe[2] ! Toute scène est ainsi un rappel de l'articulation religieuse qui régit l'existence de Pharaon et le monde qui l'entoure.

Pharaon parmi les formes divines

Au fond du grand spéos, derrière la barque posée sur son socle, Pharaon a voulu se faire représenter avec les trois déités essentielles : Amon, Rê-Horakhty et Ptah. On les retrouve groupés dans les hymnes de synthèse religieuse de la XIXe dynastie, marquant le syncrétisme émanant, en quelque sorte, de la réforme amarnienne. C'est l'époque où l'on s'efforce d'expliquer que le divin domine le monde, mais que son expression peut être multiple, car à tout corps il faut un cœur, une tête, des membres : c'est la trinité du très célèbre hymne conservé au musée de Leyde.

Cependant, ce spéos n'est pas que le mémorial de Pharaon ni même seulement sa profession de foi. Il semble, à l'étude des représentations de la barque et des identités diverses qui lui sont attribuées, que Ramsès, au cours des étapes de son intronisation – très tôt abordées dans son règne –, se soit en définitive attribué tous les aspects du divin pour réunir en sa personne un véritable panthéon. Soucieux de capter ce flux divin, il en recevait le renforcement solaire deux fois l'an, au fond de son sanctuaire. Les sanctuaires d'Ibshek et de Meha lui ont servi de prestigieux outils magiques pour la subtile démonstration de tout un système. Une profusion de détails dans les monuments du roi montrent à quel point Ramsès était attaché à l'expression du calendrier et au déroulement cyclique du temps.

Les douze colonnes centrales de la salle hypostyle de son temple de «Millions d'Années», à l'ouest de Thèbes (le Ramesseum), n'évoquent-elles pas les douze mois de l'année et ne conduisaient-elles pas à la salle des cérémonies annuelles dominée par le plafond astronomique, lui-même bordé par le déroulement d'un grand calendrier commandé par Thot? En Abou Simbel, l'autel solaire, au nord du Grand Temple, n'évoque-t-il pas le cycle perpétuel des nuits et des jours, rénové chaque année par l'arrivée de l'Inondation, au Jour de l'An? Or, depuis quelques années, avant l'avènement de Ramsès (1279), ce Jour de l'An avait pris un aspect encore plus particulier car l'Égypte venait d'entrer dans une nouvelle période sothiaque. C'était exactement en 1313 avant notre ère, sous le règne d'Horemheb, qui avait placé sur le trône son vieux Vizir Pa-Ramessou et avait ouvert la période ramesside de la XIXe dynastie. C'était le moment béni où l'année civile suivie par les administrations – qui perdait un jour tous les quatre ans – et l'année solaire de 365 jours 1/4 coïncidaient. Le phénomène ne se produisait que toutes les 1460 années.

Ramsès pouvait-il, en raison d'un décalage de quelques jours[3], laisser passer cette occasion de commémorer un événement aussi essentiel – mais auquel aucun pharaon ne semblait autorisé à apporter une solution pratique? Il pouvait néanmoins mettre cette période bénie à l'actif de son glorieux règne et la rattacher à sa présence sur le trône d'Horus. Il convenait non seulement de démontrer sa parenté avec les forces supérieures dont dépendait le pays, mais aussi son action pour maîtriser le chaos, en clair : pour faire que le phénomène de l'Inondation ne cesse pas de fonctionner.

Régulièrement, depuis le *«temps du dieu»*, au terme de 365 jours 1/4, l'année, qui deviendra agraire, recommence son cycle avec l'arrivée du fleuve en crue, au préalable annoncée par l'étoile Sothis (Sirius), dont la vision avait été masquée pendant soixante-dix jours et qui réapparaissait, à l'aube, se levant de l'horizon oriental. Tout près de ce point précis, le soleil allait se lever à son tour et cela se produisait aux entours du 18 juillet, avec le déferlement de l'Inondation.

On célébrait aussi des rituels pour le retour de l'eau providentielle, car il se produisait parfois de «mauvais» Nils, au cours d'une période de sept années consécutives, ce qui pouvait se traduire dans la symbolique égyptienne par les *«sept vaches maigres»*[4]. Ramsès voulait imposer la pérennité de *«sept vaches grasses»*[5]. Chaque année, à l'étiage du fleuve, lorsque débutait l'attente de la montée des eaux, des cérémonies avaient lieu au Gebel Silsilé (au nord de la Première Cataracte) pour s'assurer de la réelle montée des eaux, sans laquelle la vie aurait pu cesser. Une grande attention était donc toujours portée au régime du fleuve.

Les rites accomplis durant cette nouvelle période sothiaque devaient être d'autant plus efficaces et Pharaon d'autant plus puissant qu'il allait célébrer parallèlement avec le Jour de l'An le renouvellement de sa personne confondue avec l'extraordinaire Inondation.

C'était donc sur les lieux où les eaux fécondatrices pénétraient à la frontière nubienne du Double Pays que le phénomène devait être consigné, fêté – et le cas échéant provoqué par la force des rites.

Ramsès, incité probablement par l'exemple de l'illustre ancêtre Horemheb, dédicataire du spéos d'Abou Oda, avait choisi Meha et Ibshek pour que se déroulent, dans une splendeur jamais égalée, la plus vaste démonstration du mythe cosmique dont dépendait (et dont dépend encore!) la terre des pharaons, et auquel les rois précédents n'avaient fait, semble-t-il, que de trop discrètes allusions.

Tout le mystère devait se dérouler grâce à la participation du couple royal déjà investi de l'irradiation divine. L'étoile Sothis, ce serait la belle et lumineuse Nofrétari. Le soleil levant, le soleil de l'Horizon, Horakhty, Ramsès en jouerait le rôle. Et leur apparition sur la barque symbolisant l'événement, à l'aube bénie de l'an neuf, ferait jaillir sur ces rives nubiennes, après avoir franchi la Deuxième Cataracte, le flot porteur de l'abondance.

Il fallait donc créer le lieu secret où la gestation du phénomène se déroulerait. La grotte d'Ibshek fut agrandie et aménagée à cet effet. Les forces environnantes une fois conciliées, il fallait que la Grande Nourrice Hathor, Dame de la Nubie, l'*eros* primordial sans qui la création ne pourrait se produire, différencie sa personnalité pour que son dynamisme et son sens de la maternité s'allient afin de conférer à Nofrétari les attributs de Sothis, l'Étoile du tendre matin, et qu'elle accouche du soleil. Ce mystère du dédoublement d'Hathor se manifeste dans la grotte d'Ibskhek lorsque Nofrétari reçoit d'Hathor et d'Isis la haute coiffure de Sothis. Au grand jour, Sothis-Nofrétari fera, à son tour, naître le soleil rajeuni. Cependant, dans la grotte, Hathor, Isis et Sothis ne seront qu'une seule et même entité.

Voici pourquoi Ramsès et Nofrétari, dans la grotte, pendant la gestation de la déesse, sont représentés devant la vache Hathor avançant et progressant sur la barque au milieu des papyrus, telle Isis dans les marais de Khemmis[6]. Ils sont en prière pour que la grossesse connaisse une heureuse issue, car le roi doit apparaître tel Horakhty. Puis ce sont les deux souverains occupés à présenter les plus poétiques présents floraux à celle qui évoque la protection au moment des naissances, celle qui préside aussi à l'arrivée des flots au Gebel Silsilé, Taouret (la Thoueris des Grecs), qui prend l'aspect de l'hippopotame femelle, dressée sur ses pattes arrière, veillant sur toutes les naissances du pays.

Prières, suppliques, offrandes ont enfin abouti à l'heureuse délivrance dans ce monde divin. Pour traduire le phénomène, au fond du spéos, ce sera l'image de la vache Hathor poussant devant elle le roi Horus qui poursuivra son règne sur le trône de son père et qui ramènera chaque année la source d'abondance. Signe très explicite : des deux côtés de la porte de la petite chapelle sont représentés deux génies de l'Inondation, Hâpy, *sortant* de la Grotte et qui évoquent ce parallélisme du jaillissement du flot et de l'apparition du souverain. Il est encore dans les ténèbres et la procession quittera le petit temple pour gagner, par le pylône du nord, la vaste esplanade du spéos de

Meha afin de permettre au mystère de se révéler et de se dérouler en plein air, en présence d'Horakhty-Pharaon-Ouser-Maât-Rê, visible au-dessus de la porte d'entrée de la Grande Grotte.

Le roi s'est donc révélé comme nouveau soleil en ce jour où les eaux gonflées de la future richesse s'écoulent vers l'Égypte. L'Inondation devra être bénéfique et le déroulement du mystère devra lui assurer sa hauteur idéale de seize coudées : le dernier colosse sud du petit spéos, on s'en souvient, représente, par sa taille, ces seize coudées désirées par le pays. L'union parfaite entre Nofrétari-Sothis et Ramsès-Horakhty assure bien l'arrivée d'Hâpy. Aussi, pour sceller cette théogamie, les axes de chacun des deux spéos se rejoignent au cœur de l'onde[7].

Durant la célébration du mystère, la barque de procession était sortie du saint-des-saints du Grand Spéos, portée par les prêtres et escortée par Pharaon. Dans la salle-cour, elle défilait devant les colosses du roi dans l'attitude et le costume d'Osiris renaissant, pieds encore joints, mais jambes et torse nus, et vêtu du pagne royal. Les stations de la nef étaient certainement très nombreuses et les cérémonies alentour grandioses, à l'image de

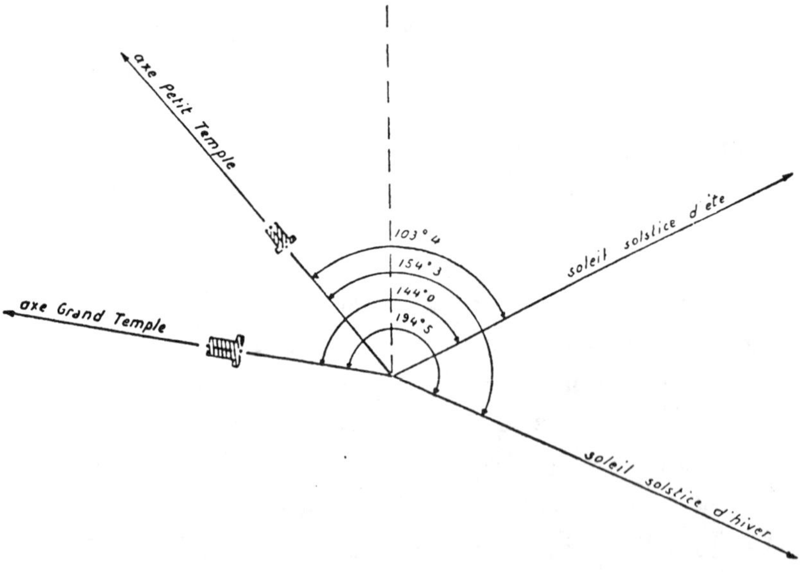

Les axes des deux temples d'Abou Simbel et l'azim[ut] du soleil à son le[ver] aux solstices d'été et d'hiver.

l'extraordinaire grandeur de ce cadre exceptionnel et de la majesté du couple royal. On sacrifiait au rite si important de puiser l'eau nouvelle avant que la barque de procession ne regagne son tabernacle. Alors Pharaon-Ouser-Maât-Rê-Inondation, né à l'année nouvelle, escorté de son Ka invisible pour les humains, devait se rendre dans la petite chapelle sud où régnait Thot et prendre place dans la barque, au cœur du *naos*.

Puis la nacelle devait être placée sur un vaisseau de transport qui allait suivre le flot vers le nord, entouré d'une escorte d'honneur. Ce symbole visible du flot nourricier se confondait avec la force cachée de l'onde, Imen, le grand serpent sous la forme duquel on vénérait Amon à Napata, car le Nil en crue qui ramenait la vie à l'Égypte était aussi Amon le Caché. C'est donc sous l'aspect de la barque véhiculant Amon que l'on allait fêter, à Thèbes, l'arrivée du miracle.

Sur les rives nubiennes, elle avait été saluée par les pacifiques habitants des villages qui s'échelonnaient le long du fleuve. Après avoir traversé la Première Cataracte, les notables et hauts fonctionnaires lui avaient fait une garde d'honneur dans l'île d'Éléphantine. Puis elle passait au Gebel Silsilé, à travers l'étroit défilé qui l'introduirait dans l'Égypte métropolitaine. Après le calme et déférent accueil des Nubiens, c'était l'exubérance de toute l'Égypte qui allait l'escorter jusqu'à Thèbes où les prêtres du temple de « Millions d'Années » de Ramsès (le Ramesseum), porteurs des barques processionnelles du panthéon de leur sanctuaire, l'accueilleraient.

Sur l'angle sud-est du mur de la salle astronomique, on peut encore voir la procession de ces barques sacrées, en tête desquelles celle de Mout, parèdre du grand dieu, souhaitant la bienvenue à la barque d'Amon venant du sud, direction vers laquelle le grand calendrier du plafond astronomique était orienté – le tout sous la présence vigilante du cynocéphale de Thot.

XVIII

Le temple du premier jubilé Derr[1]

Quelques années après l'inauguration des deux spéos illuminant les monts d'Ibshek et de Meha, Ramsès décida de faire aménager un hémi-spéos au nord d'Abou Simbel, sur la rive droite du Nil, là où se lève le soleil et, en descendant le Nil, un peu avant la Grande Courbe d'Amada. Dorénavant, en Nubie, l'accès aux sanctuaires de Ramsès, creusés dans le rocher, ne serait plus direct, mais constitué par une zone d'approche formée d'un *dromos*, d'un pylône et d'une cour à ciel ouvert. Ces parties extérieures ne seront conservées ni à Derr, ni à Gerf Hussein. Un modèle exceptionnel sur la rive droite du fleuve au nord de Korosko, commandant et veillant sur le départ de la grande piste caravanière menant à la boucle du Nil à Abou Hamid, est heureusement conservé à Ouadi es-Séboua.

L'hémi-spéos de Derr, appelé « *Temple de Ramsès-aimé-d'Amon-dans-la-Maison-de-Rê* », du pays de *Koush,* fut dédié au soleil

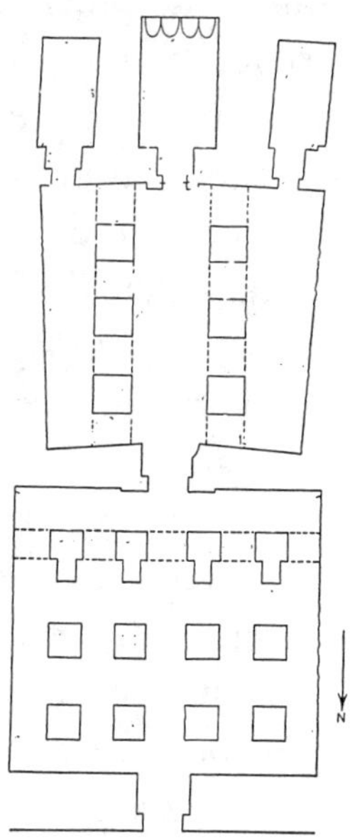

Plan du temple de Derr (les deux premières rangées de piliers ont presque entièrement disparu de nos jour).

Rê – qui se confond avec la personne d'Ouser-Maât-Rê-Ramsès. On retrouve naturellement la statue d'Horakhty, soleil levant, figurée au nord de la statue de Ramsès dans le saint-des-saints, comme en Abou Simbel. La partie antérieure du temple fut détruite lorsqu'il fut transformé en église.

La composition du plan de ce temple de Derr diffère du plan, quasiment classique, présenté par celui de Meha et ne comporte pas de vestibule avant l'accès au sanctuaire. La première salle, presque disparue[2], que l'on pourrait appeler « première salle hypostyle », comportait douze piliers carrés dont la dernière rangée du fond a été conservée. Ces piliers étaient ornés de statues osiriaques, analogues à celles d'Abou Simbel, pour évoquer le réveil solaire *:* c'est répéter que l'image du roi n'était plus dans son linceul, mais torse et jambes nus, portant le pagne royal. Les autres piliers, dont quelques bases seulement subsistent, n'étaient pas ornés de statues.

Seul, le fond de cette salle fut réservé dans la colline, de même qu'une partie des murs latéraux. Toutes les superstructures avaient été construites en maçonnerie (briques crues).

Aucun autre temple de Ramsès, en Nubie, ne possédait une rangée de piliers osiriaques au fond d'une salle. De même, les scènes de la destruction du mal sont ici figurées sur les murs sud et nord de cette première « salle hypostyle » : on en déduit qu'elles n'avaient pas été prévues, comme à Abou Simbel, de chaque côté de l'entrée. La composition de ces scènes est analogue à celle du Grand Temple, à ces différences près que le roi est, ici, accompagné de son lion et que sur le mur sud il accomplit le rite non seulement devant Amon, mais aussi en présence de Ptah et de Thot. Au nord, Ramsès sacrifie devant Horakhty accompagné de Maât et de Khnoum.

Au registre inférieur, comme en Abou Simbel, le défilé des enfants royaux est composé, au sud, de huit princes, dont : Amon-her-Khepeshef, Nebenkharou, Méry-Amon et Sethemouia. Au nord, on trouve les neuf princesses, parmi lesquelles Bet-Anat (détériorée), Nebettaouy, Isis Nofret II, Hénouttaouy,

Ourniro, Nedjemmout. Visiblement, le décorateur s'est inspiré du grand modèle creusé dans la colline de Meha.

Dans le fond, derrière la rangée de piliers osiriaques, de part et d'autre de la porte assurant la communication avec la seconde salle hypostyle, on peut déchiffrer, avec difficulté maintenant, les vestiges des scènes de guerre contre les habitants du Grand Sud et contre les Asiatiques, assorties d'épisodes pris sur le vif.

Les trois faces libres des piliers osiriaques montrent le vis-à-vis du souverain avec les formes divines déjà rencontrées : Horus de Baki, Horus de Bouhen (3 fois), Monthou (2 fois), Ouret Hékaou, Amon-Rê, Rê-Horakhty (2 fois), Ptah (2 fois), Thot, Atoum (2 fois). Mais dans cette première salle hypostyle, la scène significative pour qui veut percer la fonction de ce temple est celle où Ramsès reçoit de Néfertoum le signe de l'Heb-Sed (fête-*Sed*) et le même signe jubilaire des mains d'Amon-Rê.

Il est aisé de constater que ce temple, dédié à la forme solaire du roi, devait servir de reposoir à la barque durant sa descente du Nil, mais devait également avoir été aménagé pour la

Scène très animée au cours de laquelle Amon, escorté de Mout, remet à Ramsès l'insigne de son premier jubilé, alors que Thot, Monthou et Horus évoquent l'entière participation des sanctuaires à cette primordiale cérémonie.

célébration du premier jubilé trentenaire de Pharaon. Une fois de plus, Ramsès se serait inspiré du petit temple d'Amada, complété par Thoutmosis IV pour son jubilé : la cour initiale du temple avait, en effet, été transformée en salle à douze piliers et, sur le mur nord, Thoutmosis IV, devant l'arbre *iched,* recevait l'assurance d'éternelle destinée en présence de Ptah, Maître des fêtes-*Sed,* et de sa parèdre Sekhmet.

Aussi rien d'étonnant si, après quelques marches, on pénètre dans la seconde salle hypostyle ornée de six piliers carrés pour être accueilli par Séshat (Sefekh-Abouy) offrant au roi le signe de la fête. Mieux encore, au milieu du mur sud, on peut contempler l'image de Ramsès agenouillé sur le signe de la fête, devant Amon sous un dais et escorté de Mout dont il reçoit les signes de cette festivité, suspendus à la haute tige des «Millions d'Années». À la suite de Pharaon, Thot, Monthou et Horus avancent, tenant eux aussi les hautes tiges bourgeonnantes munies du signe de la fête et présentant également, de l'autre main, le même signe. Cette scène très originale prend une emphase considérable et marque l'événement d'une particulière importance.

Sur l'extrémité orientale du mur nord, après l'hommage à Min ithyphallique, la scène de l'arbre *iched*[3] a été reproduite – où Thot écrit le nom sur un fruit de l'arbre, en présence de Ptah, Maître des Jubilés, escorté de Sekhmet... Sur la partie orientale du mur sud, Pharaon présente la statuette de Maât au visage d'Amon-Rê, aux côtés de Mout. Entre eux deux, Ramsès-Ouser-Maât-Rê, déifié, occupe de plein droit la place du dieu-fils.

Ptah, Seigneur des Jubilés, accompagné de Sekhmet, offre la forme la plus «combative» de La Lointaine.

Ces scènes parmi les plus parlantes ne font pas oublier que ce temple est aussi reposoir pour accueillir la barque rappelant la grande nef du spéos de Meha. Cependant, pour le « cénotaphe » solaire de Derr, seul le Maître de la Barque contenant le symbole d'Horakhty est évoqué par des figures de faucon ornant la proue et la poupe. Sur le mur nord, on voit la sainte embarcation véhiculée par les prêtres l'*introduisant* dans le spéos. Pharaon l'escorte à la hauteur de la cabine contenant l'image divine ; à côté de lui, de plus petite taille, marche un prêtre vêtu comme le roi de la peau de guépard[4]. Le décor de la barque est enrichi de petites statuettes évoquant Ramsès dans différentes attitudes d'adoration. Sur le mur sud, même scène, mais la barque, après son séjour dans le sanctuaire, est figurée *sortant* du spéos.

Sur les piliers, on retrouve approximativement représenté le même panthéon qu'en Abou Simbel. De surcroît, Isis apparaît aux côtés d'Horus-fils-d'Isis et de Iousas, compagne indispensable à l'acte créateur du soleil. L'atmosphère est celle d'une cérémonie du trône, rappelant les très secrètes phases de la fête-*Sed*[5], où Isis, Osiris, Horus fils d'Isis, et même Seth seront évoqués (chapelle nord, flanquant le sanctuaire principal), cependant que la présence de la reine au côté de Pharaon a disparu. On retrouve aussi Pharaon divinisé, non pas sous l'allure de l'Horus de Meha, qui n'est pas présent à Derr, mais figuré par le rébus de propre son nom : Ouser-Maât-Rê.

En l'absence d'un vestibule, il faut maintenant pénétrer directement dans la pièce centrale du saint-des-saints, flanquée de deux petites salles annexes. Au-dessus de la porte d'entrée, le linteau est orné de la « course » du roi, tenant le gouvernail et le signe *hep* : c'est une image traditionnelle, faisant partie des symboles du jubilé. Cette chapelle centrale est ornée, contre le mur du fond, de quatre statues réservées dans la masse du rocher, et qui devaient être identiques à celles du sanctuaire d'Abou Simbel, bien que de dimensions plus réduites. On distingue encore, en dépit des mutilations dues à l'installation d'une église, les images de Ptah, d'Amon, du roi et d'Horakhty.

Sur le mur sud de la chapelle apparaît la barque, non plus véhiculée mais placée sur un socle, et devant laquelle Ramsès fait l'encensement et la libation. Puis vient la scène où Pharaon, image divinisée, offre les bandelettes de lin à Ptah[6]. Le mur nord vis-à-vis présente une barque à proue et à poupe à tête de faucon recevant encensement et libation du roi. Cette cérémonie est suivie par l'offrande des onguents à Rê-Horakhty.

À droite du saint-des-saints, la porte qui donne accès à la petite chapelle sud est dominée par un linteau où Monthou, Atoum, Shou et Tefnout présentent un aspect momiforme, certainement en rapport avec les cérémonies de la fête-*Sed*. Au fond de la chapelle, on peut contempler la scène, deux fois répétée, de Ramsès faisant offrande à son image déifiée. Le mur gauche est orné de trois scènes où, successivement, Pharaon offre des gâteaux à Ptah dans sa chapelle, l'encens pour Amon-Rê et des pains à Horakhty. À droite, c'est l'encensement et la libation pour Horakhty, suivis de la course de Pharaon tenant les vases *hes* en direction d'Osiris, d'Isis et d'Horus fils d'Isis – course toujours en rapport avec la fameuse fête-*Sed*.

Pour pénétrer dans la petite chapelle nord, il faut passer sous le linteau orné des images momiformes d'Osiris, d'Horus fils d'Isis, de Seth et d'Isis dont il a été question plus haut. Dans le fond de la pièce, c'est la même scène, deux fois répétée, où le roi offre deux vases à Horus. Enfin, sur le mur nord, on voit successivement le roi offrir l'encens à Atoum, des étoffes pour Amon-Rê et quatre vases destinés au culte de Rê-Horakhty.

Ainsi se présente l'hémi-spéos dédié à Horakhty, une des formes entourant l'image du roi dans son mémorial. L'étude de cette seconde grande Fondation faisant partie du « système » élaboré par Ramsès nous a permis de découvrir qu'elle était certainement destinée à recevoir, sur son trajet, la barque sacrée du pèlerinage fluvial. Elle était aussi nécessaire pour évoquer le passage du flot divin quittant la région, et de son entrée en Nubie en chemin vers l'Égypte, au Jour de l'An. Mais l'hémi-spéos devait aussi être conçu pour célébrer le premier jubilé de Pharaon, et d'un pharaon divinisé, comme le confirmait dans la chapelle de Thot, au pied de la colline de Meha, son image rendue au moyen du rébus formant son nom de couronnement. La salle jubilaire aux douze piliers semble bien avoir été inspirée de celle créée par Thoutmosis IV dans le temple d'Amada pour son propre jubilé : d'une façon évidente, Ramsès tira profit des éléments contenus dans ce temple, mais en en magnifiant et en en diversifiant le message.

Cependant, le style des reliefs couvrant les murs de Derr, à quelques exceptions près, présente peu de points communs avec la splendeur de ceux du mémorial de Ramsès : les artisans envoyés pour orner les murs n'ont pas su rivaliser avec l'art consommé des sculpteurs métropolitains.

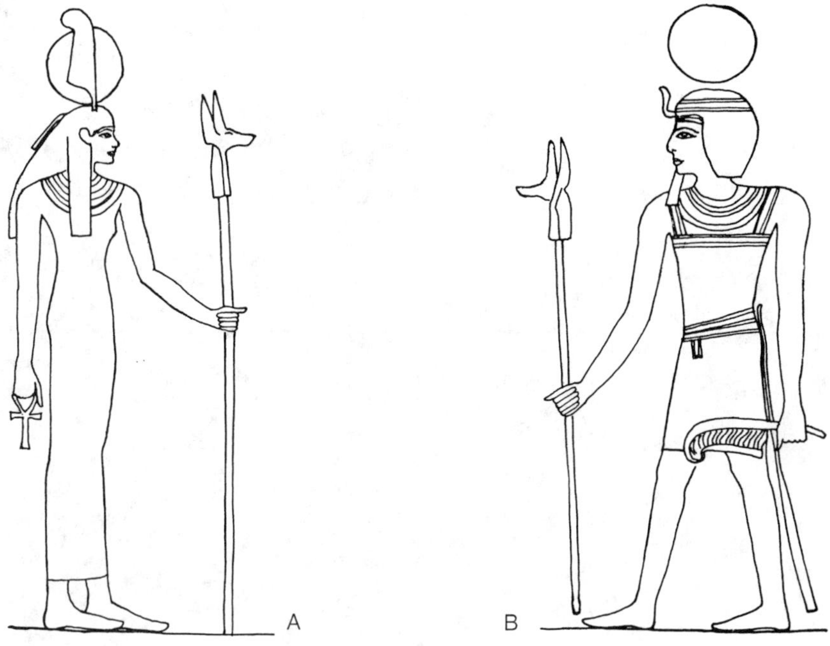

À plusieurs reprises, Ramsès à utilisé les hiéroglyphes servant à écrire son nom de couronnement pour composer un rébus comprenant le sceptre ouser, *la plume* Maât *et le globe solaire* Rê. *Deux des plus marquantes figures sont ici illustrées :*

a. Dans la chapelle de Thot, au sud du grand spéos d'Abou Simbel, il utilisa l'image féminine de Maât qui figurait dans son prénom.

b. Dans le temple de Derr, c'est le personnage de Rê qui tient les deux autres insignes.

Il faut se rappeler que ces deux images sont représentées chacune derrière la barque dont elles étaient supposées habiter la chapelle… images associées à la personne de Ramsès lui-même.

XIX

Temple de la maturité

L'hémi-spéos d'Amon[1] à Ouadi es-Séboua[2]

La leçon d'Abou Simbel a permis de comprendre que l'ascension de Pharaon vers le divin l'a introduit dans un panthéon avec les membres duquel, en réalité, il ne fait plus qu'un. Néanmoins, l'image des trois entités divines dont il est entouré dans le saint-des-saints doit jalonner le parcours de la barque divine. Au départ de Meha, cette barque, à la multiple identité, a rencontré en première étape le reposoir d'Horakhty de Derr, célébrant le premier jubilé en l'an 30 du règne.

Entre cette date et celle à laquelle remonte l'édification d'un nouveau temple, sanctionnant la deuxième grande étape de la barque – cette fois-ci dédiée à Amon –, il dut se passer douze à treize années. La période guerrière de Ramsès avait fait place aux extraordinaires moments de la paix[3] établie par le traité passé entre les souverains hittite et égyptien. Il avait perdu sa belle Nofrétari, l'autre Grande Épouse Royale Isis Nofret était réapparue. Ramsès vivait, maintenant, entouré d'au moins deux nouvelles Grandes Épouses Royales et, depuis la trente-sixième année du règne, la princesse hittite avait été exceptionnellement consacrée, elle aussi, Grande Épouse Royale.

Pharaon, auquel il restait encore environ vingt-sept années de règne, allait bientôt être victime des premières atteintes du mal qui devait peu à peu l'affaiblir. Sans doute ne se rendait-il plus que rarement en Nubie, peu souvent à Thèbes, et partageait-il son existence entre Memphis et Pi-Ramsès. Ses préoccupations essentielles concernaient l'affirmation totale de sa divinisation. Ainsi avait-il ordonné qu'on transformât, en les modifiant, les groupes divins représentés aux murs de la salle-cour et de l'hypostyle de son grand temple de Meha, en introduisant, entre les couples divins, sa propre personne sous l'aspect du fils dieu.

Puis Pharaon décida de faire exécuter la deuxième Fondation de sa «trilogie» du voyage nubien. Il se souvenait du spéos d'Aménophis III, dédié à «Amon des Chemins», transformé peu de temps après en lieu de culte pour Horakhty par le roi de l'aventure amarnienne. Il allait retourner vers ce site choisi par Aménophis et lui restituer un culte pour Amon, Amon-Nil, qu'il incarnait sur terre. L'emplacement choisi serait donc entre Amada et Kouban, sur la rive gauche, tout près du spéos d'Aménophis, au début de la région la plus fertile du pays de *Ouaouat*, et de nos jours surnommée «Ouadi es-Séboua».

Le soin de surveiller l'édification et le creusement de ce nouvel hémi-spéos fut confié par Ramsès à son Vice-Roi de Nubie – à l'époque Sétaou. Ce personnage actif, très entreprenant, bénéficiait de la confiance d'un pharaon déjà vieillissant, que l'on préparait à traverser les cérémonies de son cinquième jubilé. Sétaou, que les

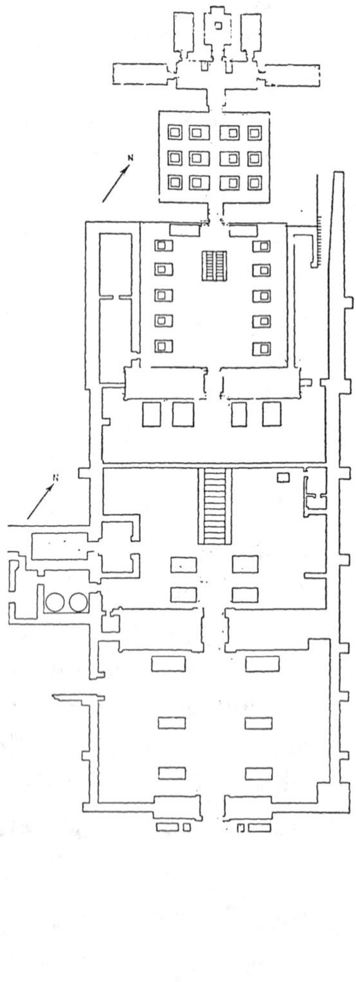

Plan du temple de «Ramsès-aimé-d'Amon-dans-la-Maison-d'Amon», au nord de Ouadi es-Séboua.

scrupules ne devaient pas étouffer, eut sans doute une trop grande liberté pour choisir les artisans chargés d'exécuter les travaux. On peut encore se rendre compte de la qualité bien médiocre de certains sculpteurs choisis loin de la métropole[4] en regardant les éléments du *dromos*, ou encore les statues osiriaques de la première cour et de l'hypostyle.

De tous les sanctuaires fondés par ordre de Ramsès en Nubie, le temple de Ouadi es-Séboua dit de «Ramsès-aimé-d'Amon-dans-la-Maison-d'Amon» est le seul dont les structures extérieures aient été conservées. Il nous permet d'imaginer comment les approches de certains sanctuaires de la métropole, qui en sont actuellement privés, pouvaient se présenter.

Mon propos, pour ce monument comme pour celui de Derr qui vient d'être évoqué, et pour celui de Gerf Hussein, n'est pas d'établir le guide de ces monuments ni, comme j'ai pu le faire précédemment, d'introduire le lecteur dans les temples nubiens de la XVIIIe dynastie. Il n'est pas davantage question de détailler l'évolution des décors jusqu'à l'époque où Ramsès entreprit de doter la Nubie de ses Fondations. Il s'agira ici seulement de souligner les différences, les innovations, pour détecter le message confié aux hémi-spéos, sans s'attarder aux scènes classiques déjà couramment rencontrées dans les temples.

La Fondation est formée de trois parties distinctes. La première, composée de deux cours à ciel ouvert, est ornée de sphinx. La deuxième est constituée d'une grande cour intérieure à piliers osiriaques. Enfin, la troisième partie forme le spéos proprement dit et comprend un vestibule à piliers – ou hypostyle –, une antichambre à pièces latérales et un sanctuaire (ou saint-des-saints), formé d'une chapelle centrale flanquée de deux chapelles plus étroites.

Première partie : les «dromos»

Devant la porte extérieure et un pylône en briques crues disparu avaient été dressées deux statues du roi, debout, chacune flanquée d'un sphinx coiffé, comme le roi, du *pschent*[5].

Passée la porte, la première cour présente une allée centrale bordée de sphinx, toujours à tête humaine et porteurs du *pschent*, évoquant l'apparition de Pharaon. Le socle était doté de panneaux latéraux hautement prophylactiques représentant des agresseurs du Sud et du Nord empêchés de nuire. Après un second et épais pylône de briques[6] crues, on peut entrer dans la seconde cour dont le passage central est bordé de quatre autres sphinx typiques du culte en Nubie, car présentant une tête de faucon. Leur identité est signalée comme représentant respectivement l'Horus de Miam, celui de Meha, celui de Baki et celui d'Edfou – en Haute-Égypte – à la place de celui de Bouhen. Je ne puis, pour ma part, donner une explication à cette substitution, à moins qu'on ne l'impute à une erreur, ce qui est peu probable.

Entre leurs pattes avant, les sphinx protègent une statuette de Ramsès, en pagne d'apparat, et coiffé du *némès* funéraire, comme si l'animal, gardien des issues et des passages célestes, avait pour rôle de faire surgir au jour la majesté de Ramsès. Quoi qu'il en soit, un détail d'importance apparaît : l'allusion à de nombreuses fêtes-*Sed*, souhaitées à Pharaon.

Les vestiges de la porte du deuxième pylône en briques ont révélé le nom de cette entrée : «*Ramsès-Mery-Amon, Grand de fêtes-*Sed*, comme Ptah*». Plus encore, sur les socles de chaque sphinx, une phrase analogue a été gravée : Ramsès «*Seigneur de fêtes-*Sed*, comme son père Ptah*». Sans être affecté spécialement à une célébration déterminée de la fête – comme ce fut le cas de Derr –, ce temple d'Amon (de l'Amon figuré au côté de Ramsès dans le sanctuaire de Meha) se joint aux nombreuses marques trouvées en Nubie en l'honneur du souverain, à l'exceptionnelle longévité souhaitée.

Le pylône, la terrasse, la grande cour

Un escalier mène à une haute terrasse sur laquelle est dressé le grand pylône (construit sur des assises de pierre), dont la façade devait être ornée de quatre statues colossales, debout. Le colosse flanquant au sud le passage vers la cour intérieure est traité en porte-étendard, lequel est dominé par la tête du bélier d'Amon. Contre la jambe avancée, c'est l'image de Bent-Anat, fille d'Isis-Nofret : elle était encore, à l'époque, une de ses Grandes Épouses Royales. Un colosse analogue ornait la tour nord du pylône et tenait l'enseigne à tête de faucon, ainsi que le montrent les vestiges qui en subsistent. Très probablement, l'autre Grande Épouse Royale du moment, Méryt-Amon, fille de Nofrétari, devait être représentée contre ce second colosse. Le *pschent* ornant sa tête montrait en rébus le prénom du roi.

La façade des deux tours est ornée des tableaux habituels. Au sud, destruction des ennemis de l'Égypte devant Amon ; au nord, même scène en l'honneur d'Horakhty. Le pylône franchi, on aborde la seconde partie de l'hémi-spéos, encore à l'air libre, et constitué d'une grande cour flanquée de deux couloirs extérieurs et munie de dix piliers osiriens. C'est le plus grand rassemblement de piliers osiriens de Nubie, traités, comme à Meha et à Derr, à l'image du roi sortant des ténèbres osiriennes et apparaissant déjà en personnage solaire, jambes et torse nus. C'est affirmer de nouveau que, pour connaître son renouvellement solaire, il n'était pas nécessaire pour Ramsès de passer par la phase osirienne[7].

Dans cet emplacement vraisemblablement achevé peu de temps avant le cinquième jubilé de Pharaon, le nombre des enfants royaux représentés atteignait la centaine ! Ramsès avait tenu à les faire figurer sur les deux murs latéraux de cette cour. Au sud, un premier groupe de vingt princesses, puis vingt-cinq princes et enfin neuf princesses. Sur la paroi nord figuraient encore un groupe de dix-huit princesses et un autre défilé de vingt-huit princes[8].

Les autres scènes sculptées sur les murs latéraux et sur les faces des piliers osiriaques sont traditionnelles, à l'exception de la présentation par le roi de quatre taureaux pour Ptah, et de la « clepsydre » pour la déesse à tête de lionne, c'est-à-dire la déesse Lointaine, très nette allusion à l'arrivée de l'Inondation. Parmi les figurations du roi en dialogue avec les formes divines, quatre d'entre elles le représentent déifié. Il faut aussi signaler le tableau où Ramsès figure entre Atoum et Hathor léontocéphale. Partout, aussi, des allusions aux fêtes-*Sed* : dans le protocole du roi sur les architraves, sur les socles des piliers osiriaques, dans les propos prêtés à Horakhty et à Thot, qui souhaitent au roi de nouvelles fêtes-*Sed*.

La salle hypostyle

La troisième partie du temple en spéos comprend une hypostyle de taille réduite, dont la largeur correspond à la distance qui sépare les piliers osiriaques de la cour de ces piliers osiriaques-ci. Elle contient douze piliers. Cette partie de l'hémi-spéos n'est pas entièrement creusée dans le rocher, car le sommet des piliers et celui des murs est construit ; seules les bases ont été taillées dans la roche[9].

Cette salle relativement carrée, munie de douze piliers, rappelle évidemment la première salle hypostyle de Derr. Si elle n'a pas été consacrée pour une fête-*Sed* déterminée, elle n'en est pas moins aménagée pour participer aux vœux de longévité et de renouvellement divin du souverain. Seuls les piliers de l'allée centrale sont ornés des statues osiriaques. Dans cette hypostyle, enfin, Ptah est figuré promettant à Ramsès « *de très nombreuses fêtes-*Sed ». Encore une fois l'allusion à La Lointaine apparaît : le roi se présente devant Onouris, Shou, Nekhabit, Tefnout et Hathor.

L'antichambre

Cette antichambre est percée de cinq portes, et presque toutes ont reçu des noms en rapport avec les jubilés souhaités : ainsi le nom « *Maât donne à Ramsès les fêtes-*Sed *de Rê* ».

Sur un mur de la pièce latérale sud, près de l'Horus de Baki et de Miam, réapparaît l'Horus de Bouhen qui manquait parmi les quatre sphinx du *dromos*. Les tableaux les plus importants pour marquer la complète intégration de Pharaon parmi les dieux sont, de part et d'autre de l'entrée, celui de l'antichambre, où l'on peut voir d'un côté Ramsès encensant sa propre image

Le temple, qui fut édifié après l'an 40 du roi, ne comporte plus de retouches dans la représentation des familles divines. Ici, Ramsès, dans la décoration des groupements divins, avait introduit d'emblée sa propre image parmi ses pairs, entouré de Shou (sous le nom de In-Heret « celui qui ramène La Lointaine »*), de Tefnout (autre forme de La Lointaine) et de Satet. Pharaon encense ces quatre formes divines.*

assise près d'un dieu et celui de la statue assise d'Hathor à tête de vache. De l'autre côté, un groupe analogue, mais formé des images assises de Shou-Onouris, de Ramsès déifié, de Tefnout et de Satet, est également encensé par Ramsès lui-même, vénérant ainsi sa propre image et celle de sa famille divine. Dieu affirmé parmi les dieux, il pouvait maintenant directement introduire son image au milieu de ceux qui sont « les siens ». C'est l'époque où, repensant les premiers décors faits en Abou Simbel, il donna ordre de corriger les représentations des ensembles divins en y introduisant sa silhouette de dieu-fils. Dans cette maison d'Amon-Nil, il avait ordonné que cette intronisation s'opère en compagnie des acteurs de la légende de La Lointaine, à son retour vers la terre d'Égypte. Au reste, Satet souhaite à Pharaon de « *très nombreuses fêtes*-Sed ».

LE SANCTUAIRE

Reposoir de la barque sacrée au cours de sa descente du Nil, le temple consacré à Amon se devait de la recevoir en station dans son saint-des-saints. Les deux représentations de cette même et unique barque figuraient sur le mur sud orné de têtes de bélier, et en vis-à-vis, sur la paroi nord, munie de la proue et de la poupe à tête de faucon. Le traitement de l'embarcation fleurie et ornée de petites statuettes royales est moins détaillé qu'à Derr, mais cependant soigné. Le roi qui, à deux reprises, honore la barque par l'encensement et la libation (feu et eau) devant une table d'offrandes, est figuré avec élégance : on reconnaît là le ciseau du sculpteur auquel on avait confié le soin de composer les deux tableaux essentiels de l'antichambre et le linteau décoré qui domine la niche du fond. Cette dernière devait contenir trois statues, et non quatre comme dans les autres hémi-spéos. C'était Ramsès en compagnie d'Amon et de Rê-Horakhty, complètement détruits au moment de la transformation du spéos en église. À leur place, les chrétiens avaient peint un magnifique saint Pierre tenant une grande clé dorée. Ramsès demeure néanmoins de chaque côté du portier du paradis et, de même qu'il présentait jadis à sa propre image et à ses frères les

Ramsès encense et fait la libation à la barque d'Amon. On remarquera l'évolution visible du décor des barques, depuis celles qui figurent dans le saint-des-saints d'Abou Simbel.

dieux papyrus et bouquets montés, il est maintenant occupé à rendre hommage à celui qui détient l'accès aux béatitudes !

Cependant, le décor du linteau cintré, au-dessus de la niche, est intact – et riche en enseignement. En effet, le centre est occupé par la barque du Soleil levant, dont la proue est ornée du petit enfant solaire, un doigt à la bouche. Sous le dais, un homme assis, à face de bélier et portant un immense globe solaire sur la tête, pourrait être interprété logiquement comme la représentation d'Amon mais devant lui a été inscrit : Horakhty ! Thot, à tête d'ibis, lui rend hommage cependant qu'à l'arrière de la barque trois cynocéphales, selon l'inscription qui domine la scène, « *adorent Horakhty* ». Pour compléter notre information, on lit entre la barque et Ramsès à genoux : « *Rê lorsqu'il se lève et lorsqu'il se couche* ». C'est une manière d'exprimer la nature complexe d'Amon-Rê, Amon dans les ténèbres, Rê en plein

ans le fond du sanctuaire, lorsque le temple fut transformé en église, le portrait de saint Pierre remplaça ui des « images païennes », *cependant que le reste du décor fut bien mal masqué. La figuration de la rque solaire au sommet du cintre constitue une nouvelle étape de la démonstration du roi-théologien.*

jour : les deux éléments en un seul, qui provoquent l'Inondation et qui sont, en définitive, incarnés en Ramsès.

Dans ces salles du sanctuaire, Ramsès déifié accomplit encore la course rituelle, et Ptah, en compagnie de diverses formes divines, continue à dispenser à Pharaon de nombreuses fêtes jubilaires.

Progressivement, certains détails caractéristiques disparaissent dans les hémi-spéos de Ramsès, qui figuraient dans son mémorial de Meha. Dans l'hémi-spéos de Derr, la présence de l'épouse du roi n'avait plus de place[10], cependant que les scènes de guerre figurent encore aux murs de la première cour.

Dans la Fondation située à Ouadi es-Séboua, à leur tour les scènes de guerre ont disparu, et ne subsiste pas davantage de Grande Épouse Royale. Subsistent néanmoins des allusions à la famille de Pharaon rappelée par le nombre impressionnant des éléments de sa progéniture. À Gerf Hussein où nous nous dirigeons, seul Pharaon divinisé résidera parmi ses égaux, les dieux!

XX
Le temple de Ptah à Gerf Hussein

Sur le chemin de l'Égypte, en descendant le Nil nubien, l'hémi-spéos de Gerf Hussein[1] est le dernier reposoir que l'on rencontre, destiné par Pharaon à l'accueil de la barque divine. Le responsable des travaux fut, comme pour le temple de Ouadi es-Séboua, le Vice-Roi de Nubie, Sétaou; on pourrait s'en douter à la seule vue des piliers osiriaques[2].

On se souvient que, pour son premier jubilé, en l'an 30 de son règne, Ramsès fit aménager à Derr, sur la rive droite du Nil où le soleil se lève, un hémi-spéos dédié à Horakhty, première étape où la nacelle divine ferait station. Quelques années après, le site de Ouadi es-Séboua où, déjà, Aménophis III avait fait creuser un spéos en l'honneur d'Amon, allait devenir la deuxième étape et permettre à la nacelle sacrée de séjourner dans le saint-des-saints, et de révéler la vrai nature du dieu caché (Imen).

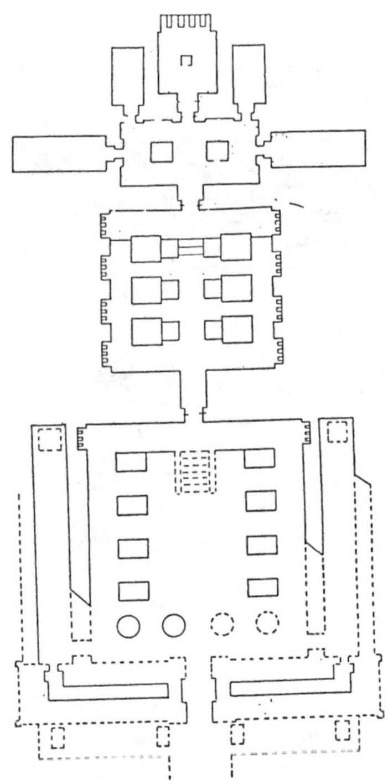

Plan du temple de Ptah, dans le site de Gerf Hussein.

Ayant maintenant dépassé la cinquantième année de son règne, le roi-théologien, plus que jamais préoccupé à démontrer sa nature divine, décida de faire aménager le dernier hémi-spéos, prévu en Nubie depuis le début de ses travaux. Ce serait, à mi-chemin entre Ouadi es-Séboua et la Première Cataracte, la véritable caverne de Ptah – cette image divine, dont la statue ne recevait qu'un si discret reflet de soleil dans les entrailles du sanctuaire de Meha, parce que, issu de l'ombre, il commandait aux forces cachées de la terre.

Ptah n'avait-il pas pris une place impressionnante dans la vie de Ramsès, jusqu'à provoquer, par ses tremblements, l'union tant souhaitée de Pharaon avec l'étrangère et désirable princesse hittite[3] ? Au reste, sur le sommet de la Stèle du Mariage, en Abou Simbel, on ne retrouve pas les silhouettes d'Horakhty et d'Amon pour entourer le souverain sous son dais de fête. Dès ce moment, la place avait été prise par celui qui l'avait favorisé de sa bénédiction. Plus encore : afin de bien marquer les liens étroits qui unissent Ptah et la personne royale, Ramsès porte sur la tête la coiffure de Ptah avec lequel il est quasiment confondu[4]. Ramsès avait conscience que le phénomène de la crue ne

Sommet de la Stèle du Mariage en Abou Simbel, gravée au sud de la terrasse : la princesse hittite, qui vient de recevoir son nom égyptien de Maât hor-Neferourê, est accompagnée de son père, le roi Hattousil, coiffé du premier bonnet phrygien connu. Ramsès, sous son dais, est entouré de Seth et de Ptah-Tenen.

pouvait créer la vie par le seul hymen du soleil et de l'eau fécondatrice, si n'existait pas le support même où l'eau – et l'humus – se déposaient. Ptah, Maître du Sous-Sol, de la Respiration de l'écorce terrestre, Maître également de ceux qui transforment la matière (les artisans, les ouvriers) Ptah, répétons-le, devait être sollicité, comme indispensable support de l'énergie créatrice évoquée par la barque, symbole dynamique de tout l'espoir humain. Aussi la nacelle devait-elle faire étape dans la station de cette indispensable figure, avant de se manifester dans le pays dont Pharaon était le garant.

Le plan du temple de Ptah présentait des points communs avec les sanctuaires de Ouadi es-Séboua et d'Abou Simbel, mais différait de ces derniers par d'originaux détails d'architecture, témoins de spéculations symboliques en perpétuelles mutations. L'hémi-spéos de Ptah avait été aménagé sur la rive gauche, dans une falaise qui dominait le fleuve par une pente abrupte. Lorsque le Nil était en crue, les eaux devaient atteindre les fondations du pylône de pierre. Pendant la période des basses eaux, le fleuve coulait à une assez grande distance : une allée de sphinx, dont quelques vestiges furent retrouvés, était précédée d'un quai.

La cour à péristyle

La partie antérieure du temple était formée d'une cour carrée à ciel ouvert, comportant sur trois côtés un péristyle composé de huit piliers (quatre au nord, quatre au sud) et ornés chacun d'une statue du roi : c'étaient les piliers osiriaques de type « solaire », initialement conçus par Ramsès comme montrant l'image royale non pas enveloppée d'un linceul mais portant le pagne du roi vivant, et tenant encore de son passage, comme Osiris, les bras croisés sur la poitrine, sceptre de la royauté en main. Toutefois, pour ces statues de plein air, évoquant le roi dans la phase terminale de sa mutation (et de son passage de l'ombre à la lumière), cette attitude encore osirienne – les bras croisés sur la poitrine – est maintenant en partie abandonnée.

Un des bras royaux pendait le long du corps, alors que l'autre était plié, main encore contre la poitrine mais tenant à la fois les deux sceptres. Le réveil « solaire » du roi pour sa fête du Jour de l'An était affirmé.

Les architraves du péristyle donnaient vers l'est. Celles du centre, encadrant l'entrée, étaient supportées par des chapiteaux papyriformes ouverts. Les deux colonnes de l'extérieur étaient terminées par des chapiteaux fermés. Deux longs couloirs[5] flanquaient, au sud et au nord, cette cour dont le péristyle s'appuyait, à l'ouest, sur le rocher conçu comme un second pylône, haut de onze mètres, et percé par la porte d'entrée du spéos. De chaque côté de cette porte, le décor sculpté représentait, au sud, la destruction des ennemis devant l'Horus de Bouhen – et non devant Amon, contre toute apparente logique. Cependant, au nord, le tableau classique montrait bien l'anéantissement du péril venant du Nord devant Horakhty. Un petit escalier central menait à une banquette de 1,30 mètre de hauteur, réservée dans la pierre, au pied de la façade. Aux deux extrémités nord et sud de la banquette, une niche avait été creusée, contenant, d'un côté, également réservée dans la pierre, la statue du roi debout, entourée de celle de Ptah et d'Hathor. De l'autre, le roi était représenté flanqué des statues de Ptah également debout et d'une image féminine à tête de lionne. Par ce procédé, Pharaon n'attendait plus le saint-des-saints pour apparaître en dieu parmi les dieux.

Un petit escalier conduisait à la salle hypostyle carrée mesurant vingt-cinq coudées de côté[6] ; deux rangées de piliers osiriaques (du réveil solaire) y avaient été réservés dans le grès. Le plafond de la nef centrale était plus élevé que celui des bas-côtés. De nouveau, Ramsès y figurait debout, à huit reprises, entouré de deux images divines également debout dans quatre niches aménagées sur chacun des murs latéraux : autant de petites chapelles affirmant la nature du souverain.

Une haute banquette, encore, ornait le mur occidental du fond de l'hypostyle. Quelques marches permettaient d'accéder au petit couloir communiquant avec le vestibule, salle rectangulaire flanquée de deux réserves en longueur qui avaient probablement servi à recevoir le trésor du temple : ces salles étaient munies, à cet effet, d'une longue console de pierre. Le vestibule à deux piliers communiquait avec le sanctuaire où se trouvait un socle placé dans l'axe, réservé dans la pierre, destiné à recevoir la barque. Le fond était occupé par une large niche contenant quatre images divines assises, dont la taille était plus importante que celles du temple de Ramsès en Abou Simbel. De chaque côté, deux plus petites chapelles donnaient également dans le vestibule.

La salle hypostyle

En pénétrant dans l'hypostyle, on avait l'impression de vivre un mauvais rêve : l'harmonie et la noblesse de la même salle en Abou Simbel venaient d'être transformées en une saisissante sensation d'effroi, tant les statues, pourtant du type « réveil osirien », était impressionnantes de lourdeur, de pesanteur, comme encore peu dégagées de la matière informe. Ce résultat devait-il être imputé aux bien médiocres artisans chargés de ces sculptures, ou faut-il déduire que l'ordre en avait été donné afin d'évoquer la masse rocheuse[7], domaine de Ptah, d'où la création se préparait à surgir ?

Les membres de la famille divine entourant Ramsès dans les huit niches-chapelles comptent parmi ses proches habituels. Du côté sud, les quatre premières niches sont d'abord habitées par Amon et Mout entourant le roi, puis les trois autres niches montrent successivement, aux côtés de Ramsès, Horus de Baki et Horus de Bouhen, Ptah et Hathor à tête de vache, puis Ptah et Sekhmet.

Du côté nord, les quatre autres niches abritaient Khnoum, le roi et Anouket, Néfertoum et Satet entourant Ramsès flanqué du couple Rê-Horakhty et Iousas. On notera que, par deux fois, Ptah est figuré au sud, entouré de déesses de la légende hathorique. En revanche, la gloire d'Amon semble estompée. Dans le passage vers le vestibule, les images de Ptah et d'Hathor à tête de

Relief sur un mur de l'hypostyle représentant Ptah dominé par le faucon Horus, Ramsès en dieu Khonsou et Sekhmet.

vache sont de nouveau figurées. Les deux piliers du vestibule, dont les faces sont décorées sur deux registres, nous permettent de retrouver Ptah, Amon-Rê, Thot et Rê, mais aussi Maât, Sébek et par deux fois Anubis, un être que Ptah retrouve dans les ténèbres, prometteur de la réapparition.

Les murs est et ouest du vestibule sont revêtus de reliefs dans lesquels, comme d'habitude, Ramsès se répand en hommage aux dieux ses frères : encens, lait et vin pour Ptah, et par trois fois l'encens à sa propre image divinisée – puis à Maât (3 fois) et à Hathor à tête de vache. Offrande de vin également à Amon, de lait à Horus de Baki, de vin à Khnoum, à Horus de Bouhen, encens et libation à Pakhet qui, elle aussi, appartient à la légende de La Lointaine.

Le sanctuaire

En pénétrant dans le couloir conduisant au sanctuaire central, on retrouve la scène où Ramsès est occupé à offrir des fleurs à Ptah-Tenen (l'aspect dynamique de Ptah). Ptah est la forme

Les niches de la salle hypostyle contenant Ramsès et les membres de sa famille divine.

divine encore dans son linceul osirien, la tête couverte de la courte calotte de cheveux. Ptah-Tenen, c'est « *la Terre qui se soulève* ». Aussi Ramsès a-t-il voulu apparaître au fond du sanctuaire[8], dans la niche, à côté de Ptah, au-dessus de la tête duquel semble vouloir se poser un faucon aux ailes déployées, tenant l'anneau *shenou* dans ses serres. Le roi divinisé assis, sceptre *heka* et signe *ânkh* en main, a comme autre voisin Ptah-Tenen, orné de la coiffure aux cornes horizontales et ondulées supportant les deux hautes plumes d'autruche. Comme sur la Stèle du Mariage en Abou Simbel, Ramsès est couronné de cette coiffure qui rappelle sa parfaite identité avec les deux formes de Ptah. Le quatrième sujet de la niche est Hathor, au corps féminin et à la tête de vache, la déesse qui remet au monde le roi réapparaissant au Jour de l'An. Celle qui, sous l'aspect de la Grande Vache, allaite et fait revenir à la vie Pharaon dans la grotte de Deir el-Bahari. Encore la même qui, au fond du petit temple de la reine, dans le mont d'Ibshek, pousse devant elle Pharaon issu des ténèbres.

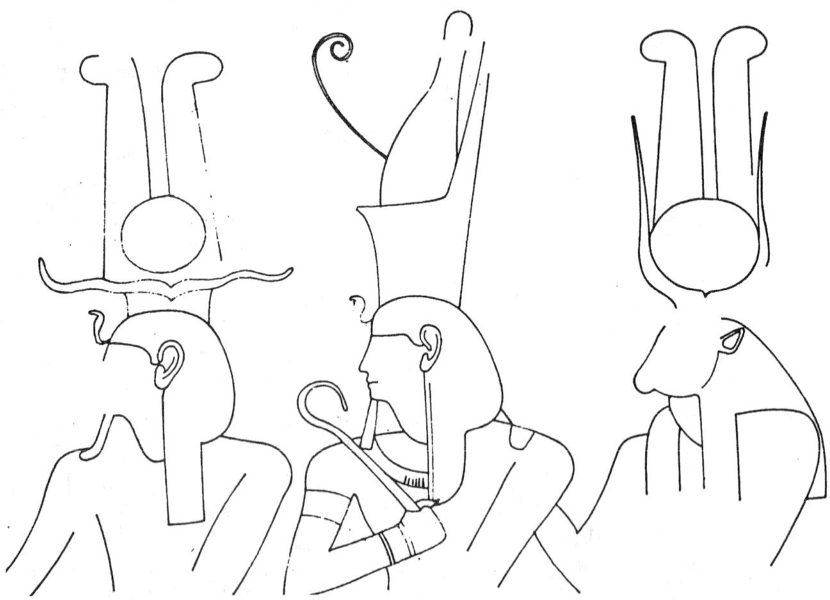

Relief sur un mur de l'hypostyle représentant Ptah-Tenen, Ramsès déifié et Hathor.

Le rôle de Ptah et de ses acolytes est facilement lisible dans ce groupe. Son image et celle de sa manifestation tangible, Ptah-Tenen, encadrent Pharaon et lui transmettent leur pouvoir, puisque Ramsès, maintenant, porte la coiffure de Ptah-Tenen. Tout ce qui sortira des entrailles de l'écorce terrestre et tout ce que donnera le sol sera l'œuvre de Pharaon-Tenen, incarnant aussi ces formes divines et révélé par le sein universel, la Grande Vache Hathor qui enfante toute apparition du divin.

Il ne reste plus qu'à interroger les deux murs latéraux du saint-des-saints où l'on pourrait s'attendre à retrouver le duo Amon et Horakhty pour le dédoublement de la barque. Nouvelle surprise ! Si, dans la petite chapelle de Thot, au sud du grand temple de Meha, sur le mur sud, Amon est remplacé par Thot, dans l'antre de Ptah, sur le mur sud, la légende accompagnant la

Les quatre statues du saint-des-saints : Ptah, le roi divinisé, Ptah-Tenen et Hathor. (Reconstitution en courbes de niveau de l'Institut géographique national de Paris, IGN.)

barque indique son appartenance à Ptah. De surcroît, ce n'est pas une barque de procession[9], mais la barque solaire à la proue et à la poupe en forme de tête de papyrus. En revanche, la barque représentée sur le mur nord est bien la nacelle de procession à la proue et à la poupe faites de la tête de faucon, et qui n'a pas changé depuis son départ de Meha.

Ainsi donc, à chaque étape réservée pour la barque de l'Inondation, à Derr pour Horakhty, à Ouadi es-Séboua pour Amon et à Gerf Hussein pour Ptah-Tenen, Ramsès a révélé que toutes ces identités n'étaient, en réalité, que la seule mais multiple énergie qui l'habitait. Il avait magistralement fait la démonstration de son projet en en traçant successivement les différentes étapes sur le cheminement vers la Terre noire, Kemet (l'Égypte). Ces étapes, en définitive, par un miracle propre à Ramsès, en viennent à correspondre aux périodes traversées par son règne. Ce fut son éclatante énergie solaire durant toute la période de ses combats guerriers. Puis, exceptionnel géniteur, tel le généreux Amon-Nil, il assura à l'Égypte, par son propre exemple, la fécondité désirée. Enfin, sur le dernier versant de sa longue existence, Ramsès révéla son identité avec Ptah, puissant forgeron des activités humaines.

Ramsès, chaque année renouvelé sous les trois aspects de la dynamique créatrice, s'était bien promis d'apporter à l'Égypte tous les dons du dieu. L'extraordinaire *« machine divine »* qu'il mit en place en Nubie devait en fournir l'énergie.

Épilogue

Plus aucun temple ne fut créé en Nubie pendant presque mille années, après le temps du grand Ramsès. Gouverneurs et prêtres locaux avaient progressivement abandonné leurs postes, les citadelles étaient désertées. Rien n'empêche néanmoins de supposer que le peuple du pays de *Ouaouat*, qui, plus encore que les Égyptiens, recevait en premier le contrecoup des irrégularités de l'Inondation, avait gardé une certaine croyance en l'efficacité des sorties de la barque laissant espérer l'arrivée des seize coudées toujours désirées. Aucun texte provenant de ce pays sans écriture ne peut toutefois confirmer cette hypothèse.

Toutefois, pour les témoins des processions annuelles auxquelles ils avaient certainement participé comme pour leurs descendants, une sorte de fidélité devait se perpétuer à l'égard du phénomène jadis célébré avec tant de faste par les pharaons, et dorénavant passé dans la légende.

C'étaient des cérémonies dont les Nubiens avaient assurément percé les mobiles. Il est certain que les générations qui se suivirent demeurèrent attachées au symbole de la barque divine, qu'elles durent admirer les temples où la nacelle avait été reçue et abritée, et où elles pouvaient, enfin, pénétrer. On peut en donner pour preuve le fait que ces sanctuaires furent respectés dans leur quasi-intégralité jusqu'à ce qu'ils fussent transformés en églises. Par ailleurs, le petit godet à encens découvert à

Qoustoul, dont il a été question au début de cette étude[1], ne témoignait-il pas de l'ancienneté presque cinq fois millénaire d'une image locale de la barque sacrée, objet d'une procession vers un sanctuaire. Barque qui, de surcroît, véhiculait déjà le cynocéphale de Thot, Maître de l'Inondation...

À la fin de l'époque ramesside, après l'évanouissement de l'imposante présence égyptienne sur les rives du Nil nubien, chaque année sans doute, quoique d'une manière bien peu spectaculaire, les Nubiens continuèrent ainsi à organiser fidèlement la navigation symbolique, aidés en cela par les descendants du petit personnel local des Fondations religieuses.

Puis la Nubie s'était progressivement assoupie, à peine ébranlée par le passage des envahisseurs du Sud venant occuper le trône des pharaons, durant la XXVe dynastie koushite. C'est également avec la même indifférence qu'elle vit les armées du second Psammétique remonter le fleuve et laissa Potasimto, chef de la légion étrangère de Pharaon, sur son passage vers la plaine de Napata, marquer dans la colline de Meha la jambe colossale de Ramsès de la première inscription en grec monumental.

Pour les derniers maîtres de l'Égypte, les légendaires et trop lointains spéos d'Ibshek et de Meha ne représentaient plus le lieu d'où la barque miraculeuse partait vers le nord, entraînant avec elle le flot gorgé d'alluvions et Pharaon à la divinité renouvelée. Les frontières, pour être assurées, avaient maintenant été rapprochées et réduites à la limite de douze *schoenes*, depuis Éléphantine jusqu'à Dakké, formant le Dodécaschoene (douze fois dix kilomètres) où régnait une fragile alliance entre Ptolémée II et le roitelet renégat de *Koush*, Ergamène. Ils fondèrent ainsi, non loin de Kouban, sur la rive gauche, à l'emplacement moderne de Dakké, un temple dédié à Thot de Pnoubs[2]. C'était désormais le lieu mythique où l'Inondation – la Lionne Lointaine – entrait dans le domaine contrôlé par les derniers pharaons et où les Romains vinrent veiller sur leur *limes* protecteur.

Aussi la façade du temple de Thot, Maître de l'Inondation, à Dakké, était-elle exceptionnellement orientée vers le nord, le pays d'Égypte, où la barque allait ramener La Lointaine pour qu'elle retrouve le berceau des siens, situé à cette époque dans l'île de Philae, dont le grand pylône est tourné vers le sud pour l'accueillir. Le vieux mythe, la légende poétique de la volage princesse quittant les fastes du palais familial pour les libres étendues africaines, puis ses diverses transformations, continuaient encore à traduire l'éternel cycle des saisons et du calendrier, sanctionné par le trajet de la divine barque et les arrêts dans ses reposoirs.

Suivant la légende[3], dès que la fille du démiurge abandonna la terre de ses pères, le pays perdit la joie de vivre jusqu'au désespoir, d'autant que les appels lancés du palais demeuraient sans réponse. En dernier recours, Thot fut alors envoyé pour ramener celle dont les hommes, pour vivre, ne pouvaient se passer. Aussi ravageuse et impétueuse que les eaux sauvages déferlant au moment de la crue, la Belle, transformée en Lionne[4], se conduisit tel un fauve enragé.

Pour l'aborder sans trop de dégâts, Thot, s'étant transformé en un singe astucieux et subtil, entreprit de la raisonner par une série d'artifices parmi lesquels on retrouve les récits[5] édifiants de la fable.

Fragmentaires malheureusement, des textes faisant allusion à ce vieux mythe ont été retrouvés, de même que de rares représentations de la Lionne chapitrée par le singe – scène qui devait illustrer le conte dès l'époque du Nouvel Empire. Rien, cependant, n'est aussi édifiant que le bas-relief de Dakké, encore visible dans la petite chapelle romaine du temple, où l'on voit une magnifique Lionne, battant de rage l'air avec sa longue queue, alors que le singe, qui s'est fait le plus petit du monde, supplie, les mains levées, l'animal en colère pour qu'elle prête une oreille attentive à sa requête. En définitive, le plaideur gagna la cause, entraînant la rebelle avec lui jusqu'à la frontière de l'Égypte, où ce maître de la parole, tout en la tenant en haleine par ses récits, la plongea brusquement dans les eaux de la Première Cataracte et la transforma, ainsi, en une chatte bienveillante désormais affairée à protéger le pays et à lui dispenser l'allégresse tant attendue.

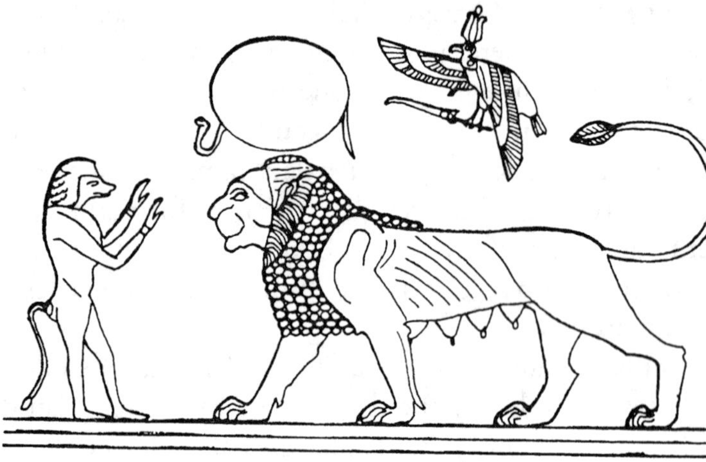

Temple de Dakké : le singe de Thot s'efforce de calmer La Lointaine, ayant pris la forme d'une lionne et qui refuse de rentrer au bercail.

Dans le conte populaire qui, en le dénaturant quelque peu, s'est glissé au cœur du mythe, on retrouve cependant les éléments essentiels qui composent ce dernier. Ainsi, la princesse, rayonnante pour la joie unanime, c'est l'Inondation, répandue dans tout le pays. La tristesse puis le désespoir de tous, c'est le retrait des eaux et, faisant suite aux récoltes, l'assèchement du sol. Les prières pour le retour de La Lointaine, ce sont tous les rites qui sont célébrés depuis l'étiage jusqu'à la montée progressive des eaux. Les palabres entre le singe et la Lionne enragée, c'est le gonflement des eaux, depuis le Nil blanc, sa jonction avec le Nil bleu, l'attente, l'hésitation avant que ne déferlent les eaux de l'Atbara, gonflées des terres ferrugineuses qu'elles ont arrachées sur leur parcours[6].

Ce retour tumultueux de l'Inondation, qu'il faut apaiser et amener jusqu'au pays auquel elle procure ses bienfaits est, en définitive, dû à l'œuvre de Thot, Maître du Calendrier, ramenant, chaque année, le Jour de l'An et la vie à l'Égypte. Thot qui ne fait qu'un avec Pharaon dans le monde des temples, Thot dont la barque peut être placée sous l'égide de tous les avatars divins du roi, Thot dont l'animal symbole était le cynocéphale… du pays de Pount.

Épilogue

Les efforts que les pharaons ont déployés de tout temps, tant sur le plan matériel que dans le domaine rituel, pour que leur pays bénéficie de la régulière et généreuse Inondation, connurent, à l'époque des Ramsès, une extension inusitée, traduite principalement par l'imposante création de reposoirs pour la barque sacrée. Le procédé par lequel, au moyen de touches successives, Pharaon introduisit une théologie fondée sur les divers aspects de la barque comme moyen de véhiculer l'expression divine, lui revient toutefois personnellement, et il allait tenir compte de nombreux facteurs.

Le souvenir de Sésostris III demeurait très présent dans la région des forteresses où il avait été déifié en tant que grand protecteur des frontières méridionales. Aussi, sur les murs du temple de Koumma, Sésostris avait été représenté, par ordre de Thoutmosis III, assis dans la barque solaire en roi défunt, réapparaissant tel Osiris, puis participant à l'action rituelle avec les autres formes divines.

Temple de Koumma : réapparition de Sésostris III, divinisé, descendant le Nil, au moment de l'Inondation sur la barque solaire.

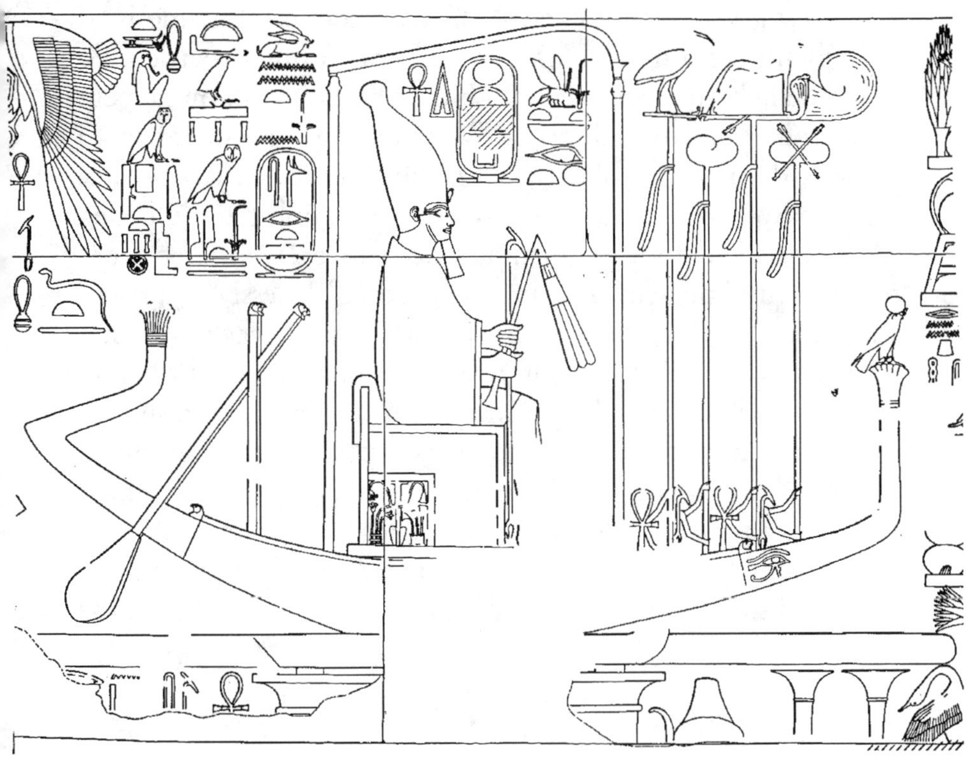

Cette divinisation de l'ancêtre avait très probablement incité le troisième Aménophis à se prévaloir, de son vivant, des mêmes prérogatives : il s'était fait déifier dans son magnifique temple jubilaire de Soleb, au pays de *Koush* momentanément pacifié.

Ramsès allait probablement s'inspirer de lui, en créant à son tour, pour Nofrétari, au nord de son propre spéos, une Fondation également rupestre : Aménophis n'avait-il pas été son précurseur à Sédeïnga, plus au nord, en construisant un temple pour la reine Tiyi ?

Ramsès allait cependant innover : promu au rang de dieu, il s'était appliqué à en gagner la nature complète. Et il n'attendrait pas pour cela de se mêler à la cohorte des défunts afin de pouvoir réapparaître sur la barque de l'an neuf. C'est en *dieu vivant* qu'il se manifesterait chaque année, sanctionnant le retour des morts et maintenant le renouvellement de la vie, sur la nacelle, symbole de l'Inondation et de l'œuvre réunie du panthéon qu'il voulait incarner. Ainsi, la barque qui, en Égypte, depuis la nuit des temps [7], évoquait le mouvement et l'apparition, allait devenir l'expression la plus tangible comme la plus condensée de son message.

Les vestiges du temple érigé par Hatchepsout et Thoutmosis III à Bouhen (nord) ne présentent actuellement que la partie inférieure de la barque consacrée à l'Horus de Bouhen : on ne peut donc voir que son socle [8]. Les fragments du monument quasi disparu de Thoutmosis III, à Dakké, ont révélé la présence d'une barque d'Amon, à la proue ornée d'une tête de bélier. Mais ce seul témoin fragmentaire ne peut nous éclairer sur la réelle identité de l'embarcation. La grotte d'el-Lessiya n'a révélé aucune présence de barque. En revanche, une nacelle apparaît dans le temple d'Amada. Barque solaire, on la voit pour la première fois véhiculer la double image d'Amon et de Rê, assis côte à côte, comme pour évoquer les deux aspects jumelés du divin. Ramsès s'est emparé de ce symbole un peu rudimentaire mais précurseur pour lui donner l'ampleur et l'éclat nécessaires, ne suivant pas immédiatement l'exemple donné par Horemheb qui, dans son spéos d'Abou Oda, avait par la suite réuni sur la même barque Amon et Thot. Ramsès commença par ne plus placer deux aspects divins sur la même embarcation, mais il affecta chacun de ces aspects à une version du bateau apparemment dédoublée. Ainsi, la barque paraissant véhiculer seulement Amon reçoit-elle la tête du bélier comme figures de proue et de poupe. La tête du faucon était réservée pour la projection de la même barque semblant transporter uniquement l'image de Rê-Horakhty.

Sans doute Ramsès s'était-il, là encore, fondé sur des notions analogues suggérées par Thoutmosis III lorsque, sur les murs du temple d'Amada, le souverain paraît célébrer un culte jumelé en s'adressant séparément à Rê-Horakhty (registre inférieur) puis à Amon (registre supérieur). En réalité, le service religieux était tout simplement célébré pour Amon-Rê.

Ce « commentaire » imagé ne concernait, cependant, qu'une seule et même barque, la barque d'Horus, celle du roi divinisé, Inondation personnifiée apparaissant à l'entrée du Nil nubien, et non comme on peut la voir portée dans les temples métropolitains – telle la barque personnelle d'Amon de Karnak véhiculée les jours de fête, et souvent flanquée de celles de ses parèdres Mout et Khonsou le dieu-fils.

Ce phénomène mis au point, les variantes pouvaient s'affirmer nombreuses, mais devaient toujours aboutir au même message. Si l'entité Rê-Horakhty ne variait pas, les autres éléments essentiels du panthéon concerné étaient interchangeables.

Désormais, tous, passagers divins cachés dans la nacelle, apparaissaient, révélés, derrière la poupe de la barque, au fond des sanctuaires. On découvrait Min et Ramsès-Rê, au fond du saint-des-saints du grand temple de Meha. On rencontrait Ouser-Maât-Rê (en rébus) sous l'effigie de Maât et Horakhty, dans la chapelle de Thot – et confondus avec ce dernier – au sud d'Abou Simbel. Ainsi, on retrouvait Ouser-Maât-Rê (Ramsès) et Rê, à Derr. Amon et Horakhty à Ouadi es-Séboua, Ptah et Rê à Gerf Hussein. C'était une manière d'affirmer (comme Akhénaton s'était efforcé de le prouver) qu'il n'existait, en définitive, qu'une seule entité englobant toutes les autres – et dont la manifestation essentielle était l'Inondation, avec laquelle se confondaient naturellement les jubilés de Pharaon, ainsi que les spéos de Nubie semblent le démontrer.

Au cours des siècles, la légende populaire et les rites officiels des fêtes de l'Inondation se rejoignirent. Cette barque d'Amon-Rê, ou de Thot, ou du Pharaon-Soleil (ou même de Ptah!) pouvait être aussi assimilée, dans l'esprit de ces Égyptiens rompus au système de la «multiplicité des approches», à l'étoile Sothis, elle aussi facteur du retour de l'Inondation – de La Lointaine –, par son «lever héliaque» annuel. Sothis, qui provoquait l'arrivée du grand flot, était à son tour confondue avec Osiris que seule Isis, dans sa légende, avait su faire revivre. Osiris qui se manifestait ainsi, au début de l'année, par la fécondité qu'il offrait à l'Égypte. Dans le sillage de Sothis se glisse donc Isis, déjà reconnue comme Maîtresse de la Nubie au même titre qu'Hathor, par le truchement de La Lointaine. Isis-Sothis devint déesse universelle, bienfaitrice de l'humanité, et son culte, adopté par de nombreux Romains ayant vécu en Égypte, se répandit partout en Europe… et même aux Indes.

On l'imaginait souvent descendant le Nil sur une barque dont elle tenait la voile et, devenue même patronne des voyageurs, détentrice de l'ancre marine.

Le culte d'Isis prit une si grande extension qu'elle engloutit toutes les expressions de la féminité divine et, au premier chef, les différentes formes de la légendaire Lointaine. C'étaient celles de Sekhmet ou Pakhet, au visage de lionne, impétueuse et coléreuse. Celle de Tefnout, jumelle de Shou, avatar de Thot. Celle de Bastet, à la face de chat. C'était Sothis, qui faisait réapparaître le soleil et Hathor, par le sein de laquelle il fallait passer pour renaître. Puis déjà Isis allaitant l'enfant solaire, c'est-à-dire Pharaon renouvelé à chaque début d'année, et enfin Ouadjet la Jouvencelle qui recommençait le cycle, figurant sur le front du démiurge sous l'aspect du cobra.

Grand temple d'Isis à Philae. Cour intérieure : la barque de la déesse portée par les prêtres au cours des cérémonies du retour de la fille du démiurge et de l'arrivée de l'Inondation.

Isis, dont le grand temple de Philae supplanta tous les autres sanctuaires, drainant tous les pèlerinages, était prête à recevoir toutes les suppliques. Les nombreuses articulations de l'île de Philae, vouée à la Grande Mère, allaient refléter les étapes de cette fantastique mutation. Sur le côté oriental de l'île, la chapelle d'Hathor évoquait l'allégresse des retrouvailles entre La Lointaine fugitive et le démiurge son père. Dans le Grand Temple, une Maison de la Naissance – le Mammisi –, dont le couloir traverse la tour occidentale du pylône, abritait les circonstances et les instants précédant la venue au monde du jeune dieu (et le renouvellement de Pharaon) que la tendre Mère divine, escortée d'Amon et de Thot, s'apprêtait à mettre au monde avec le secours indispensable de la vache Hathor, la divine nourrice, dans le marécage des papyrus du Nil.

Ce retour de la déesse, nécessaire pour que se produisent le renouveau du monde et celui de Pharaon, était encore une fois symbolisé par une barque, la barque véhiculant la déesse sur le Nil en crue. Cette barque au concept multimillénaire figurait, en majesté, sur la face interne de la tour occidentale du premier pylône du Grand Temple de Philae. Elle était portée par les prêtres, comme jadis l'avait été la barque de Ramsès arrivant vers ses stations nubiennes pour redescendre le flot jusqu'en Égypte. Elle était même, pour les derniers «païens» du pays, les Blemmyes[9], au moment de la christianisation de la Terre de Pharaon, un objet de vénération et d'espoir auquel certains habitants de *Ouaouat* étaient restés attachés. Après des luttes parfois violentes et meurtrières, ils obtinrent de l'empereur Marcien (vers 450)[10] la permission d'emprunter au temple la barque de leur déesse, afin de célébrer chaque année, au Jour de l'An, avec la nef sacrée, le rite ancestral de la descente du fleuve en crue, entre leur temple de Kalabsha et l'île de la déesse[11].

Les légionnaires romains, les voyageurs qui traversèrent l'Égypte, gagnés par cette remarquable religion de la charité et de l'espoir dominée par Isis, restèrent attachés à l'image très évocatrice de la barque à la voile gonflée guidée par la déesse. Ils la propagèrent à travers toute l'Europe. Jusqu'aux horizons de la Seine où les nautes de Lutèce en firent leur emblème.

La barque des nautes de Lutèce. Dominée par l'étoile Sothis, Isis est sur son trône, en figure de proue. Osiris momiforme est dressé en figure de poupe. (Manuscrit conservé à la Bibliothèque nationale.)

Notes et références

Aux frontières de La Lointaine

1. Ch. DESROCHES NOBLECOURT, *Amours et fureurs de La Lointaine, clés pour la compréhension des symboles égyptiens*, Stock-Pernoud, Paris, 1995/1997.

2. *Ibid.*, chap. VI.

3. Ce premier effort de conservation des temples de Nubie fut entrepris par Gaston Maspero, le très savant et énergique directeur général du Service des antiquités de l'Égypte à l'époque.

4. Ch. DESROCHES NOBLECOURT, *La Grande Nubiade*, Stock-Pernoud, 1992, chap. 10 et surtout pp. 228-231.

El. DAVID, *Gaston Maspero 1846-1916*, collection «Bibliothèque de l'Égypte ancienne», Éditions Pygmalion-Watelet, 1999.

5. Cette entreprise fut une véritable course contre la montre, au moment où la montée des eaux atteignait la partie inférieure du Sadd el-Aâli. Le plan de sauvetage d'Amada fut conçu et dirigé bénévolement par Jean Trouvelot, inspecteur général des Monuments historiques, et par sa femme. Tous deux étaient architectes.

6. Au lieu d'effectuer par bateau le long voyage sur la grande boucle du Nil tracée sur les sables au nord du Soudan.

I
La Nubie à la Haute Époque

1. Keith SEELE, «University of Chicago Oriental Institute Nubian Expedition : Excavation Between Abu Simbel and the Sudan Border. Preliminary report», JNES, january 1974, volume 33, number 1 (ninety first year). «La nécropole du type A», pp. 29-34.

2. Bruce WILLIAMS, JNES, vol. 46, january 1987, number 1, p. 20 sq : «The uniquely disproportionate size and wealth of the tombs found there».

3. Ainsi la tombe L17 appartenant au groupe A, époque gerzéenne.

4. Trouvé dans la tombe L19.

5. Tombe L23.

6. Tombe L24.

7. Cette massue piriforme et cette lance que les guerriers massaïs du Kenya arborent encore aujourd'hui.

8. Dimensions de l'encensoir : hauteur 9,9 cm, diamètre supérieur : 15,2 cm, diamètre inférieur : 13,8 cm.

9. Ce procédé de «relief en creux» sur une surface au préalable creusée, n'apparaît en Égypte qu'à partir de la IVe dynastie, dans la nécropole de Guizé, très probablement sous le règne de Khéphren. Cf. W. STEVENSON SMITH : *A History of Egyptian Sculpture and Painting in the Old Kingdom*, 1951, pp. 250-51.

L'objet est maintenant conservé au Chicago Oriental Institute Museum.

10. La présence d'un mât à l'arrière de l'un d'eux et les vestiges d'une voile indiquent bien qu'il ne s'agit pas d'une simple nacelle de papyrus.

Cf. Björn LANDSTRÖM : *Ships of the Pharaohs*, Garden City, New York, 1970, p. 13, fig. 15.

11. Ces redans des murs d'enceinte apparaissent en protection magique plus tard, plaqués sur les cuves funéraires de l'Ancien Empire. Puis on les voit amenuisés et figurant en ornements prophylactiques, à la base des murs : cf. DESROCHES NOBLECOURT, *Amours et fureurs de La Lointaine, op. cit.*

12. W. B. EMERY, *Archaic Egypt*, Baltimore, 1961, pp. 38-39 et aussi : LANDSTRÖM, *op. cit.*, p. 14, fig. 21, à propos d'un cylindre sumérien.

13. Il semble que ce soit un *bouri* (*mugil cephalis*) ; voir un modèle de ce poisson dans QUIBELL, *Archaic Objects* (Le Caire 1904-1905) I, 202-3, et II pl. 41. Consulter également SMITH, *op. cit.*, pl. A.

14. C'est, en définitive, l'identité à laquelle se sont arrêtés le Pr Keith SEELE et Carl E. DE VRIES qui fut un de ses collaborateurs. Cf. Carl DE VRIES, *Studies in Honor of George R. Hughes*, january 12, 1977. The Oriental Institute of the University of Chicago Studies in Ancient Oriental Civilization n° 39, p. 71.

15. On retiendra que la chapelle creusée dans la montagne, au sud d'Abou Simbel, était aussi dédiée au dieu Thot et à la barque du roi qui ramenait l'Inondation au Jour de l'An.

16. Voir J. CERNY, *Ancient Egyptian Religion*, pl. 21.

17. Ainsi, les bateaux représentés sur l'encensoir sont du type mésopotamien. Cf. LANDSTRÖM : *op. cit.*, p. 13, fig. 15 et 18.

18. Pour l'influence culturelle de la Mésopotamie sur l'Égypte, cf. H. FRANKFORT : *The Origin of Monumental Architecture in Egypt*, AJSL 58 (1941), 329-58.

Pour des objets protodynastiques trouvés en Nubie, se reporter par exemple aux sceaux ornés de façades à redans à Siali ; de même, un sceau trouvé à Faras est orné d'une façade à redans.

19. L'encensoir trouvé par K. SEELE constitue évidement un sujet de controverse. En dépit de certains auteurs chagrins, il est bien certain qu'on doit suivre l'avis de son inventeur qui en fait « *one of the most significant finds from Egyptian Nubia* ». Pour une réponse très pertinente à la polémique, consulter Bruce WILLIAMS : *The Last Pharaohs of Nubia,* Archaeology, 33, n° 5 (september-october 1980), pp. 14-21. Puis : Bruce WILLIAMS, University of Chicago, *Forebears of Menes in Nubia : Myth or Reality ?,* in *Journal of Near Eastern Studies,* vol. 46, january 1987, number 1, (one hundred fourth year).

II

Les temps historiques
L'époque thinite – L'Ancien Empire

1. A-J. ARKELL : « *Varia sudanica* », in JEA 36 (1950), pp. 27-29 et W. HELCK : *Zwei Einzel-probleme der thinitischen Chronologie,* in MDAIK 38 (1970), 85, et I. HOFMAN : *Zud en saogennanten Denkmälern der Könige Skorpion und Dram Jebel Sheikh Suleiman (Nubien),* BO 28, 1971, pp. 308-309.

2. « La Stèle de la Famine » rapporte un décret attribué à Ptolémée V et gravé en 187 avant notre ère. Cf. Paul BARGUET : *La Stèle de la Famine,* 1953, BdE, 24 par laquelle 12 *iterou* de terrain nubien (12 fois 10 kilomètres) depuis la Première Cataracte étaient attribués aux prêtres de Khnoum d'Éléphantine pour les remercier de leur intervention en faveur d'une bonne crue. Il est intéressant de remarquer que la limite des 120 km est située sur la rive gauche du Nil, au point de départ de Ouadi Allaki, fournisseur d'un des plus importants filons d'or.

3. B. G. TRIGGER : *Nubia under the Pharaohs,* Thomas and Hudson, 1976, p. 46.

4. Y. MALEK : *Egypt and Nubia,* pp. 98-99.

5. Cette opinion est soutenue entre autres par W. Y. ADAMS.

6. B. GRATIEN : *Les Cultures Kerma, essai de classification,* Lille, 1978, p. 307.

7. La Pierre de Palerme (cf. E. NAVILLE, *Recueil de travaux* 25, pp. 64-81). C'est une dalle de basalte fragmentaire, gravée sur ses deux faces, qui porte la description des événements les plus importants du règne de chaque pharaon, pour chaque année, depuis la fin de la période prédynastique jusqu'aux pharaons de la Ve dynastie. Ce document porte le nom de Palerme parce qu'il est conservé dans cette ville depuis 1877 (un petit fragment est conservé au Musée du Caire).

8. Une stèle provenant de ce site et un ciseau de carrier en cuivre, au nom de Khéops, trouvés sur place, sont actuellement conservés au musée de la Nubie à

Assouan ; cf. R. ENGELBACH : *The Quarries of the Western Nubian Desert,* in ASAE, 33, pp. 65-74.

La statue de Khéphren est exposée au Musée du Caire.

9. Bill MANLEY : *The Penguin Historical Atlas of Ancient Egypt,* Swanston Publishing Limited, 1996, p. 26.

10. Un des fils du pharaon Pépi II occupa même ce poste.

11. A. ROCCATI : *La Littérature historique sous l'Ancien Empire,* Éditions du Cerf, 1982, p. 193.

12. *Ibid.*, 186, p. 196.

13. On a effectivement retrouvé à Kerma des poteries fragmentaires aux noms des pharaons Pépi Ier, Mérenrê et Pépi II.

14. Cf. Gerald E. KADISH : *Old Kingdom Egyptian Activity in Nubia, Some Reconsiderations,* in JEA 52, décember 1966, pp. 23-33.

15. Satjou et *Ouaouat* étaient probablement confédérés.

16. Cf. ROCCATI, *op. cit.*, pp. 204-205.

17. *Ibid.*, pp. 205-206.

18. Ou plutôt de guépard.

19. *On*, c'est-à-dire Sa Majesté.

20. Un *deneg* en provenance de l'Afrique noire, cf. DAWSON, JEA 24, pp. 185-189 et J. VERCOUTTER, *Meroïtica,* 5, 20 et J. VERCOUTTER, *L'Image du Noir dans l'Égypte ancienne (des origines à la XXVe dynastie) in Africa in Antiquity, Meroïtica* 5, 1979, p. 20.

21. Si on en croit cette lettre, dont certains passages assez puérils plaident en faveur de l'extrême jeunesse de son auteur, le petit orphelin Pépi II dont le père Mérenrê viendrait de mourir, il faudrait admettre que la danse du Pygmée était aussi destinée à se dérouler devant la statue funéraire de Mérenrê défunt.

22. ROCCATI, *op. cit.*, précise que cela correspond à chaque heure.

23. Pépinakht vivait sous le règne de Pépi II. Il fut divinisé (ou plutôt « canonisé » comme « saint ») au Moyen Empire, sous le nom d'Héka-ib. Son cénotaphe fut aménagé au cœur de l'île d'Éléphantine. Il y fut entouré de chapelles également dédiées aux gouverneurs de la région.

24. Pour les rapports des première et deuxième missions, cf. ROCCATI, *op. cit.*, pp. 208-210.

25. « Troupes entraînées », c'est-à-dire : troupes d'élite.

26. Le Kep était une institution royale dépendant du palais, ou plutôt du Grand Harem (ou Maison des Dames Royales). Les princes égyptiens – et souvent les enfants des chefs étrangers asiatiques et surtout nubiens – y recevaient la meilleure éducation. Les princes étrangers revenaient très souvent dans leurs pays d'origine, imbus de la culture et du fonctionnement de l'administration égyptienne, et devenaient les meilleurs alliés des Égyptiens. La première source connue sur cette institution remonte au Moyen Empire. Il est probable qu'elle fut amorcée à la fin de la VIe dynastie.

27. «Ami Unique». Titre affecté à de très hauts personnages à l'Ancien Empire et porté par le père de Sabni, nommé Mékhou.

28. D'après ROCCATI, *op. cit.*, pp. 217-218.

29. *Ibid.*, pp. 214-215.

30. Ce texte nous apprend que les obélisques, dressés par paires devant les temples, existaient dès la VIe dynastie. Au reste, un fragment d'obélisque de granit, au nom de Teti, a justement été trouvé à Héliopolis même.

31. Ce serait la première mention du pays de *Koush.* Cf. A. WEIGALL, *A Guide to the Antiquities of Upper Egypt*, 1910, p. 446.

III

Le pays de *Ouaouat* au Moyen Empire

1. Pour le groupe C, voir l'analyse très claire donnée par M. BIETAK, *Studien zur Chronologie der nubischen C. Gruppe : ein Beitrag zur Frühgeschichte Unternubiens zwischen 2200 und 1550 vor Chr. Wien, 1968.*

2. Ainsi appelé par les égyptologues anglais, en raison de leur tombe en forme de poêle.

3. Comme nous l'indique l'inscription du trésorier Khety, gravée sur un rocher d'Assouan; cf. W. SCHENKEL *: Memphis-Herakleopolis-Theben. Die epigraphischen Zeugnisse der 7-11 Dynastie Ægyptens §*, 359.

4. Les «Murs du Prince» sont constitués par une succession de fortins qui ne sont cependant pas reliés entre eux.

5. *Néhésyou* : les hommes à la peau sombre. La plupart du temps il s'agira de ceux du pays de *Koush.*

6. D'après Cl. VANDERSLEYEN, *L'Égypte et la Vallée du Nil*, tome 2. *De la fin de l'Ancien Empire à la fin du Nouvel Empire.* Nouvelle Clio, PUF. 1995, p. 53.

7. Dont l'appellation apparaît à cette époque.

8. Voir T. SÄVE-SÖDERBERGH, *Ægypten und Nubien,* Lund, 1941, p. 67.

9. Près de la moderne Koshtâmné. Il semble que les premières constructions d'Ikkour pourraient remonter à l'Ancien Empire.

10. Si l'on envisage seulement la nourriture pour les hommes et le foin pour les animaux! Cf. ENGELBACH, 1923, pp. 70-71.

11. Cf. VANDERSLEYEN, *op. cit.*, p. 83.

12. *Ha*, au Moyen Empire, serait à l'origine du mot *Meha* au Nouvel Empire. Ce serait dans la région où Ramsès II fit creuser, dans un mamelon de la rive gauche, son grand temple rupestre. Cf. Ch. DESROCHES NOBLECOURT et Ch. KUENTZ. *Le Petit Temple d'Abou Simbel*, Le Caire, CEDAE ,1968, note 142, pp. 160-161.

13. 75 m, 26 m, 8 m.

14. Conservée au Musée de Berlin, 1157.

15. La stèle d'Ouronarti est conservée au musée de Khartoum, n° 451.

16. Cette stèle a été étudiée maintes fois; la plus récente traduction est de Claude OBSOMER, reprise par VANDERSLEYEN, *op. cit.*, pp. 94-95.

17. Pour une excellente étude de ces forteresses, si importantes au Moyen Empire, cf. A. W. LAWRENCE, « Ancient Egyptian Fortifications », in : *JEA*, vol. 51, december 1965, pp. 69,94.

18. T. WALTER, B. EMERY, H. S. SMITH and A. MILLARD, *The Fortress of Buhen, The Archaeological Report* (Egypt Exploration Society 1979-49 Excavation Memoir).

19. C'est-à-dire « Ventre de Pierre ».

20. 712 x 150 m.

21. W. KELLY SIMPSON, *Heka Nefer and the Dynastic Material from Toshke and Armena*, New Haven and Philadelphia 1963 a, p. 50.

22. Cf. un bon résumé de ces rapports sur les mouvements des Néhésy (la plus grande partie sont les gens du pays de *Koush*, de la région de Kerma) et qui traversent les régions frontalières : Spand, *Lexikon des Ægyptologie* V, 844, 847. Ces rapports avaient été déposés dans une tombe du Moyen Empire retrouvée par Quibell? au Ramesseum, en 1896.

23. Ce sont les fouilles de Steindorff en 1937 dans la région d'Aniba.

24. Serge SAUNERON, *Bulletin de l'Institut français d'archéologie orientale du Caire*, Le Caire LXIII, 1965, p. 23 et 24 : *Un village nubien fortifié sur la rive orientale d'Ouadi es-Séboua.*

25. Cf. Bill MANLEY, *Atlas of Ancient Egypt*, p. 38 (The Penguin Historical Atlas) Edinbourg, 1996.

IV

Le Nouvel Empire : *Ouaouat* à la XVIIIe dynastie

1. Lorsque je parle de Nubie et de Nubiens, il est bien entendu que j'entends par là évoquer le pays de *Ouaouat* et de ses habitants. Au sud de la Deuxième Cataracte, il s'agit bien des gens du pays de *Koush*, les futurs Soudanais.

2. VANDERSLEYEN, *op. cit.*, p. 192. Le mot *Aam*, traduit par « nomade », désigne certainement un de ces indigènes du futur pays de Canaan que les Égyptiens n'ont jamais voulu désigner autrement que par Hyksos, nom grécisé tiré de l'expression *Heqa Khasout* « Prince (chef) des Pays étrangers (montagneux) ».

3. *Ibid.*, p. 195.

4. La capitale où siégeait le Vice-Roi s'implanta au pays de *Koush*, que l'Égypte dominait complètement, dans la ville d'Amara (une autre Pi-Ramsès).

5. Gravés sur une stèle trouvée à Bouhen, cf. SETHE, *Urkunden* IV, 79-81.

6. Cf. CAMINOS : *The Temples of Bouhen* I, p. 11-99.

7. D'après WEIGALL, *op. cit.*, p. 452.

8. 1 *deben* pèse 91 grammes environ.

9. WEIGALL, *op. cit.*, p. 453.

10. T. SÄVE-SÖDERBERGH : *Teh-Khet, The Cultural and Sociopolitical Structure of a Nubian Princedom in Thoutmoside Time*, pp. 186-190.

11. Le *chadouf* ou système à élever l'eau par balanciers d'un plan à un autre apparaîtra seulement à l'époque d'Aménophis IV.

12. SEELE, JNES, vol. 33, january 1974, n° 1.

13. Rolf GUNDLACH, *Felsstelen Amenophis III.* am 1 Katarakt *(Zur Aussagenstruktur Königlicher historischer Texte)*, Mél. Fecht, 1987, pp. 184-185.

14. Nina DE GARIS DAVIES and Alan H. GARDINER : *The Tomb of Huy Viceroy of Nubia in the Reign of Tutankhamun n° 70*, London, 1925.

15. On sait, grâce à la stèle figurant dans la tombe de Pennout, gouverneur d'Aniba, que la reine Nofrétari possédait des champs de lin situés entre Aniba et Toshké.

16. Et non les tributs.

17. Les peintures de la tombe sont, par endroits, très détériorées. Les dessins sont en partie reconstitués dans l'édition Davies grâce aux copies faites, au milieu du siècle dernier, par R. LEPSIUS et vingt ans auparavant par J.-Fr. CHAMPOLLION.

18. Usage nubien qui était encore pratiqué il y a une quarantaine d'années. Cf. Stèle de Tombos, J. H. BREASTED : *Ancient Records II*, 29. Citation des peuples vaincus : « *les porteurs de tresses, les scarifiés (guenou)* ».

19. Lorsque j'emploie le mot « harem », c'est surtout pour des raisons de facilité des termes. Le harem tel que les Turcs l'entendaient n'avait pas de commune mesure avec la Maison des Dames de Pharaon. C'était un immense domaine où voisinaient les palais des Grandes Épouses Royales et les autres palais, affectés aux Épouses Royales secondaires, où la plupart des princesses étrangères envoyées auprès de Pharaon à l'issue d'accords diplomatiques : elles arrivaient en Égypte avec une très riche dot, une « maison » composée de suivantes et d'une importante domesticité. La Maison des Dames était sous la responsabilité de la Reine-Mère, et ne comportait naturellement pas d'eunuques.

20. Il conviendrait plutôt d'écrire franchement « amorite », car il faut se rappeler que ce véhicule apparut en Égypte à la fin des guerres de libération avec le cheval et qu'il était primitivement fabriqué en pays d'Amor. Au reste, son nom et les éléments de ses parties constitutives sont sémitiques. Cela va jusqu'aux parties du timon mises sous la protection des déesses Anat et Astarté. Il existe un hymne au char (royal).

21. Cette figuration ne fait pas allusion à un cas isolé. Des textes nous rappellent (ainsi dans la *Satire des métiers*, faite pour dissuader les étudiants d'adopter les métiers pénibles – sauf, naturellement celui de scribe) que le métier de soldat comporte bien des désagréments à côté de ceux de la guerre). Ainsi, lorsqu'ils accompagnent les prisonniers sur le chemin du retour, il leur faut tenir compte de la famille de ces derniers et doivent, lorsque les femmes sont épuisées, les porter sur leur dos. (Il existe même une représentation d'un guerrier dans cette attitude!)

22. Ces animaux étaient particulièrement utilisés à Thèbes, au Nouvel Empire, durant la Grande Fête d'Opet. On peut encore voir, sur le mur sud-ouest de la cour ramesside du temple de Louxor, ces mêmes bœufs marqués au fer, qui défilent avec leurs ornements. Ce sont les ancêtres des bœufs gras du carnaval : ils étaient gavés pour la fête dans leurs étables, et, comme ils ne prenaient que peu de mouvement pendant leur régime, la corne de leurs sabots a poussé en longueur…!

V
La glorieuse XIXe dynastie

1. Le problème des temples est exposé dans les chapitres traitant le survol «historique» de la Nubie disparue.

2. La stèle de Kouban : rapportée de Nubie au siècle dernier par le comte de Saint Ferriol, elle fut d'abord conservée dans le château d'Uriage, près de Grenoble. Depuis, elle a été déposée au musée de Grenoble et publiée par l'abbé Tresson : cf. P. TRESSON : *La Stèle de Kouban,* Le Caire, IFAO, Bibliothèque d'étude IX, 1922. À l'occasion des prospections faites au moment de la construction du Sadd el-Aâli, la mission d'URSS, dirigée par le Pr Piotrovski découvrit l'emplacement du puits décrit sur la stèle et put compléter la lecture de son nom jusqu'ici incomplet. Cet emplacement a été localisé vers le lieu dit *Bir el Askar* (c'est-à-dire : le puits du soldat). Cf. B. B. PIOTROVSKI : *Ouadi Allaki, chemin vers les ruines d'or de Nubie,* Académie des Sciences de l'URSS – Section historique, p. 42,44, p. 68 n° 197 et p. 133. Cf. également Ch. DESROCHES NOBLECOURT : *Ramsès II, la véritable histoire,* Pygmalion, 1996, p. 130 et note 13 p. 394.

3. Cf. DESROCHES NOBLECOURT : *Amours et fureurs de La Lointaine, op. cit.*, pp. 21 à 45, et plus loin dans ce livre.

4. Faut-il voir dans ce recrutement autoritaire le manque de main-d'œuvre en pays de Nubie, dont la plupart des habitants mâles travaillaient en Égypte? On comprendrait mieux, alors, les raisons de la mauvaise qualité du travail.

5. Il n'osa pas l'appeler «Fils royal de *Koush*».

6. Pour l'implantation de toutes les stèles rupestres entourant les deux spéos d'Abou Simbel, consulter : DESROCHES NOBLECOURT et KUENTZ : *Le Petit Temple d'Abou Simbel, op. cit.* Y figure, en fin de volume, un «dépliant des courbes de

niveaux» que j'ai fait exécuter par l'IGN. Le relevé est d'autant plus précieux pour la documentation que la reconstitution du site n'a pas permis de compléter les extrémités nord et sud des mamelons rocheux et d'y réimplanter tous les ex-voto.

7. La position de la reine Taousert et celle des cartouches de Mérenptah-Siptah, vénéré par le chancelier Baÿ, obéit à la localisation des éléments mâle et femelle sur les monuments. Au sud, l'homme; au nord, la femme.

8. Cf. VANDERSLEYEN, *op. cit.*, p. 583.

9. Il ne reste plus que la base de l'une d'elles.

VI

La Nubie jusqu'aux temps modernes

1. Désignés comme «ceux qui parlent des langues différentes».

2. Il existait plusieurs exemplaires, malheureusement très endommagés. Les fragments trouvés à Tanis furent publié par S. SAUNERON et J. YOYOTTE. La plus belle version intacte qui avait été érigée dans la région d'Assouan fut retrouvée et identifiée par S. DONADONI et moi-même, durant les travaux de sauvegarde. Cf. DESROCHES NOBLECOURT : *La Grande Nubiade, op. cit.* La stèle est provisoirement exposée au nord du temple de Kalabsha.

3. À l'époque d'Ergamène, l'île de Dérar, magnifique et couverte de végétation, constituait la limite égyptienne des possessions de Nubie.

4. Des nomades guerriers que l'on identifie généralement aux tribus Bedja.

5. Nom moderne affecté couramment à la Haute-Égypte, principalement autour de l'ancienne Thèbes.

6. La Nubie devient chrétienne de 550 à 1400 de notre ère.

7. Au nord d'Abou Simbel et fouillée en 1964, cf. *Missione : Archaeologica in Egitto dell' Università di Roma*, Roma, 1967.

8. Sergio DONADONI, E. BRESCIANI ET ALII : *Sabagura* (1960) in Oriens Antiquus I, 1 (1962), Roma, pp. 55-128 et Tavola I à XL.

VII

Temples de la frontière méridionale, temples des fortifications

1. Les vestiges de ces temples ont été remontés près du Musée national de Khartoum. De nombreuses stèles fragmentaires et des statues brisées des pharaons des XIIe et XIIIe dynasties témoignent d'un sanctuaire datant du Moyen Empire, et qui aurait disparu au moment des destructions de la fin de cette période.

2. Ricardo A. CAMINOS : *The New Kingdom Temples of Buhen*, vol. 1. *Archaeological Survey of Egypt.* Thirty-Fourth Memoir. Egypt Exploration Society, London, 1974, «The Southern Temple».

3. CAMINOS, *op. cit.*, vol. 2 : *The Southern Temple Concluded* (part. 3) *The Northern Temple* (part. 4), London, 1974.

4. Ricardo A. CAMINOS : *Semna – Kumma I, The Temple of Semna. Archaeological Survey of Egypt.* Thirty-Seventh Memoir. Egypt Exploration Society, London, 1998.

5. Cf. H. GAUTHIER : «Le dieu nubien Dédoun», *Revue égyptologique*, nouvelle série, II, pp. 22-24.

6. CAMINOS, *op. cit.*, vol. II, *The Temple of Kumma.*

7. DESROCHES NOBLECOURT : *Ramsès II, La véritable histoire, op. cit.*, DESROCHES NOBLECOURT, *Amours et fureurs de La Lointaine, op. cit.*

8. Le spéos d'el-Lessiya figurait parmi les quatre petites chapelles proposées en témoignage de reconnaissance aux nations qui auraient collaboré au sauvetage des temples. Il fut attribué à la municipalité de Turin. Il est maintenant exposé au musée archéologique de cette même ville. Au moment où la sauvegarde se préparait, le spéos fut publié par Ch. DESROCHES NOBLECOURT, S. DONADONI, G. MOKHTAR, *Le Spéos d'el-Lessiya.*, I et II, CEDAE, Le Caire, 1968.

9. Cette barbe est considérée comme une divinité et reçoit un culte. C'est la Khebesout, cf. Ch. DESROCHES NOBLECOURT : *Une coutume égyptienne méconnue*, BIFAO, 45, 1947, pp. 135-232.

10. Pour Seth et Ramsès, cf. DESROCHES NOBLECOURT : *Ramsès II, la véritable histoire, op. cit.*, p. 342.

11. C'était la région la moins accueillante de la Nubie, aux bien maigres cultures. Elle ne semble pas avoir, à cette époque, été très occupée et constituait véritablement le couloir du passage jusqu'à Kouban, non loin du fort d'Ikkour, existant peut-être dès la fin de l'Ancien Empire. En revanche, à la création du Dodécaschoene (120 km) – cf. plus loin –, la frontière s'arrêtait au débouché du Ouadi Allaki. La région fut alors peuplée de petits sanctuaires ptolémaïques et romains et des grands temples de Kalabsha et de Philae.

12. Pour le séjour d'Ergamène, souverain du Dodécaschoene, cf. plus haut, Première Partie.

13. Cf. plus loin, à propos du temple de Dakké.

14. Certains éléments de ce temple d'Éléphantine sont au département des Antiquités égyptiennes du Louvre, rapportées, au début du siècle, par Clermont Ganneau. Lorsque le Dr Kaiser, directeur de l'Institut allemand du Caire, entreprit la fouille systématique et la reconstitution de ce temple dans l'île d'Éléphantine, il fut de mon devoir de lui fournir le moulage de ces assises sculptées.

VIII

El-Lessiya
Le spéos de Thoutmosis III

1. 2 x 2,70 m de hauteur.

2. 16,80 m de large sur 2 m environ de profondeur.

3. Champollion ne put voir cette grotte, souvent inaccessible. Elle n'a pas davantage fait l'objet d'une publication avant notre intervention.

4. Le linteau est orné du disque solaire, en relief, flanqué de deux uraeus.

5. Les deux stèles, au nom de Thoutmosis, étaient très détériorées au moment où l'étude du spéos fut faite.

6. Sur une profondeur de 0,50 m.

7. Exactement 3,10 m pour le mur nord et 3,30 m pour le mur sud.

8. Lorsque j'utilise le terme «forme divine», j'évite intentionnellement d'employer le mot dieu, improprement utilisé pour désigner les multiples manifestations de la force suprême, invisible, inabordable, que l'élite des Égyptiens avait très vite pressentie, mais ne pouvait définir dans son immense complexité. Ils en exprimaient les multiples phénomènes par des symboles humains et souvent animaux. Sous les Ramessides, une tendance au syncrétisme s'est affirmée, dont un essai d'explication amorcé dans un papyrus conservé au musée de Leyde. (Cf. DESROCHES NOBLECOURT : *Ramsès II, la véritable histoire, op. cit.* Ou encore : Ch. DESROCHES NOBLECOURT : «La religion égyptienne», *in Histoire générale des religions*, Quillet, 1960, pp. 166… «*Caché est le nom en qualité d'Amon, la face est Rê, son corps* [est] *Ptah…*» et ceci après l'aventure amarnienne, lorsque le roi Akhénaton a tenté de faire admettre l'image unique de la «force initiale», traduite par le globe solaire, dispersant les rayons de la vie sur terre au moyen des signes *ânkh.*

Cette idée de l'unicité du dieu, en dépit des multiples formes données à ses manifestations, explique que *le culte est partout semblable* dans les sanctuaires.

9. Pour Hathor, Maîtresse de l'Amour et de l'Ivresse, cf. DESROCHES NOBLECOURT : *Amours et fureurs de La Lointaine, op. cit.*, pp. 93 à 100.

10. Pour le symbolisme du sistre-*naos*, cf. DESROCHES NOBLECOURT, *ibid.*, pp. 100-101, 109 à 111.

11. À propos des Mères Tutélaires, cf. DESROCHES NOBLECOURT, *ibid.*, pp. 68 à 78, et *Studies in Honor of William Kelly Simpson*, Museum of Fine Arts Boston, 1996, vol. I, Ch. DESROCHES NOBLECOURT : *Les Déesses et le Sema-Taouy*, pp. 191-197, et *Cahiers de Karnak* XI, 1999 (sous presse), Ch. DESROCHES NOBLECOURT. (Éditions Recherche sur les civilisations ADPF).

12. Thot est, ici, figuré au Sud, ce qui est très logique, bien que son principal sanctuaire égyptien soit Khéménou (Hermopolis) en Moyenne-Égypte. Une fois de plus, il est bien prouvé qu'il joue un rôle essentiel au Sud. Génie de la connais-

sance des lettres, des sciences, du temps, du calendrier, de la mesure, il règle l'Inondation venue du Sud. On verra, au fur et à mesure de la visite des principaux temples de Nubie, à quel point ils sont en rapport avec l'Inondation et les jubilés annuels, qui coïncident avec le renouvellement officiel de Pharaon et le Jour de l'An. Essentielle est, de ce point de vue, la chapelle de Thot, jouxtant le flanc sud du Grand Temple d'Abou Simbel.

13. Sur la symbolique de ces plantes, cf. DESROCHES NOBLECOURT : *Amours et fureurs de La Lointaine, op. cit.*, pp. 68 à 76.

14. Ce sont les deux vases d'eau fraîche que le roi tient dans ses mains lorsqu'il accomplit la course devant Amon, simulant très probablement l'arrivée des deux sources du Nil. Pour les deux sources géographiques et les sources mythiques, cf. DESROCHES NOBLECOURT, *ibid.*, pp. 146 et 149.

15. Pour un des meilleurs exemples de la Grotte-Matrice, se reporter au commentaire que j'ai fait à propos de celle qui domine la Vallée des Reines. Cf. DESROCHES NOBLECOURT : *La Grande Nubiade, op. cit.*, pp. 485-497.

16. La même Isis, portant un scorpion sur le front, est retrouvée sur le mur du temple d'Amada, dans l'hémi-spéos de Beït el-Ouali et dans le temple de Koumma.

17. Les traces de ces destructions sont visibles sur les temples nubiens thoutmosides.

18. Pour les moyens employés par Ramsès pour apaiser les soupçons du clergé d'Amon à son égard, cf. DESROCHES NOBLECOURT : *Ramsès II, la véritable histoire, op. cit.*, pp. 192 à 198.

19. Il semble que les murs sud et nord aient été marqués afin de bien différencier leur orientation respective : ceux du sud portent une simple croix; ceux du nord portent des croix ornementées.

IX

Amada : le temple de trois pharaons

Une première et assez brève édition du Temple a été faite au moment où Maspero pouvait craindre que ce monument, heureusement encore situé au-dessus du niveau des eaux de retenue du Premier Barrage, soit menacé.

Le relevé rapide fut confié à :

H. GAUTHIER, *Le Temple d'Amada (les temples immergés de la Nubie)*, Service des Antiquités de l'Égypte, Le Caire.

Au moment de la constitution du Grand Barrage, le Centre de documentation et d'étude sur l'histoire de l'art et la civilisation de l'Ancienne Égypte (CEDAE), que je fondai pour l'Égypte, au nom de l'Unesco, en 1955, prit en main la documentation des temples de Nubie, cf. DESROCHES NOBLECOURT : *La Grande Nubiade, op. cit.*, pp. 125-127-136-138-199.Tous les documents ont fait l'objet de relevés archéologiques, philologiques, architecturaux, photographiques, graphiques; certains moulages et maquettes furent exécutés. Les archives de sécurité effectuées par relevés photogrammétriques confiés à l'Institut géographique national ont été, suivant les besoins, restituées en courbes de niveau et maquettes. Toute la documentation exécutée par les équipes égyptiennes du CEDAE et des collègues étrangers en mission de l'Unesco a été déposée au CEDAE et exploitée pour publications. Un seul temple fut documenté par les équipes de l'Oriental Institute de Chicago – celui de Beït el-Ouali, en raison des fonds accordés par les États-Unis pour extraire le spéos et le réinstaller dans les parages du temple de Kalabsha, au sud de la Première Cataracte.

Le Temple d'Amada a été publié en 5 volumes documentaires, sous les signatures principales de Paul BARGUET, Abdel HAMID YOUSSEF, Hassan EL ACHIERIE au CEDAE, dans la «Collection scientifique».

1. Où qu'il soit, l'Égyptien doit se sentir circuler dans l'aire où règne le monde organisé suivant l'ordre de Maât. L'espace est donc défini par les quatre points cardinaux. Hors de ces limites, il aborde le chaos, l'inorganisé dans lequel il convient de ne pas tomber. Pour y échapper et ne pas sortir des limites, il est nécessaire de «remettre les pendules à l'heure», en un mot, de rétablir magiquement l'orientation. Un des exemples les plus probants de cette attitude trouve sa démonstration dans les tombeaux de Thèbes-ouest, creusés dans des ouadis, qui ne sont pas tous orientés vers le soleil levant, comme le rituel l'exige. Il en était de même pour les tombes de la Vallée des Reines. N'importe! En traçant sur les murs et les passages les signes d'orientation voulus, l'ordre est rétabli. Ainsi, pour les tombes dont la porte d'entrée est orientée vers toute autre direction que celle, rituelle, du soleil levant, on doit imaginer que le défunt est censé pénétrer tournant le dos à l'est, se dirigeant vers le «Bel Occident». Automatiquement, le sud devra se trouver à main gauche, et le nord à droite. La loi est formelle. Aussi trouvera-t-on sur le mur de gauche la plante du Sud, le «lis» (ou le Vautour de Nekhabit, qui l'évoque et, à droite, la plante du Nord, le papyrus, ou le Cobra de Ouadjet qui lui est associé). Cf. DESROCHES NOBLECOURT, *Amours et fureurs de La Lointaine, op. cit.*, pp. 54 à 75.

2. L'importance du Sud pour Pharaon n'est plus à démontrer. Je rappelle simplement, pour mémoire, que son titre essentiel, qui précède son nom de couronnement, est composé des deux éléments : *Ny-sout-bit,* «celui de la plante du Sud», et celui de l'abeille»; cf. DESROCHES NOBLECOURT, *ibid.*, pp. 85-86.

3. DESROCHES NOBLECOURT, *ibid.*, pp. 150-154.

4. Ce temple, le premier construit par assises de pierre qui subsiste en Nubie et remontant au Nouvel Empire, fut l'objet de nombreux problèmes à résoudre au moment des préparatifs de la sauvegarde des monuments de Nubie. Quelques mois avant que la partie inférieure du Sadd el-Aâli ne soit mise en eau (fin 1963), le dernier comité technique statuant sur le sort des temples, faute d'obtenir les moyens

financiers supplémentaires et de pouvoir étudier un projet technique valable, avait été contraint d'abandonner à son sort ce précieux monument. Construit par assises de grès, il aurait pu être aisément démontable, mais les reliefs stuqués et peints qui tapissaient les murs des salles de culte auraient été gravement détériorés pendant le prélèvement des blocs décorés.

Je promis donc, très imprudemment, *in extremis*, de faire prendre en charge par la France la sauvegarde du temple, ayant en tête la technique employée pour transporter, en un seul bloc, certains petits édifices vénérables, gagnés par des zones industrielles. J'obtins ensuite, fort heureusement, la généreuse intervention du général de Gaulle qui voulut bien faire ajouter à la contribution que la France versait déjà à la sauvegarde d'Abou Simbel les fonds nécessaires au projet de déplacement en un bloc, en plein désert, de la partie postérieure du temple (édifiée sous Thoutmosis III et Aménophis II). Ce remarquable projet fut organisé et suivi bénévolement par Jean Trouvelot, inspecteur général des Monuments historiques, et son épouse.

Quant à sa partie antérieure, elle avait perdu la majorité de sa polychromie elle avait été transformée en église. Son démontage pouvait être facilement exécuté et le remontage fut assuré par l'Organisation des Antiquités de l'Égypte.

Le projet de déplacement mis au point en 1963 par Jean Trouvelot consistait à placer en précontrainte la partie postérieure de ce «Trésor». Pour ce faire, il fallait le reprendre en sous-œuvre, c'est-à-dire retirer progressivement le rocher sous le temple pour le remplacer, avec d'infinies précautions, par du béton armé qui, plus tard, devait servir à soulever l'ensemble, de dimensions relativement modestes, heureusement : soit 52 m de large sur 13 m de long. Des cornières en béton armé répartissaient la pression exercée par les câbles.

Le système porteur était assuré par des poutres de grande inertie sous lesquelles devaient être placés les vérins. Il fallait, en outre, compter avec la rapide montée des eaux.

Le 12 décembre 1964, le temple quittait les lieux qu'il occupait depuis presque trois mille quatre cents ans. Le Nil envahit son ancien «nid» quatre jours après son départ! Le système porteur était constitué de douze vérins hydrauliques. La pression était fournie par deux pompes de haute pression, animées par deux moteurs diesel. Ce matériel a fonctionné dans des conditions très dures, dans le désert, le sable entrant dans les circuits hydrauliques. Quant au système pousseur, il était constitué par trois vérins de cinquante tonnes. Les vérins pousseurs prenaient appui, d'une part, sur les chariots arrière, d'autre part, sur des ancrages auto-bloquant sur les rails.

Le temple, glissant sur deux chemins parallèles de rails, avançait à la vitesse maximum de vingt-cinq mètres à l'heure. Durant le déplacement, l'intérieur du temple, entièrement capitonné, fut soumis à une constante surveillance pendant les 2800 m de parcours. Cf. DESROCHES NOBLECOURT : *La Grande Nubiade, op. cit.*, pp. 238-245 (pour les circonstances au cours desquelles le projet et sa subvention ont été acceptés).

Le 26 mars 1965, le temple arriva sur ses fondations définitives, quarante mètres plus haut que son emplacement originel. *C'est le seul temple qui a pu être sauvé dans la région exacte où il avait été primitivement érigé, sans être démonté ni découpé. Il a été replacé dans l'exacte orientation qui avait été la sienne primitivement.*

Pour tous renseignements techniques et précis concernant l'opération, consulter le Supplément aux *Annales de l'Institut technique du bâtiment et des travaux publics*, 19e année, décembre 1966, n° 228, pp. 1416 à 1433, séance du 15 février 1966.

5. La rampe présentait une largeur moyenne de 2,20 m. Aux derniers remaniements subis par l'édifice correspondait une seconde rampe de 2,90 m de largeur recouvrant, en partie, la première. Elle était placée rigoureusement dans l'axe du temple. Également constituée de briques crues, elle avait été recouverte d'un lit de pierres et possédait une bordure faite de briques.

6. Surtout en ce qui concernait les vestiges du pylône sud. L'épaisseur était de 2,70 m et la longueur de la façade de 10,85 m.

7. Étant donné les remaniements exécutés sous le règne de Thoutmosis IV, on ne peut exactement déterminer si ces colonnes soutenaient seulement le portique. Seraient-elles les vestiges d'un ensemble qui aurait pu entourer la cour? La première solution paraît être la meilleure.

Profondeur du portique : 2,70 m; largeur : 9,15 m.

8. Ces ouvertures ont été réservées sur 11 cm de largeur. Elles sont entourées d'un rebord de 3 cm. Elles sont toutes aménagées à l'emplacement où deux dalles du plafond se joignent.

9. Il s'agit bien de l'image de la barque divine *ouaia.* C'est une allusion directe à l'œuvre du flot qui ramène, vers le Nord, la double entité divine.

Au moment du déplacement du temple de Dakké, les équipes égyptienne et française avaient exhumé de magnifiques blocs sculptés provenant du Grand Temple de Thoutmosis III qui avaient servi d'assises à la construction du sanctuaire de Dakké, à l'époque ptolémaïque. Parmi ces reliefs était apparue la représentation de la barque de procession de Rê-Horakhty, dont la proue était en forme de tête de faucon. Elle existait donc bien déjà à cette époque. Sur un des blocs, l'effigie d'Hatchepsout souveraine était également figurée. Ces blocs doivent être conservés au musée de la Nubie.

10. Pour le sacrifice des quatre veaux, cf. A. EGBERTS : *Python or Worm? Some Aspects of the Rite of Driving the Calves,* GM 111, 1983, pp. 33-45.

11. Dans cette inscription figure, pour la première fois, le lieu-dit où le temple a été édifié : « [le temple de] *Rê-Harakhty-qui-réside-dans-Ta-Kahet*». On doit cette inscription au Vice-Roi de Nubie, Messouy. *Le Temple d'Amada, op. cit.*, II, pl. XL, fig. 90. À propos de Ta-Kahet, cf. la note de M. DEWACHTER dans *Revue d'égyptologie* 38, p. 190-3, « Brèves communications : le grand coude du Nil à Amada et le toponyme Ta-Kahet».

X

Le spéos d'Aménophis III à Ouadi es-Séboua, Sud

1. L'obélisque unique a été transporté jusqu'à Rome depuis Alexandrie, par Constance II. Depuis, il n'a jamais quitté la place Saint Jean-de-Latran.

2. Le monument dont les vestiges sont visibles, c'est-à-dire le spéos découvert par Sir Robert Mond, en 1905, fut rapidement étudié par FIRTH, *Archaeological Survey of Nubia*, Report for 1910-1911, pp. 235-237 et pl. 31 à 34, et par WEIGALL : *A Report on the Antiquities of Lower Nubia*, p. 98 et pl. XLVIII (4). Le petit sanctuaire fut également noté par MASPERO durant ses inspections : «Notes de voyage», in *Annales du Service des Antiquités de l'Égypte*, 1908,p. 184-187

En 1956, les premiers arasements fouillés autour du spéos étaient loin d'être complètement dégagés et étaient menacés de destruction définitive par la construction du Haut Barrage d'Assouan. Aussi avait-il été décidé de l'étudier systématiquement, poussant plus avant les prospections primaires auxquelles il avait été procédé au début du siècle.

Dès 1961, l'Institut français d'archéologie orientale du Caire, dirigé par François Daumas, en collaboration avec G. Haeny, directeur de l'Institut suisse des recherches architecturales, entreprirent des travaux qui dégagèrent un terrain bouleversé et extrêmement difficile à interpréter en raison des remaniements successifs et des pillages. Enfin, en 1963, le Centre égyptien de documentation et d'étude (CEDAE) poursuivit les recherches et aboutit aux résultats brièvement exposés dans ces pages. L'étude sur place fut le résultat de fouilles et de discussions entre Gamal Moukhtar, Christiane Desroches Noblecourt, Hassan el Achierie et Bernard Fonquernie. Les documents sont déposés aux archives du CEDAE. Un plan complet des lieux a été dressé avant la totale destruction des vestiges.

3. Dimensions du spéos : hauteur 1,50 m, largeur 2,40 m, longueur 2,90 m; *Procella*-cour : largeur 3,90 m, longueur 8,12 m. Pylône : largeur de chaque tour : 2,27 m; longueur : 6,10 m.

4. Ces offrandes sont traditionnellement présentées à Amon pour la Grande Fête, à l'occasion de laquelle on sortait la barque sacrée.

Les mêmes tableaux sont retrouvés à Deir el-Bahari, à Louxor, à Karnak (Séthi Ier) et dans le temple de Ramsès III. La longue liste des offrandes apparaît pour la première fois dans le rituel d'Aménophis Ier.

5. Les différentes couches de ce décor ont été déposées par une équipe d'artistes yougoslaves, formés aux Laboratoires centraux de Rome, dirigés, à l'époque, par le Pr Cesare Brandi. Les peintures ont été, ensuite, transportées à Assouan, en attendant d'être remises au musée de la Nubie qui n'était encore qu'un projet lointain.

6. «Amon des Chemins» est cité plusieurs fois dans le spéos et sur des stèles votives de l'époque ramesside trouvées dans le temple d'Amon, fondé par

Ramsès II, un peu plus au nord. Le dieu protégeait les voyageurs qui entreprenaient de longs parcours à travers les déserts. On le retrouve également cité à la XXIe dynastie à propos du voyage d'Ounamon, envoyé au Liban par Pharaon afin d'y aller quérir les grands mâts qui devaient être dressés devant les pylônes des temples.

7. Sur le mur sud du spéos, on pouvait voir devant le visage d'Amon recevant l'offrande, le bec du faucon et l'arrière de sa coiffure, représentés à la place des traits du dieu de Karnak.

8. Les dessins publiés ici ont été relevés au début de notre mission d'étude en septembre 1963, avant dépose, et collationnés un mois après. Le fragment de texte entre le chasse-mouches et la tête du bélier d'Amon s'étant délité entre-temps, il faudrait restituer : *«Amon-Rê, Seigneur (des Chemins)»*.

9. Pour les deux plantes de l'Égypte (le vautour valant le «lis») formant les éléments du Sema Taouy («réunion des Deux Terres»), symbole de l'Inondation, cf. DESROCHES NOBLECOURT : *Amours et fureurs de La Lointaine, op. cit.*, pp. 58 à 72.

XI

Abou Oda : le spéos d'Horemheb

1. L'année solaire comptait 365 jours 1/4, mais l'année lunaire, de seulement 360 jours perdait 1/4 de jour par an. Il y avait donc un décalage entre les deux calendriers de 1 jour tous les 4 ans. Mais l'année bissextile n'existait pas. Pour que les deux calendriers coïncident, il fallait donc attendre un délai de 365 x 4, c'est-à-dire : 1460 années, ce qui équivalait à une période sothiaque (du nom de l'étoile Sothis : Sirius).

La dernière période sothiaque connue en Égypte avant notre ère eut lieu en 1313. Cf. DESROCHES NOBLECOURT : *Amours et fureurs de La Lointaine, op. cit.*, pp. 40 et 145, et surtout le chapitre de cet ouvrage concernant le «mystère» d'Abou Simbel.

2. Les meilleurs bas-reliefs ont été «déposés» et conservés pour figurer au musée de la Nubie. Tous les relevés, copies des textes, descriptions archéologiques, photos, dessins, relevés architecturaux ont été déposés aux Archives du Centre égyptien de documentation et d'étude au Caire (CEDAE).

3. Cf. DESROCHES NOBLECOURT : *Amours et fureurs de La Lointaine, op. cit.*, pp. 103 à 108, 115 à 117.

4. Pour Seth, Séthi et les Ramsès, cf. DESROCHES NOBLECOURT : *Ramsès II, la véritable histoire, op. cit.*

5. L'image d'Hâpy était déjà apparue à el-Lessiya (sans animal accompagnateur) et à Ouadi es-Séboua (Spéos sud), mais sans l'accumulation de fleurs et de fruits retrouvés dans la frise représentée à la base du Xe pylône de Karnak (face sud), ou

encore sur le très poétique relief du temps d'Aménophis III, conservé au musée de Cleveland – catalogue de l'Exposition Aménophis III, à Paris en 1993, pp. 94-96, qui rappelle la procession de génies de la fécondité du spéos d'Aménophis III à Ouadi es-Séboua (sud).

6. C'est au sujet de ces textes et de leur éventuelle «dépose» que j'ai fait venir Cesare Brandi, en mission de l'Unesco, jusqu'à Abou Oda, après avoir étudié le sort des peintures de l'hypogée de Nofrétari dans la Vallée des Reines. Il avait remis un important rapport à ce sujet. Une partie de ce rapport fut suivie, mais à l'exception du chapitre le plus important concernant l'isolation des murs peints, de façon que l'humidité du terrain (condensation dans la nuit, surtout l'hiver, pluies sporadiques, etc.) ne continue pas à le détériorer.

XII
L'hémi-spéos de Ramsès-Ouser-Maât-Rê à Beït el-Ouali

Une première publication de ce spéos a été confiée par Maspero à l'égyptologue allemand Günther Roeder, au moment des premières menaces planant sur les temples de Nubie, lorsqu'il fut question d'édifier le premier barrage.

Cf. Günther ROEDER : *Der Felsentempel von Bet El-Wali,* Le Caire, 1938 (Service des Antiquités de l'Égypte, «Les temples immergés de la Nubie»).

Une seconde publication a été confiée à l'Oriental Institute of Chicago en raison de fonds offerts par les États-Unis pour le déplacement du spéos : Herbert RICKE, George R. HUGHES and Edward WENTE : *The Beit el-Wali Temple of Ramesses II,* Chicago, University Press, 1967.

Le déplacement de l'hémi-spéos a consisté à extraire du rocher l'ensemble du monument et à le replacer sur une hauteur au pied de laquelle fut réédifié le temple de Kalabsha, ainsi que cela se présentait du temps de l'empereur Auguste.

La République fédérale d'Allemagne qui, à l'époque, avait pris en charge le transfert du temple de Kalabsha, ayant choisi un site situé au sud du Grand Barrage, les deux temples – solidaires pour leur emplacement – sont donc visibles de nos jours au sud de la Première Cataracte.

1. Nom donné au XIXe siècle de notre ère à ce monument, en raison d'un personnage vénérable qui semble avoir aménagé sa demeure sur les vestiges de l'église qui s'était installée dans la longue cour en plein air.

2. Beït el-Ouali signifie : «la maison du Ouali».

3. Cf. GAUTHIER, *Livre des Rois* III, p. 14, note C.

4. Conservée au musée du Caire, cf. DESROCHES NOBLECOURT : *Amours et fureurs de La Lointaine, op. cit.*

5. C'est en Nubie qu'apparaît, à la XVIIIe dynastie, un aspect particulier de la déesse, au front de laquelle se trouve un scorpion, comme s'il prenait la place du cobra femelle, l'Uraeus. On retrouve son image à el-Lessiya, à Dakké, sur les murs du temple d'Amada (règne de Thoutmosis III) et à Koumma. À Beït el-Ouali, le scorpion n'est pas posé sur le front, mais, détail important, sur la perruque d'Isis.

6. La fameuse croix ansée, dont on ne connaît pas l'origine : une sorte de nœud d'étoffe ou peut-être d'une plante. C'est un signe essentiel utilisé pour signifier la vie que les images divines tiennent en main et présentent au nez du roi. À l'époque de la réforme d'Aménophis IV, les rayons partant du soleil sont terminés par des petites mains qui tiennent le signe de la vie (solaire), en rapport avec les souffles.

7. Pour bien comprendre ces représentations, consulter DESROCHES NOBLECOURT : *Amours et fureurs de La Lointaine, op. cit.*, où je me suis efforcée de démontrer que ces gracieuses figures servent à exprimer, sur un ton poétique, la scène de la vache sacrée (Hathor) nourrissant de son pis le jeune prince, et plus tard l'enfant solaire. Il faut alors comprendre qu'il s'agit de la version subiimée d'une plus réaliste représentation du fœtus nourri dans le sein maternel.

XIII

Le chemin vers Abou Simbel

Jusqu'au moment où la documentation des temples de Nubie a été confiée au Centre égyptien de documentation et d'étude sur la civilisation et l'histoire de l'art, aucun ouvrage d'ensemble n'avait été consacré à ces deux monuments d'Abou Simbel (1957).

Les relevés scientifiques complets sont conservés dans les archives du CEDAE au Caire, en compagnie de la documentation concernant les autres temples de Nubie.

Une grande partie du relevé du Grand Temple est paru en « fiches scientifiques » : l'architecture, l'autel solaire, les salles du Trésor, la bataille de Qadesh. Mais l'ouvrage de synthèse n'a pas encore été fait : on en trouvera ici la première version.

En revanche, de nombreux détails de ces monuments ont été publiés, dès la visite de Champollion : tout ce qui en a été édité est mentionné dans le remarquable ouvrage bibliographique de B. PORTER et R. MOSS : *Bibliography VII. Nubia, The Deserts, and Outside of Egypt*, Oxford, Clarendon Press 1951, pp. 95 à 111 (pour le Grand et le Petit Spéos). – Quant à ce Petit Spéos, il a été intégralement étudié et édité par Ch. DESROCHES NOBLECOURT et Ch. KUENTZ, *Mémoires du CEDAE* I et II, CEDAE, Le Caire 1968. – Pour une synthèse générale des deux spéos, et la technique de leur sauvegarde, consulter Ch. DESROCHES NOBLECOURT et Georg GERSTER : *Le monde sauve Abou Simbel*, préface de René MAHEU et de Saroïte OKACHA, éditions AF. Koska, Vienne-Berlin, 1970.

1. C'est ainsi que les textes appelaient le lieu mystique des débuts. Une assimilation avec le merveilleux pays de Pount ne manquait pas d'avoir été faite. La légende le situait, comme cela devait être réellement le cas pour ce pays, dans les parages de l'Atbara, issu du lac Tana, en Éthiopie, qui, chaque année se déversait avec ses alluvions ferrugineuses sur le Nil, au nord du fleuve formé par la rencontre du Nil blanc et du Nil bleu. (Cf. DESROCHES NOBLECOURT, *Amours et fureurs de La Lointaine, op. cit.*, pl. XIV, et pp. 146-148 Voir aussi : *Memnonia,* Le Caire, tome IX (à paraître), DESROCHES NOBLECOURT, « Le périple du Naufragé et le calendrier du Ramesseum ». Et revue *Ulysse* (*Télérama*, n° 65), 9 avril 1999 : « L'Égypte et la Terre du Dieu ».

2. J.-Fr. CHAMPOLLION, *Notices descriptives*, I, p. 20 : « *Le premier de ces spéos est ce que j'ai vu de plus ancien en Nubie. On n'arrive à ces excavations qu'en barque et on n'entre dans la plupart qu'au moyen d'échelles.* »

3. Le spéos d'Abou Oda avait été recouvert, au moment de sa réutilisation en chapelle chrétienne, d'un crépi blanc portant encore quelques traces de couleur mais masquant une partie des reliefs peints et des textes. Ces derniers n'ont pu être étudiés qu'après qu'on en eut prélevé millimètre par millimètre les vestiges très détériorés. C'est la raison pour laquelle nous avons pu faire réapparaître quelques figures divines, l'image de la barque d'Amon et de Thot avec son *naos* et des inscriptions qui n'avaient pas pu être signalés dans le PORTER et MOSS, *Topographical Bibliography...* VII, *Nubia*, pp. 119-121.

XIV

La prestigieuse Fondation de Ramsès dans le rocher de Meha

1. En fait, à la base de cet escalier, deux stèles sont encore érigées, entourées de petites maçonneries évoquant une chapelle. La stèle du Sud était dédiée à Amon, Ptah, Sekhmet. Celle du Nord concernait Rê-Horakhty et Thot.

2. Pour le Sema Taouy, cf. DESROCHES NOBLECOURT, *Amours et fureurs de La Lointaine, op. cit.*, pp. 62-71.

3. Le sculpteur semble avoir omis d'écrire le nom de la princesse, mais, à suivre le parfait parallélisme observé dans la composition de la façade, il paraît évident qu'à cet endroit devait figurer celle qui, en seconde fille et suivant la coutume, pouvait porter le nom de sa mère. De même, le parallèle est Nofrétari II, seconde fille de la reine préférée.

Pour l'étude des membres de la famille royale sur la façade du Grand Temple, cf. Ch. DESROCHES NOBLECOURT : *Ramsès et les Dames de la Famille royale,* in

Monographs of the Institute of Egyptian Art and Archaeology n° 1 : *Fragments of a Shattered Visage.*

4. La présence de cette petite princesse Isis-Nofret II, fille d'Isis-Nofret I, la reine absente, est attestée à l'intérieur de la salle-cour du Grand Temple, parmi le défilé des filles de Ramsès.

Sur la façade où figure la jeune princesse, son nom n'a pas été gravé par le sculpteur, sans doute par mégarde, car les autres filles d'Isis-Nofret I sont bien mentionnées.

5. Un détail à souligner : en règle générale, les statues féminines sont figurées les pieds joints, alors que les hommes sont représentés dans l'attitude de la marche. En Abou Simbel sur les façades et principalement pour le Petit Temple de la Reine – au nord –, le dynamisme est pour les filles du couple, entourant leur mère et figurées dans l'attitude de la marche. L'attitude statique est pour les fils qui entourent, pieds joints, les statues du roi !

6. Le nom du fils aîné de Ramsès est, là, mentionné comme étant *Amon her-Khepeshef.* Or le nom de naissance du prince fut d'abord *Amon her-Ounemef.* Il fut changé après les preuves de courage données par le prince pendant la bataille de Qadesh. Cf. DESROCHES NOBLECOURT, *Ramsès II, la véritable histoire, op. cit.*, pp. 180.

7. Cette façade fut bien décorée *après* la bataille de Qadesh, qui se déroula en l'an V du règne.

Ce motif avait été probablement repris d'après le petit spéos creusé sur l'ordre d'Aménophis III, au sud de Ouadi es-Séboua. En effet, la grotte devait avoir été dominée par plusieurs statues de cynocéphales : un exemplaire, dans l'attitude de l'adoration, a été retrouvé dans la cour devant l'entrée du spéos. Plus tard, Ramsès en orna le sommet de la porte entre les tours du pylône d'entrée de son temple de Ouadi es-Séboua et celle de l'entrée du Ramesseum, qui fut, par la suite, copié par Ramsès III à Médinet Habou.

8. Pour cette raison, les temples en hémi-spéos ou complètement spéos de Ramsès, en Nubie, n'ont qu'*une seule salle-cour.* En effet, au Ramesseum, et pour les besoins du culte jubilaire complet, le roi conçut deux cours dans son plan. L'une, bordée de piliers osiriaques devant lesquels le roi apparaît en statue, entouré du linceul osirien, et l'autre cour où les piliers sont, pour sa réapparition *solaire*, ornés de l'image royale torse et jambes nues (avec des variantes dans les coiffures), analogue à celle des piliers d'Abou Simbel et des autres temples nubiens de Ramsès. Cf. DESROCHES NOBLECOURT, *Ramsès II, la véritable histoire, op. cit.*, pp. 191-205 et surtout pp. 195-198.

9. Le roi est représenté seul sur son char, le conduisant par les seules guides passées autour de ses reins. En réalité, son écuyer était à ses côtés et le protégeait de son bouclier tout en dirigeant l'attelage. On a simplement donné toute l'emphase à Pharaon, qui bénéficie ainsi d'un aspect héroïque. En revanche, les trois petits

princes qui l'accompagnent sont montés chacun sur leur char et accompagnés de leur écuyer respectif.

10. Lorsque la scène fut composée, il s'agissait d'Amon et de Mout seulement. Peu après l'an 40, au moment où Ramsès voulut affirmer sa complète intégration dans le divin, il introduisit entre les images du couple d'Amon et de Mout, la sienne propre, en tant que leur fils Khonsou.

La même adjonction se fit pour tous les autres couples divins figurés aux murs de ce temple.

11. Pour la chapelle rocheuse de Napata et le cobra dressé devant l'image d'Amon et « le jeu de la nature » de Napata, cf. DESROCHES NOBLECOURT, *Amours et fureurs de La Lointaine, op. cit.*, pp. 150 à 154.

12. Le premier pilier de la rangée sud, face est, registre inférieur.

13. Tous les détails par lesquels les prêtres expriment, avec subtilité, leur enseignement concernant les différents Horus, ont été « détectés » sur place et analysés pendant de longs mois de documentation par L. A. CHRISTOPHE et moi-même. Il les a exposés dans un article publié dans *La Revue du Caire*, vol. XLVII, n° 235, novembre 1961, pp. 305-306.

14. Ainsi, par exemple, dans la frise du mur sud de la chapelle de Thot.

15. Ainsi sur les deux parties du mur ouest de la salle-cour et sur le mur est de l'hypostyle, etc.

16. Face sud du 3e pilier sud, registre inférieur.

17. Cf. DESROCHES NOBLECOURT : *Ramsès et les Dames de la Famille royale, op. cit.*, pp. 130-131.

18. Le décès de la mère de Ramsès, un peu après l'an 22 du règne de son fils, nous est indiqué par l'« appellation contrôlée » des jarres à vin déposées par Ramsès, dans la tombe de sa mère. Cf. DESROCHES NOBLECOURT, *Ramsès II, la véritable histoire, op. cit.*

19. Pour les tractations de paix, après la bataille de Qadesh, cf. DESROCHES NOBLECOURT, *Ramsès II, la véritable histoire, op. cit.*, pp. 284 à 292.

20. On sait, d'après le *Décret de restauration des temples thébains* édicté par Horemheb (à l'issue de l'expérience amarnienne), que la taille – donc l'importance – des barques sacrées était révélée par le nombre de brancards au moyen desquels on les transportait. Cette barque d'Amon-Rê était véhiculée grâce à quatre longs brancards.

21. Le nom du roi n'est pas précisé dans cette inscription, mais un autre graffiti, qui se trouve encore sur la paroi sud menant à la salle-cour, est au nom de Séthi II et de la reine Taousert.

22. WEIGALL, *op. cit.*, pp. 128 et 134.

23. Les effigies sacrées portent la marque de multiples injures, et leur polychromie s'est presque entièrement évanouie. Leurs avant-bras ont quasiment disparu, si bien qu'on arrive à se demander s'ils n'avaient pas été, dans l'Antiquité, constitués d'éléments amovibles.

24. Amelia EDWARDS, A *Thousand Miles up the Nile,* 1891, pp. 303-304.

25. Ces observations ont été confirmées par Louis A. Christophe qui participait aux relevés scientifiques de l'Unesco et du CEDAE dont j'avais organisé le travail à Abou Simbel (1955-1962). Cf. Louis A. CHRISTOPHE, «Quelques remarques sur *le Grand Temple d'Abou Simbel»* (in *Revue du Caire* n° 255, novembre 1961, pp. 317-318).

26. À côté des calculs fondés sur une chronologie qui ne peut être assez précise, la question se posait deux fois par an et régulièrement chaque année, etc. Pour l'exposé de l'hypothèse, cf. L. A. CHRISTOPHE, *op. cit.*, p. 316 à 322.

XV

La chapelle solaire
La chapelle de Thot

1. La chapelle était complètement effondrée et recouverte de gravats antiques lorsqu'elle fut dégagée autour de 1910 par ordre de Maspero. C'est la raison pour laquelle ses éléments amovibles si précieux – parce que uniques –, recomposés, ont été conservés. Ces derniers, dès 1910, ont été exposés au musée du Caire : ils ont été transportés jusqu'à Paris en l'honneur de l'exposition Ramsès II en 1976. Cf. Catalogue : *Ramsès le Grand,* Galeries nationales du Grand-Palais, Paris, 1976, pp. 151-160. Ils devraient actuellement être définitivement présentés au musée de la Nubie à Assouan et leurs moulages installés sur place dans la chapelle solaire d'Abou Simbel. Cette chapelle est l'objet d'une publication scientifique du CEDAE.

2. Ainsi a disparu la figure de poupe de la barque du mur sud, consacrée, semblait-il, à Thot, et dont la figure de proue est faite d'une tête de faucon.

3. Le Ka du roi est représenté derrière Pharaon, dans la double scène d'extermination des ennemis de l'Égypte. Les Égyptiens enseignaient qu'en naissant, les hommes quittaient leur Ka (sorte de double ayant reçu l'étincelle divine) qu'ils rejoignaient à leur mort. À ce propos, on pouvait dire d'un homme venant de trépasser qu'il «*était passé à son Ka*». Le phénomène est tout autre pour Pharaon, engendré par le dieu, donc fils du dieu, son représentant sur terre, *il naissait avec son Ka* (on retrouve cette notion en ethnographie africaine, où l'homme naît avec son jumeau, souvent considéré comme son placenta). Mais le Ka royal, s'il accompagnait le souverain, demeurait invisible pour les humains. La présence du Ka royal, sous forme d'un personnage divin de petite taille, semble prouver que l'on se trouve dans cette salle où le roi apparaît après une naissance (ou *renaissance*) et dans un lieu que les inscriptions définissent comme un : per Més (y) ou «Maison de Naissance»!

4. On se souvient que, dans la salle-cour, au registre supérieur du mur sud du Grand Spéos était figuré Amon sur le Serpent-Nil, celui de Napata, vénéré par Ramsès, cf. DESROCHES NOBLECOURT, *Amours et fureurs de La Lointaine*, pp. 149-154.

XVI
Le spéos de la Reine

1. Pas plus que le Grand Temple, le petit spéos n'avait fait l'objet d'un ouvrage d'ensemble avant les craintes qui pesèrent sur ces magnifiques monuments. Après sa sauvegarde, le Petit Temple a été publié, en deux volumes, par DESROCHES NOBLECOURT et KUENTZ, *Le Petit Temple d'Abou Simbel* : *op. cit.*

2. Pour la symbolique de la Grotte, cf. DESROCHES NOBLECOURT, *La Grande Nubiade, op. cit.*, pp. 485-497 et DESROCHES NOBLECOURT et KUENTZ : *Le Petit Temple d'Abou Simbel, op. cit.*, pp. 116-118.

3. Il n'avait pas manqué de consacrer une stèle rupestre à son nouveau maître Ramsès, au nord de la façade du temple.

4. *Menou ourou* : des « grands monuments ».

5. Ainsi le colosse sud du Petit Temple résume le premier et le troisième colosse de la façade du Grand Temple, à partir du sud. Le colosse nord du Petit Temple correspond au second et au quatrième colosse du Grand Temple, à compter du sud.

6. Ce qui permet de reconnaître Hathor est qu'elle porte sur la tête des cornes *évasées*, enserrant le soleil, parfois dominé par des plumes d'*autruche*, recourbées au sommet. Au cours de ma première étude du temple (cf. *Le Petit Temple d'Abou Simbel, op. cit.*, pp. 85-86), je n'avais pas fait la différence entre les cornes, les plumes et celles de Sothis. C'était encore l'époque où la confusion était malheureusement totale !

7. Hauteur des statues des colosses : au sud, 9, 175 m avec coiffure (et sans coiffure : 7, 10 m) ; au nord : 9, 333 m avec coiffure (et sans coiffure : 7, 12 m).

Statues de la reine : au nord l'une et l'autre 10, 575 m et sans coiffure, au sud : 7, 425 m + 7, 475 m.

Le canon des figurations humaines était mesuré de la plante des pieds à l'endroit où la couronne ou la perruque était posée sur le front : cf. Erik IVERSEN : *Canon and Proportions in Egyptian Art*, Sidwick and Jackson, London, 1955, p. 70.

8. Pour toute la symbolique concernant l'arrivée de l'Inondation, la joie, la gaieté rituelle, le vin, le flot rouge arrivant avec l'Atbara des plateaux d'Abyssinie, le retour d'Osiris avec le flot, et pour les seize coudées et leur « maîtresse » Hathor, cf. DESROCHES NOBLECOURT et KUENTZ : *Le Petit Temple de la reine, op. cit.*, pp. 227-230.

9. Il n'est pas question d'une pharaonne – devenue souveraine Hatchepsout fit construire la merveille de Deir el-Bahari –, mais d'une reine épouse, si haut placée soit-elle. Pourtant un novateur fut Aménophis III, qui dédia à Sedeïnga un sanctuaire à sa bien-aimée Tiyi au pays de *Koush*, au nord de Soleb où il avait fait ériger son magnifique temple jubilaire.

10. À bien considérer la scène, on pourrait penser que Ramsès a désiré démontrer son extraordinaire puissance. Il s'est évertué, par le jeu des symboles rencontrés dans ce temple, à prouver qu'il était à la fois Horus de Meha et Seth ; cette image du couronnement par lui-même a retrouvé, avec Napoléon, et après bien d'autres, un parallèle glorieux au début de notre XIXe siècle !

11. Le quatrième Horus n'est pas représenté puisque Pharaon incarne lui-même l'Horus de Meha.

12. Ces hautes et fines plumes sont tirées de l'extrémité des ailes de vautour ou de faucon.

XVII
On aborde le message secret

1. Pour le mariage de Ramsès avec la princesse hittite et les circonstances du mariage, cf. DESROCHES NOBLECOURT, *Ramsès II, la véritable histoire*, *op. cit.*, pp. 328-344.

2. À propos de ce colosse accidenté et du parti que Ramsès a pu en tirer, cf. DESROCHES NOBLECOURT, *ibid.*, pp. 327 à 329.

3. Entre 1313 où le calendrier solaire de 365 jours 1/4 et le calendrier lunaire, ou civil, qui perdait 1 jour tous les 4 ans, coïncidaient, les deux calendriers, à l'époque du couronnement (1279) ne différaient donc que de quelques jours : une semaine au maximum. Ramsès pouvait donc passer pour le pharaon sous le règne duquel l'Égypte avait connu cette ère exceptionnelle.

4. J'ai suffisamment vécu de missions d'été en Nubie pour avoir constaté le bien-fondé de cette supposée légende. Le régime de fonte des neiges en Afrique équatoriale impose presque régulièrement ces périodes de bons et mauvais Nils, qui se succèdent tous les sept ans.

5. Les sept vaches grasses, accompagnées par le taureau fécondateur, sont représentées sur le Livre des morts, en illustration du chapitre n° 148. À ce propos, consulter DESROCHES NOBLECOURT, *Amours et fureurs de la Lointaine*, *op. cit.*, pp. 167-170.

6. Pour les papyrus et les marais de Chemmis, cf. DESROCHES NOBLECOURT, *ibid.*, pp. 103-104- 107 à 111.

7. Le phénomène est très visible, mais il s'ajoute à cela une constatation qui porte à réfléchir et que le croquis joint souligne très nettement. Il faut en effet constater

que, si les axes des deux temples se rejoignent dans le Nil, c'est, d'autre part, l'emplacement exact rejoint par le soleil à son lever, au solstice d'hiver, puis au solstice d'été (cf. le croquis p. 232).

XVIII

Le temple du premier jubilé
Derr

1. Une première publication de ce temple qui, en raison de l'édification du premier barrage d'Assouan, était menacé d'être submergé par les eaux huit mois l'an, fut confiée par Maspero à l'égyptologue anglais A.M. BLACKMAN : *The Temple of Derr*, Service des Antiquités de l'Égypte : « *Les Temples immergés de la Nubie* », Le Caire, 1913. Voir aussi : PORTER and MOSS, Bibliography VII, pp. 84-90.

2. D'après les relevés du début du XIXe siècle, la porte d'entrée de cette première salle était située à quatre cents mètres du rivage du Nil. La salle à piliers avait été en très grande partie détériorée – si ce n'est détruite –, par l'église qui y fut aménagée à l'époque chrétienne.

3. L'arbre *iched* est le balanite, sur les fruits duquel Thot et principalement Séshat, qui préside aux archives, inscrivent les noms du roi au moment des jubilés. (Pendant longtemps, on a pensé que les feuilles de l'arbre servaient de support à cette cérémonie d'enregistrement des noms royaux.)

4. Peut-être Khaemouaset, fils de Ramsès et Grand Prêtre de Ptah à Memphis, chargé, avec le Vizir Khaÿ, d'organiser cette première fête-*Sed* de Ramsès. Cf. DESROCHES NOBLECOURT, *Ramsès II, la véritable histoire, op. cit.*, pp. 318-325.

5. Pour une courte allusion aux mystérieuses cérémonies de la fête-*Sed* de Ramsès, cf. DESROCHES NOBLECOURT, *ibid.*, pp. 318-327.

6. Cette présence de Ptah dans le sanctuaire au sud, à la place d'Amon, sera constatée plus tard à Gerf Hussein, à cette différence près que Ptah est, alors, localisé dans la barque.

XIX

Temple de la maturité
L'hémi-spéos d'Amon à Ouadi es-Séboua

1. Maspero confia la publication en deux volumes de ce temple à H. GAUTHIER, dans la série des « Temples immergés de la Nubie, » *Le Temple de Ouadi es-Séboua.* Ceux des temples qui furent publiés avaient pour but de fournir une documentation qu'aucun commentaire n'accompagnait. Pour toutes les publications qui furent faites relatives à ce temple, cf. PORTER and MOSS, pp. 53 à 65.

2. Le temple fut ainsi appelé en raison de l'allée de sphinx à corps de lion ornant son accès. En effet, Ouadi es-Séboua signifie : la « vallée des lions ».

3. Pour le traité de paix entre Hittites et Égyptiens, cf. DESROCHES NOBLECOURT, *Ramsès II, la véritable histoire, op. cit.*, 1996, pp. 284 à 291.

4. Ramsès suivait néanmoins les travaux de sa lointaine capitale de Pi-Ramsès, et ordonna à son Vice-Roi, en l'an 44, de hâter l'achèvement des travaux. Derechef, Sétaou fit faire une razzia dans les oasis du sud de la Libye (Dounkoul et Kourkour?) pour se procurer un supplément de main-d'œuvre ! Cf. DESROCHES NOBLECOURT, *ibid.*, p. 366.

5. Une seule statue du roi subsiste de nos jours.

6. Chaque tour mesure à la base 3 m de long, son épaisseur est de 4,50 m.

7. Pour la symbolique des piliers osiriaques, cf. DESROCHES NOBLECOURT, *Amours et fureurs de La Lointaine, op. cit.*, pp. 192-198.

8. Ce temple présente le plus grand nombre d'enfants de Ramsès. La lecture de leurs noms, très dégradés sur le grès, a soulevé de nombreuses difficultés. Les missions, sur le terrain, du Pr Jaroslav Cerny, ancien titulaire de la chaire d'égyptologie au Queen's College d'Oxford, que j'avais fait venir en qualité d'expert de l'Unesco auprès du CEDAE, ont permis d'améliorer spectaculairement ces lectures. Les cahiers et notes du Pr Jaroslav Cerny sont déposés au CEDAE, au Caire. Ceux qui viendraient à les utiliser ne manqueront pas de signaler l'auteur de ces talentueux déchiffrements.

9. Ce procédé qui a également été appliqué pour la première salle de Derr n'est pas fortuit et doit avoir une signification symbolique.

10. La statue de la Grande Épouse Royale Bent-Anat, au pied du colosse du roi, devant le pylône, ne figure pas à l'intérieur du temple.

XX

Le temple de Ptah à Gerf Hussein

1. Ce temple n'avait jamais fait l'objet d'une étude particulière avant que mes équipes Unesco-CNRS et CEDAE n'en assument la complète documentation, doublée par les relevés intégraux de « sécurité » exécutés par l'Institut géographique national de Paris (IGN). Néanmoins, on trouvera dans PORTER and MOSS, *op. cit.*, pp. 33 à 37, l'indication de toutes les publications dans lesquelles des éléments de l'hémi-spéos ont pu être cités. La publication intégrale en « fiches scientifiques » fut assumée par le CEDAE, au Caire.

En ce qui concerne l'étude architecturale de l'hémi-spéos, consulter : J. JACQUET, H. ACHIERIE et ALII, *Gerf-Hussein* I, Le Caire 1978, CEDAE. Les quatre autres volumes ont été préparés par CH. KUENTZ et LOUTFI TANBOULI (CEDAE).

2. Le temple de Gerf Hussein n'a pu être sauvé dans sa totalité, la roche dans laquelle il était creusé étant trop pulvérulente. Les éléments les plus solides ont été prélevés pour être conservés au musée de la Nubie à Assouan. Ce sont quelques bas-reliefs muraux, quelques-unes des niches contenant les triades et surtout le meilleur pilier osiriaque qui est, maintenant, exposé à Assouan, à l'entrée de la première salle du musée.

3. Pour les circonstances « miraculeuses » ayant précédé le mariage de la princesse hittite, cf. DESROCHES NOBLECOURT : *Ramsès II, la véritable histoire, op. cit.*, pp. 327-342

4. Pour la représentation de la cérémonie : Ramsès est assis sur un trône divin et orné de la coiffure caractéristique de Ptah, plus précisément la coiffure de la forme « animée » de Ptah, évoquant la « Terre qui se soulève » : Ptah-*Tenen.* Le roi est tourné vers ce dernier avec lequel il semble converser familièrement. Derrière lui, on voit Seth, également assis, protégeant le souverain comme on protège son fils.

5. Ces deux couloirs existaient également de chaque côté de la cour aux piliers osiriaques du temple de Ouadi es-Séboua.

6. Exactement 13, 20 m.

7. Serait-ce un phénomène comparable à celui qui « brouille » une série d'œuvres en ronde-bosse remontant à cette même époque de Ramsès II, et qui sont à peine détachées de la racine du rocher? On pourrait le taxer d'inesthétique et y voir de la négligence, mais il pourrait obéir à un mobile très déterminé. Cette atmosphère que je viens de décrire, et qui est si peu dans le style égyptien, avait dû frapper à ce point que le temple de Gerf Hussein ne fut jamais transformé en église. Au XIXe siècle, les Nubiens étaient peu enclins à pénétrer dans ces locaux qu'ils considéraient comme l'habitat des dangereux djinns (esprits malfaisants).

8. Le grès de la montagne, déjà très friable au moment du creusement du spéos, a été, en divers endroits, réparé lors de la décoration des murs et des niches. Pour les statues du fond, les défaillances de la pierre ont été comblées par des rembourrages de lin aggloméré sur lesquels un plâtre fin et la polychromie, propre à tous les temples, ont été appliqués (technique employée en momification pour redonner le modelé des muscles!). À l'arrière des épaules, près du cou des statues, des trous contenaient encore des chevilles de bois, preuves que des colliers d'orfèvrerie devaient être suspendus au moment des cérémonies. Le même détail se retrouve les statues des huit niches de la salle hypostyle.

9. La barque de procession, dans ce cas, avait reçu le nom de *Schemet-Khou.* En revanche, la barque solaire aux extrémités ornées de têtes de papyrus, s'appelait la plupart du temps *Ouïa.* Pour la barque des nautes de Lutèce, cf. Jurgis Baltrusartis : *La Quête d'Isis,* Flammarion, 1985, p. 73, pl. III.

Notes et références

Épilogue

1. Trouvé par la mission de l'Université de Chicago dans la tombe d'un chef antérieur de peu à l'époque des pharaons de la Ire dynastie.

2. Voir plus haut, p. 94. D'où la proximité du site avec Hiérasycaminas (Maharraka) ainsi appelé par les Grecs.

3. Se reporter à la préface de cette étude, afin de saisir les avatars de la déesse qui résument, entre autres, toutes les possibilités de la féminité. Cf. DESROCHES NOBLECOURT, *Amours et fureurs de La Lointaine, op. cit.*

4. Il faut se souvenir que l'Inondation se manifeste en Égypte au moment où apparaît le signe du Lion, dans le zodiaque.

5. On apprend ainsi que la fable du Lion et du Rat qui démontre combien, souvent, « on peut avoir besoin d'un plus petit que soi » fut utilisée par la suite. Ésope emprunta ainsi plusieurs de ces histoires, reprises plus tard par La Fontaine.

6. Par le phénomène de l'Inondation, cf. DESROCHES NOBLECOURT, *Amours et fureurs de La Lointaine, op. cit.*, pp. 141-153.

7. Ricardo CAMINOS, *The New Kingdom Temples of Buhen*, 1974, II, pl. 54.

8. Cf. DESROCHES NOBLECOURT, *Amours et fureurs de La Lointaine, op. cit.*

9. Les Blemmyes opposés aux Nobades, chrétiens, avaient fait du temple dédié à Mandoulis (celui de Kalabsha) un lieu de culte. C'est au moins jusqu'à ce temple dédié à la forme locale d'Horus qu'ils faisaient remonter la barque d'Isis avant qu'elle ne redescende le courant. Zélateurs des dernières formes divines en Nubie, des chefs blemmyes furent enterrés en grande pompe à Ballana et surtout à Qoustoul, où précisément les premières traces de chefs locaux à la protohistoire en Nubie furent également retrouvés. Cf. plus haut p. 24.

Pour la découverte des tombes de ces chefs blemmyes, cf. la remarquable découverte faite et publiée par : Mission archéologique de Nubie 1929-1934, Walter B. EMERY, L.P. KIRWAN, *The Royal Tombs of Ballana and Qustul*, vol.1, text, vol. II, Plates, Le Caire, Service des Antiquités de l'Égypte, 1938.

Pour l'identification des Blemmyes avec les propriétaires des tombes de Ballana et de Qoustoul, cf. DESROCHES NOBLECOURT, *Les Zélateurs de Mandoulis et les maîtres de Ballana et de Qoustoul*, mélanges Gamal Eddin Mokhtar, BdE. XCVII/I, 1985, p. 199.

10. W. EMERY, L.P. KIRWAN, *The Royal Tombs of Ballana and Qustul*, I, p. 13.

11. Sur la façade du pronaos de Kalabsha, est représenté l'« Âme » de Mandoulis, cette forme nubienne d'Horus. Cet oiseau à tête humaine qui symbolise l'apparition du dieu se manifestant au Jour de l'An avec l'Inondation est figuré sur un fond de fleur de lotus et véhiculé sur un cobra qui symbolise le Nil en crue et dominant le signe de l'Inondation (le Sema-Taouy ou réunion des Deux Terres) cf. DESROCHES NOBLECOURT, *Amours et fureurs de La Lointaine, op. cit.*, pp. 152-153.

Index

Noms de personnes

(Les personnages contemporains sont en italiques)

Lieux

(*en italiques*, égyptien ancien)

Divinités

Scènes représentées dans les temples

Notabilia

Table

Achevé d'imprimer en mai 1999
sur presse Cameron
*par **Bussière Camedan Imprimeries***
à Saint-Amand-Montrond (Cher)
pour le compte des Éditions Stock
27, rue Cassette, 75006 Paris

N° d'impression : 992296/4
Dépôt légal : juin 1999
54-07-4408-01/8
ISBN : 2-234-04408-1

Imprimé en France